西部文化系列

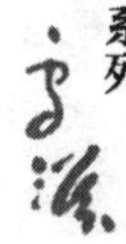

老子的心事

雪煮《道德经》

第叁辑

雪漠 作品

TAO TE CHING

中国大百科全书出版社

图书在版编目（CIP）数据

老子的心事：雪煮《道德经》. 第叁辑 / 雪漠著. —北京：中国大百科全书出版社，2022.4

ISBN 978-7-5202-1109-3

Ⅰ. ①老… Ⅱ. ①雪… Ⅲ. ①道家 ②《道德经》—研究 Ⅳ. ① B223.15

中国版本图书馆 CIP 数据核字（2022）第 062836 号

策 划 人　刘国辉
责任编辑　钱子亮
责任印制　李宝丰
封面设计　侯童童
出版发行　中国大百科全书出版社
地　　址　北京阜成门北大街 17 号
邮　　编　100037
网　　址　http://www.ecph.com.cn
电　　话　010-88390739
印　　刷　文畅阁印刷有限公司
开　　本　880 毫米 × 1230 毫米　1/32
字　　数　288 千字
印　　张　11.5
版　　次　2022 年 4 月第 1 版
印　　次　2023 年 6 月第 5 次印刷
定　　价　48.00 元

序一 文化的变与不变 —— 雪漠

从2016年2月开始讲解《道德经》，到2020年5月讲完第八十一章，《道德经》的五千言，我讲了将近四年半。按目前的情况来看，整个《老子的心事：雪煮〈道德经〉》系列，也许会有一百多万字，比《佛陀的智慧》还要庞大。

有时，我也会追问自己，花这么大的力气讲解《道德经》、修订《老子的心事：雪煮〈道德经〉》系列，到底值不值得？有多少人有耐性看完这么厚重的一套书，而不会“望洋兴叹”呢？我不知道。我甚至不知道有多少人能读完《佛陀的智慧》《大师的秘密》和《娑萨朗》，但我还是把它们写了出来。日后，我也会继续讲下去，继续写下去。因为，中华文明史上实在有太多宝贝，它们所承载的智慧，无论对当下还是后世，都有重大的意义和价值，但直到现在，它们都没有被很好地挖掘出来，几乎跟当下人的生活脱节了。

虽然也有一些学者在关注它们，但学者对它们的挖掘，往往侧重于学术层面，对于它们的实践性和当下性，学者的研究一般不会很深。当然，他们会在哲学层面受到影响，但中国文化最宝贵的并不是哲学，如果单纯从哲学入手学习中国文化，就很难真正地窥其堂奥。因为，中国文化的哲学是跟方法论紧密结合的，它更多的是在表述实践之后进入的生命境界，也就是从凡夫升华为智者后所持有的价值观和世界观。这不仅仅是一个学术话题，更是一种存在方式和生活方式，它所展示的，是人在实现生命升华后的真实生命状态。用老子的话来说，就是得道者的境界，这种境界，体现于生活的方方面面，也体现于言行举止、所思所想，它不但能作用于人们的生活，也能作用于人们的心灵，也就是说，它能从最根本的层面帮助人们解决一些实际问题。

这是中国传统文化的特点。中国传统文化的出现，不仅仅是为了回答人们的疑问，也是为了解决实际问题的，例如怎么待人处世，怎么处理家庭关系，怎么教育孩子，怎么养生，怎么面对死亡，怎么消解对衰老、疾病和死亡的恐惧，等等。对这些问题，儒释道等文化有各自的说法和侧重点，其中，儒家文化更注重经世致用，佛道文化则更加注重大道的本体，这也是佛道文化所独有的文化基因，两千多年来，一直没有改变。对佛道文化经典的解读，也必然具有这个特点，假如不具备这个特点，不注重大道本体，就说明解读者并没有真正地进入佛道文化，其解读，也不能代表真正的佛道文化。这是佛道文化的根本。

但中国的优秀传统文化也一直在变，因为时代人心一直在变，如果不想与时代脱节，不想远离当下的人心，优秀传统文化的呈现形态和相关表述就必须随之改变。一些文化的传承者就是不明白这个道理，始终食古不化，即使不能为现代人所接受和理解，也不改初衷，于是，他们所承载的文化就渐渐淡出时代的舞台，淡出世界的舞台，被历史尘封。古往今来，许多文化就是这样消失的，包括印度的佛教文化。

早年的印度文化总是淡化时间概念，像佛经中老说“一时”，比如“如是我闻，一时佛在舍卫国”等，始终不给出具体的时间，就是因为印度传统文化不在乎具体时间。我们的学者总说公元前多少年，公元多少年，整个中国历史就是用时间和朝代等概念构建起来的，但印度人心里没有这些概念。在他们的文化中，很多东西都是不变的。所以，印度几千年前怎么样，几千年后可能大体上还是那样，很难有翻天覆地的变化。最典型的例子，就是种姓制度。从两千多年前的婆罗门教时期开始，种姓制度就在印度社会占据了极其重要的地位，几千年来，印度人一直被分为五个等级：第一是婆罗门；第二是刹帝利；第三是吠舍；第四是首陀罗；第五是达利特，这类人也叫“不可接触者”，是印度地位最低贱，生活最悲惨，命运最不可能得到改变的一个群体，据说有上亿人。虽然这个制度早就被法律给废除了，但很多人的观念并没有改变，就像很多印度人仍然歧视女性，印度女性的命运仍然很悲惨一样，种姓观念早已是印度人血液里的东西，即使受到抨击，也很难改变。

中国文化不是这样，每逢时代改变，人心改变，或吸纳了新的营养，中国文化就会出现相应的改变，或是形成一种新的文化，这是中国文化的特点。中国佛教文化的出现，就源于中国文化的这一特点。所以，中国佛教文化虽然有着印度佛教文化的基因，却跟印度佛教文化不一样，印度佛教文化更像是它的种子，这颗种子在中国文化的土壤中发芽开花，最后结出的果实，就是中国佛教文化。这个果实跟种子有关系，却又是独立于种子的另一个生命变种，因为它同时还承载着土壤赋予它的很多信息。所有文化传入中国之后，都会经历这样的一个过程，然后形成一种具有中国特色的全新文化。换句话说，中国文化的土壤有一种了不起的包容性，它可以接纳各种不同的文化，也可以从各种不同的文化中汲取营养，结出自己独有的文化果实。这种包容性，是中国文化的独特基因。印度佛教文化早已在本土消亡，而中国佛教文化却能在中国大地上传承至今，就归功于这种独特的基因。

因为这种基因的存在，中国文化总会吸纳时代的营养，在新的时代呈现出新的形态——当然，这种形态也跟表述它的人有关。比如，道家文化在我的读者心中的呈现，肯定跟我对《道德经》的解读有关系，因为他们是从我这里了解道家文化，了解老子和《道德经》的。我的表述一定能传达道家文化的精髓，因为我不但是佛道文化的研究者，也是佛道文化的实践者，我对佛道文化所有的表述，都是建立在二三十年的实践基础上的真实体悟，这是我跟很多学者不一样的地方。而且，熟悉我的读者都知道，我不喜欢用艰深的语言去写作，我的所有作品都是在跟读者聊天，所以，我的表述一定是通俗易懂的。在我看来，传播文化就要打碎一切的沟通障碍，尤其是语言上的障碍。这也是佛陀之所以不让比丘们用梵文传法，规定他们一定要用巴利文传法的原因。这个时代人们很忙，我们实在没必要在语言上建立门槛，让一些读者因为不熟悉语言，而放弃一种充满了智慧的文化。

2019 年 10 月 18 日，在德国法兰克福书展上，我跟德国著名汉学家顾彬有过一次对话。顾彬先生认为，在过去的几千年中，《道德经》的传播有四个阶段：第一个阶段是帝王传播，《道德经》是帝王之学；第二个阶段是贵族传播，《道德经》成为贵族们的偏爱；第三个阶段是学者传播，《道德经》成为各代学者研究的对象，多训诂考据；第四个阶段是大众传播，以雪漠的《老子的心事：雪煮〈道德经〉》为代表，《道德经》开始跟大众的日常生活建立了联系。顾彬先生说，雪漠不光是一个作家，同时也是一个哲学家。

看过《老子的心事：雪煮〈道德经〉》系列的朋友都知道，我对《道德经》的解读与一般学者不一样，一般学者更关注字面的意思，我却更注重老子的本体智慧。因此，我虽然也会解释字面意思，但很简短，不会像别人那样长篇大论地说。我的长篇大论，往往只会用来讲那些隐在文字背后的话，也就是老子当年想说却没有直接说出的话，以及历史对老子智慧的印证和老子智慧的当代妙用。说得更简单一点，就是老子想通过这些文字传达什么信息，《道德经》为什么能流传千年，它对现代人有什么指导意义。

一定要明白，读老子的书是为了学习老子的智慧和行为，如果读了半天，只知道字面意思，对智慧层面的内容却不知所云，或不能妙用，读老子的书就没有意义了——当然，学习任何文化都是这样，都必须把它的精髓变成自己的生命程序，让它对生命产生作用，否则学习的意义就不大了，学了也会忘掉，就像忘掉上学时背下的那些数学公式一样。

要知道，我们每个人都是一台电脑，不同的文化就是让电脑发挥作用的程序，有些程序是系统程序，对电脑起着决定性的作用；有些程序是辅助程序，丰富电脑的妙用，它们都很重要。过多的程序容易让系统崩溃、电脑死机，但如果连系统程序都没有安装好，一开机就蓝屏，进入不了系统，那么电脑也没用了。有些电脑甚至安装了很多病毒程序，一运行就会自动删除和污染健康的程序，破坏有用的文件，把整台电脑——甚至整个网络里所有的电脑——弄得无法正常运作，这样就更糟糕了。所以，我们在学习《道德经》之前，要弄清楚老子编的这套程序对我们有什么用，我们为什么要安装它，然后好好地用它，让它作用于我们的生命。

在众多的中国文化经典中，《道德经》是一个非常独特的存在，因为它既重道又重术，并且在两方面都做到了极致。因此，中国的历代帝王都很重视《道德经》，把它当成了必读之书，不但自己学习，也要求太子学习。从一些帝王的治国方针中，我们也确实可以看到老子智慧的影子，如汉文帝、汉景帝、唐太宗等。但更多的帝王，在乎的也许是老子的谋略，而不是无为而治的智慧。虽然老子的谋略也很厉害，但这部分内容需要大道智慧的支撑，如果没有大道智慧的支撑，是很难合道的，对这些谋略的理解和运用就会流于浮浅，不能得其精髓，这也是大部分皇帝即便学了《道德经》，也没有实现大治的原因。所以，我们在学习老子智慧的时候，首先要学习的，就是大道的本体智慧，以及能够承载大道本体智慧的行为，也就是老子所说的德。而这两方面内容，正是整个《老子的心事：雪煮〈道德经〉》系列的重点。

在本书中，我依然会将这一重点贯彻到底，但本书还有另外一个重点——中华无死智慧。中国人向往永恒和不朽。无死智慧是中国文化中非常具有价值的内容，也是中华智慧的集中体现。为了把这部分内容讲透，我几乎用去了本书三分之一的篇幅，而且我不但讲解了《道德经》中蕴藏的无死智慧，也讲解了佛家的无死智慧，以及《西游记》中暗藏的无死智慧，等等。很多人也许不知道，《西游记》并不单纯是一本小说，书中谈到的一些内容，其实隐藏着秘密，但很多从电视剧里了解《西游记》的人，都会错过这部分宝贵的信息。所以，中国文化经典中不缺宝贝，缺的是能够发现和解读的人。这也是我写了这么多书，讲了这么多课，却仍在写书和讲课的原因。在这里，我暂且不谈太多，有兴趣的朋友可以移步到正文部分，进行阅读。

希望我的讲解能为中国传统文化打开一扇窗，点亮一盏灯，让曾经不了解它的人能发现它的存在，也希望读者能在学习的过程中，得到自己所需要的启迪。如果不但如此，大家还能依照书中的方法去做，或是以书中方法为契机，进入实践之门，那么我的书就更是没有白写了。

在此，祝福每一位读者，愿大家都能读得开心，有所收获，福慧双赢！

肆 隐而不显，是为了容纳更多 / 84
伍 满瓶子不响，半瓶子晃荡 / 88
陆 既然直心，缘何妥协？ / 93
柒 大成功离不开委曲求全 / 99
捌 成就大事者，守拙且务实 / 104
玖 《学拙歌》 / 109
拾 《忌聪明歌》 / 117
拾壹 君子为何不辩？ / 138
拾贰 清净根本要，外修良善行 / 142
拾叁 直趋大境界，破假窥真义 / 145

第四十六章 足

壹 冷静头脑，以和平为道 / 160
贰 盛世的背后 / 166
叁 当老子思想处于下风时 / 171
肆 神灵也满足不了的『渔夫老婆』 / 175
伍 无我无贪时，和光照大千 / 182

第四十七章 收

壹 两种预见，两种结局 / 200
贰 不能轻易说出的玄机 / 206
叁 足不出户而能知天下的民族 / 210
肆 有为之知与无为之知 / 216
伍 『走出去』与『收回来』 / 220
陆 专注而善学，时代大工匠 / 224
柒 智者无功利，不事有为功 / 230

目录

文化的变与不变（序）

第四十三章 柔

壹 无所不在的『柔』/ 2
贰 最好的处世之道 / 5
叁 英雄为何难过美人关？/ 9
肆 他们为何不说教？/ 12
伍 用最小的成本做最大的事 / 14
陆 修行和练武也注重怀柔 / 16
柒 柔贯彻一生，弱非随波逐流 / 19
捌 如法修道，以达至柔之境 / 23

第四十四章 止

壹 名声与生命，谁更重要？/ 42
贰 知止方可明得失 / 46
叁 贪爱至极，祸患生根 / 50
肆 知足知止，方可长久 / 55
伍 找回心中尺，再做快乐人 / 58
陆 恰如其分是真正的完美 / 63
柒 修道中的『知止』窍诀 / 68

第四十五章 大

壹 大器之人『若缺』/ 73
贰 那些享受缺陷的人 / 77
叁 他有无数缺憾，但他是最好的自己 / 80

代跋

在混沌中点亮一盏灯

第四十八章 损

壹 扫净心头执，不为而成事 / 237
贰 无事共安乐，有事生纠纷 / 243
叁 断舍离的不光是外物 / 247
肆 为学与为道，阴阳之两端 / 251
伍 化贪为道用，秘诀静中观 / 255
陆 『无为无不为』的反面 / 258
柒 一种没有存在感的强大 / 260
捌 无为可长存，折腾种祸因 / 263
玖 无心于外境，私欲不沾身 / 267

第四十九章 无

壹 无心应万物，万物皆为一 / 273
贰 德善与德信 / 275
叁 以无心为心，方能拥抱天下 / 279
肆 帝王若爱民，世间之佛陀 / 281
伍 诗中有妙味，问君可愿尝？ / 285
陆 圣人重改更，随缘而无心 / 290
柒 猜疑与背信，文化之糟粕 / 293
捌 大无亦大有，智者之圣境 / 296

第五十章 无死

壹 中华民族的无死智慧 / 303
贰 无事不作死，有事不怕死 / 306
叁 老子的无死哲学 / 310

第四十三章

柔

【原文】

天下之至柔，驰骋于天下之至坚。无有入于无间，吾是以知无为之有益。不言之教，无为之益，天下希及之。

壹 无所不在的『柔』

天下之至柔，驰骋于天下之至坚。无有入于无间，吾是以知无为之有益。

“天下之至柔，驰骋于天下之至坚。”至柔，就是最柔顺、最柔弱的意思。而驰骋，就是像马在旷野上奔跑那样，纵横无碍。老子认为，天下最柔顺、最柔弱的东西，反而能在世间最坚硬的东西之中纵横穿行，无所障碍。说得通俗一点，就是“以柔克刚”。

那么天下最柔顺、最柔弱的东西是什么呢？是道。道柔到极致，以至于无形，故能无处不在。水也很柔顺，非常接近至柔的境界，因此能到达很多地方——地底的岩石虽然坚硬，但只要有头发丝那么细的缝隙，就会有水流通过。人的身体看似接近密闭状态，但人的体内充满了水，甚至就连细胞之内，也有水的存在。细胞如果有足够的含水量，就会显得特别饱满，人看起来也会神采奕奕；细胞如果缺水，不要说人看起来会很没精神，脏器的运作也会出现问题。所以，看似最柔弱的水，却关系到人的生存。

世间万物，一切规律，都离不开道，但道是无形无相的。你看不到它，甚至感受不到它的存在，但你离不开它，它存在于你生命的每一个点滴之中，甚至决定了水、空气和阳光等一切生存所需，你无法与之抗衡——当然，你也不会想要跟它抗衡，因为你感受不到它的压迫。它掌控了一切，却似乎并不存在，这就是它的高明之处。

你发现了没有，单位里最吃香的，往往就是那些最不惹眼、看起来最柔弱的人。但他们并不是因为无能而显得柔弱，也不是因为没有展示的资本而不惹眼，相反，他们可能很有能耐，也很有自信，不用通过展示自己来得到认可，因此总是在不动声色地发挥作用，人们只知道事情一件件地完成了，却不知道是他们在解决很多潜在的难题，这就是老子所认为的至柔和至强。

“无有入于无间”，“无有”是无形，没有具体的形状，人们甚至发现不了它的存在；“无间”是无空隙，连一条细缝都没有，寻常之物怎么能进去？所以老子说，“无有入于无间”，只有无形之物才能进入无隙之地。我们总是强调“渗透力”，“无有入于无间”就是一种很强的渗透力。它的意思是，即使别人不给你一点机会，你也仍然可以影响别人，让别人接纳你，并且接纳你的观点和你传播的文化。

前段时间，我和一些人谈到了一位朋友，他平时看起来很寻常，做什么事都淡淡的，不动声色，你永远不觉得他在用力，也不知道他想做成什么事情，但是他无形中可以做成很多事情，无形中可以影响很多人。那些认可他，愿意和他一起做事的人，也许自己都说不清是为什么，但他们心里就是对这个人服气，觉得他在做的事情肯定有意义，而且他的方向肯定是对的。不过，虽然有很多人都愿意追随他，但他没有一点领导的架势，也没有一点让人觉得他很厉害的招数，相反，他总是隐在人群里，做一些很寻常的事情，因此他既不招人嫉妒，也不招人反感，却会在日常相处的过程中，不知不觉地把对方征服。

我总是说，这样的人其实比我厉害，因为他们无招无式就可以影响别人，而很多人之所以喜欢我，却是因为我的作品、演讲和才华等看得见的东西。假如我没有这些东西，或不显露出这些东西，现在很喜欢我的人，说不清还会不会喜欢我。所以，我不是最高明的人，我只是个作家，那些人却是圣贤。到了圣贤的境界之后，就算你不去征服别人，别人也会心甘情愿地追随你。

杜甫有一首诗叫《春夜喜雨》，里面有一句话是“随风潜入夜，润物细无声”。最好的传播，最好的渗透，就像这润物之雨，它从不大张旗鼓，从不惊扰别人的生活，从不打断别人在做的事情，也从不打断别人的好梦，但你一觉醒来时，就会发现外面的气象不一样了，世界是如此洁净，泥土散发着清新的香气，还有那绿草、树叶等，都在以精神抖擞的面貌，告诉你它们昨晚有过的相遇。老子崇尚的，就是这种境界，在他看来，这就是至高的境界。所以，《道德经》里经常出现一个信息：最好的处世之道，就是柔到极致。

每次解读《道德经》，我都会不由得发出感叹，觉得老子真了不起。他有大道的智慧，又是如此地洞悉人性，但他的洞悉之中没有激愤也没有嘲笑，他就像自己所说的空谷一样，能容纳一切的回声。十七八岁读老子时，我并没有读出这么多东西，当时只觉得《道德经》是经典，想通过背诵它来补充一些营养，现在回过头来读它，才发现它的背后原来有这么多信息。可见，读懂《道德经》，确实需要阅历。任何人五十多岁时对《道德经》的理解，都肯定跟十七八岁时不一样。

庄子和老子一样，也是精通万物、窥得至理，并且实现了超越的智者，他也洞察了世态人心，所以他明白该如何世故，也非常有智慧。但他的书中很少谈具体该如何待人处世，这是他跟老子的不同之处。你如果想要学习如何在红尘中做事，读《道德经》的收获，可能会比读《庄子》更大。

贰 最好的处世之道

有一个故事很有意思：太阳、狂风、寒冷三个天神打赌，谁能把农夫身上的皮袄剥下来，谁就是胜利者。结果狂风和寒冷都输了，它们无论怎么攻击农夫，都只会让他把皮袄越裹越紧，但太阳很聪明，它不急不躁，只管慢慢地接近农夫。刚开始，农夫觉得很温暖，很舒服，渐渐地就觉出了热，后来热得就像被关在火炉里一样，大汗淋漓，浑身发烫，他实在受不了，就快快地把皮袄给脱了，于是太阳就赢了。这个故事说明，当你非常强硬地想要达成一个结果时，可能会造成反效果，过犹不及；当你不去蛮横地用力，只是非常善巧地制造因缘时，可能结果就会自然达成，不费吹灰之力。所以，处世方式的不同，直接决定了结果的不同，甚至也决定了命运的不同。

我和很多人第一次见面的时候，都能看出他们有没有出息，将来能不能做大事。为什么？因为有些人很“硬”，总是跟别人对抗；有些人却很“柔”，让人非常舒服。后来，我的判断一一得到了印证，那些个性很硬，总是对抗的人，往往做不成大事，成功者不多。因为强硬不可能赢得人心。赢得人心，靠的是柔到极致、不着痕迹地熏陶，就算你一时成功地压服了别人，让别人服从于你，也没有用，不过是种下了反抗的种子。这个种子一旦发芽、开花、结果，你就会一败涂地。

好的文学作品从来不去征服读者，它只管展现一个世界，展现一颗人心，展示一种情感，这种真挚的情感自然会打动读者，让读者感受到作者想要表达的东西。然后，读者就会打心底里接受作者的观点，并且开始反思自己，反思自己当下的生活和选择，反思自己对待亲人朋友的方式，等等。许多人都会不知不觉地在这种反思中改变自己。所以，说到底，所谓的影响他人，只是用自己滚烫的心去融化另一颗心，让那颗心也跟自己的心一样，变得无比柔软，柔软得能够感觉到世上的一切存在的冷暖，能感同身受，不再坚硬。

美国南北战争的导火线之一，据说就是小说《汤姆叔叔的小屋》，很多人看了那部小说之后，都会同情黑奴的悲惨命运，他们因此开始质疑当时的奴隶制度，废奴运动空前激烈，南北战争也被推向了高潮。而最终取得胜利的，就是要求废除奴隶制度的北方阵营。虽然当时黑人并没有因此改变命运，仍然会受到白人的歧视，也依然不能拥有跟白人同等的权利，但奴隶制的取消，无疑是人类文明的一大进步，而且它至少说明了一点：比起枪炮代表的“硬”，“柔”有时更有力量。

时下，各国政府都非常在乎意识形态，就是这个原因。包括美国，美国的媒体可以讽刺质疑总统，看似无比自由，但美国的舆论其实也是受到监管和操纵的。他们用电影电视向全球——包括国内——输送着自己的价值观，对社会大众，尤其是年轻人，造成了巨大的影响。很多观众在被美国的电影电视所感染，流下感动的泪水时，都会对美国文化产生一份好感和认可。

一定要知道，美国在影视投放方面是有策略的，并不是随意的。比如，好莱坞电影的中心思想基本上是统一的，它们在不断地强化一种价值观和审美标准，那些在好莱坞电影的陪伴下长大的孩子，成年后所做的很多选择，或者心中一直坚守的梦想，都会跟好莱坞电影所输出的文化理念有关。所以，美国的做法不是无序的，更不是一种侥幸，它是整体战略所导致的必然结果。

我们这一代人心里还有中国文化，下一代人会怎么样？比如，2000年后出生的孩子，长大之后，更加认可的会是中国文化，还是美国文化？他们的生活方式会是中国文化所提倡的，还是带着美国文化烙印的？现在，对很多白领来说，带着笔记本电脑去星巴克工作，或是约上三五知己去星巴克聊天，都已经是固定节目了——当然，经过新冠疫情的洗礼，很多情况可能会发生变化——那么，假如中国文化传播的方式没有变化，不能从生活方式上影响中国人，五十年后的中国人，会以美国人的方式活着，还是以中国人的方式活着？美国寻求霸权统治，靠的不仅仅是武装力量，也不仅仅是强大的国家力量，还有文化艺术的力量。再比如，不管有多少人说周星驰的坏话，如果他出来演电影，那部电影还是会很卖座的，因为他的电影形象感动了很多人，陪伴很多人度过了青春时代，在很多人失意痛苦的时候，给他们带来了快乐和感动，这份快乐和感动打动了他们，让他们从心底里对周星驰有一种好感。这就是文艺的力量。当然，周星驰也好，其他一些我们非常喜欢的演员也好，虽然在国内很有影响力，但是在国外却没有造成影响。所以，如何借助影视作品向海外传播中国文化，是一个很值得思考的问题。如果不能像美国那样，在影视传播方面有一套自己的策略，借助影视作品传达的信息不断对文化理念进行强化，就很难通过影视作品让海外观众明白什么是中国文化。因为，中国文化不是食物，不是招式，不是画面，而是寄托在它们背后的信念和精神，它是抽象的，是看不见的，必须通过细节和故事来传达。

关于这方面的许多思考，我都写进了《文化传播学实践教程》。在那本书中，我还多次强调了将文化变成生活方式的重要性，因为，只有把文化变成生活方式，它才能真正地影响别人，否则，文艺的力量再大，也只能激起一种情绪和冲动，其影响不管再大，也会很快消失。不会很快消失的是什么？是生活方式，你一旦习惯了某种生活方式，就不会轻易地改变。

比如，现在过愚人节、情人节、圣诞节的中国人有多少？很多。吃麦当劳、肯德基的中国人有多少？也很多。为什么？因为麦当劳、肯德基很方便，等餐的时间很短，用餐环境也不错，而且他们有一种非常好的理念：不撵人。哪怕有些人只是来借厕所，或是坐一下、等等人的，甚至有些人买上一杯饮料，就能坐上一整天，他们也不会撵人。这是一种非常人性化的服务，符合老子所说的“柔”。

麦当劳和肯德基的食物会比中餐更好吃，更有营养吗？不一定。中国的饮食文化是世界公认的，开在世界各地的中餐馆，都会非常受欢迎，但中餐馆一般只会专注于食物的味道，很少顾及食物和场地装修之外的事情，有时甚至会忽略服务方面的瑕疵，更不会花心思去建立自己的品牌文化。所以，他们也许能在口味上满足客户的需要，却很难给客户留下一种快乐温馨的印象。很多学生想要“犒劳自己”时，都会想到麦当劳或肯德基，年轻的父母给孩子过生日时，也会想到麦当劳或肯德基，但几乎没有人会在快乐的时刻想起中式快餐店。换句话说，缺乏一种让人感到快乐的品牌文化，是中式快餐店很难与麦当劳、肯德基抗衡的原因之一。那么，如何才能建立让人感到快乐的品牌文化？所有员工都能做到“天下之至柔”时，品牌就有了让人快乐的文化内涵，因为“天下之至柔，驰骋于天下之至坚”。这跟我常常发红包给孙女陈清如，奖励她按要求背书是同一个道理。

叁 英雄为何难过美人关？

中国人常说“英雄难过美人关”，为什么英雄会难过美人关？也是因为美人很柔，那种水一样的柔情把英雄的心给打动了，让他再也不想离开，只想一辈子留在美人身边。如果美人都是孙二娘，动不动大声吆喝，把别人都做成人肉包子，英雄就肯定不会难过美人关。所以，虽然这个时代的女人都希望自己能“刚”一点，“飒”一点，更有个性，但真正有智慧的女人不会张扬强悍，她们一定懂得“润物细无声”的道理，也一定会以柔性智慧来处世。

所以，智慧的女性，身上都有一种柔性的东西，她们不需要展示自己，也不需要得到世界的认可，她们总是不动声色地做事，让事情能变得更加圆满。她们的柔，成就了一件件的事情，甚至让看似不可能的事情也变得可能，这同样是“天下之至柔，驰骋于天下之至坚”。

《史记·廉颇蔺相如列传》中有一个“将相和”的故事：廉颇是赵国的良将，他攻无不克，战无不胜，非常厉害，而蔺相如则是一介书生，因为“完璧归赵”立了大功，于是被赵王任为上卿。廉颇很不服气，心生嫉妒，就经常找蔺相如的麻烦，想要让他难堪，但蔺相如一直回避，始终不和廉颇争辩，因此谁都觉得蔺相如怕廉颇。有一天，蔺相如的一个门客实在忍不住，就问蔺相如：“您为什么会如此惧怕廉将军呢？”蔺相如笑了笑说：“廉将军比秦王如何？”门客答：“廉将军当然不如秦王。”蔺相如说：“我连秦王都不怕，怎么会怕廉将军呢？只是，我们一个是将，一个是相，若是日日相争，就必然会伤及国家利益，为了大局考虑，我退让一下也无妨。”门客对蔺相如的境界很是佩服，就把这番话告诉了别人，别人再传给别人，不久就传到了廉颇的耳中。廉颇闻言很是惭愧，觉得自己不该如此不识大体，就背了荆条去向蔺相如请罪。从此，中国就多了一个成语，叫“负荆请罪”。蔺相如用退让来处理自己和廉颇之间的关系，就是典型的以柔克刚。如果他不具备柔的智慧，而是一味地据理力争，两人之间的矛盾就一定会升级，也一定会闹得朝野上下不得安宁，最终伤害国家利益。所以，蔺相如的做法确实是最好的，它成功地解决了一场冲突。

历史上有很多类似的故事，最典型的，就是甘地发起的“非暴力不合作”运动。当时的印度很弱，穆斯林和印度教教徒又极端对立，如果依靠武力，印度根本不可能战胜大英帝国，正是因为甘地倡导“非暴力不合作”，并以身作则地告诉印度人，该如何用有尊严的忍辱来进行反抗，争取民族和自身的自由与独立，整个印度才会凝聚成一股巨大的力量，战胜了原本不可能战胜的大英帝国。我看电影《甘地传》的时候，真的被他们那种忍辱的精神给震撼了，他们一批批地走向拿着武器的英国士兵，面无惧色，即使被打得头破血流，也不退缩，一批人倒下了，另一批人就补上去，而倒下的人也会在简单治疗之后重回“战场”，继续跟英国人抗争。最后，他们那种打不倒的尊严感动了世界，整个世界都向英国施压，要求英国停止对印度的殖民，而英国人自己其实也被感动了，所以他们就乘着大船离开了印度。这大概是世界上唯一一场没有硝烟的“独立战争”。后来印度内乱，穆斯林和印度教教徒发生血腥冲突，甘地又开始绝食，直到冲突结束，印度恢复和平，他才答应吃饭，但那时他已经饿到肾衰竭，几乎死掉了。所以，甘地的“柔”是很了不起的，它是一种非常坚韧的力量和智慧，不管外界的力量多么刚猛，都无法将它摧毁；不管对方的心灵多么坚硬，最终都会被他感动。他被极端分子枪杀之后，各国很多政要都参加了他的葬礼，以示对他的尊重和敬仰。

当你回顾历史的时候，就会发现柔性智慧的重要，无论在各行各业，无论在任何领域，无论在大的事情上还是在小的细节上，能最为圆满地解决问题的，往往都是柔性智慧。发现这一点的时候，你也就知道了“柔”的重要，以及至柔思想对世界的益处。这就是“吾是以知无为之有益”。而这种至柔思想，就是老祖宗常说的“教化”。

肆

他们为何不说教？

不言之教，无为之益，天下希及之。

“不言之教”，没多少语言、不夸夸其谈的教诲。

“无为之益”，完全没有因为一丝功利而得益。

“天下希及之”，全天下没几个人知道，更没几个人能做到。

佛家有这样一个故事：有个年轻人是个无恶不作的败家子、小混混，他的父亲多年来一直想改变他，让他回到正道上来，但无论怎么做，他都我行我素，毫不悔改。有一天，父亲实在没办法了，就去找孩子的舅舅，希望孩子的舅舅能把孩子给教好，不要让他把自己给毁掉。这个舅舅是个禅僧，年纪已经很大了，出家修行了很多年，修得很好。但他没有对外甥说教，而是像一般的舅舅那样，跟外甥叙旧、拉家常，还答应外甥的请求，在家里住了一晚。第二天他临走时，外甥来送行，当时他正在绑鞋带，因为他的手指一直在颤抖，怎么都绑不好鞋带，他就把外甥叫过来，让外甥帮他绑鞋带。外甥三两下工夫把鞋带绑好时，他叹了口气，说：“还是年轻人好啊，人一旦老了，连绑个鞋带都会变得很困难。”说完之后，他摸了摸外甥的头，就告辞走了。这个细节一下就把外甥给感动了，他觉得舅舅待自己真好，又想到刚才绑鞋带的一幕和舅舅刚说过的话，于是觉得特别心酸，心酸的同时，他也感受到生命和健康的易逝，明白人生其实没有太多的时间让自己去浪费，后来，他就变了，不但再也不做坏事，还学了很多东西，成为一个对社会有用的人。

这个老和尚对孩子的教育，就是典型的行不言之教，他看起来什么道理都没说，实际上说了很多：第一，帮助别人有时只是举手之劳，但做了，你就会很快乐，也会满足别人的需要；第二，到处捣乱作恶只会让人怕你、躲你，没有人会尊重你，但帮助别人会让人尊重你，受到尊重的感觉，肯定比被人讨厌和害怕要好得多；第三，生命有限，青春更有限，一旦年老，很多想做的事情就做不了了，甚至就连绑鞋带这么小的事，自己也很难完成，所以，要珍惜时间，不要饱食终日无所事事，更不要用宝贵的时间去作恶。

还有一个故事，我的印象也很深：有一所寄宿学校明文规定学生不能夜不归宿，校门关闭后也不能出去，但还是有很多孩子翻墙出去喝酒玩乐，造成了很不好的影响。于是，校长有天晚上就候在墙边，一有孩子翻墙进来，他就递上自己的肩膀，让那孩子踩在他的肩膀上下来，不要直接跳下来。结果，下来的孩子回头一看，发现墙下的好人竟然是校长时，都吓得呆住了，不敢吱声。等孩子们全进来时，校长才微笑着说了一句："出门一定要小心啊。"然后就掉头走了，此外的话，他一句都没说。但是，从第二天开始，那些孩子就再也没有翻墙外出了。这个校长的行为，也是典型的柔性智慧，轻描淡写地就把冲突给化解了。

伍 用最小的成本做最大的事

老子很了不起，他总会告诉你，如何用最小的成本做最大的事，如何用最小的消耗实现最大的价值，可惜很多人读不懂他。

历史和时代更认同的是什么呢？是建功立业，从古到今一直如此，因为中国的主流文化是儒家文化，而建功立业正是儒家经世致用思想的一种功利化体现。比如，崇尚建功立业的人将汉武帝尊为“千古一帝”，认为他雄才大略，很了不起。崇尚道家智慧的人对他的评价却不一定高，因为他对待一切的态度都很强硬，就连对待儿子也很强硬，最后他的儿子就被逼死了。他穷兵黩武，将之前积累了几十年的社会财富几乎挥霍殆尽，也给老百姓造成了巨大的负担。如果说赵匡胤相对其他政治家而言，做到了柔的极致，那么汉武帝就做到了刚的极致，我更喜欢赵匡胤这样的皇帝。但历史评价一个朝代或君主的功绩，往往不会从这个角度出发。

刚性文化虽然看起来很强大，但它带来的是对抗，是争斗，是相互之间的消耗，很难真正地实现共赢。真正的大成功，必然是共赢，尤其在现在这个多平台多渠道多行业的时代，如果不能做到共赢，不断地斗来斗去，那么势必无法凝聚多方力量来实现个体力量很难达到的目标。而且，刚性文化还会带来烦恼。比如，有人会因为对方的一句话就气得半死，很多年过去都不能释怀，甚至有人会郁郁而终。民族之间的仇杀，往往也是这种愤怒和嗔恨的升级——一个人将仇恨扩散出去，变成一群人都仇恨；一群人将仇恨扩散出去，变成整个民族都仇恨；这一代人把仇恨传给下一代，让世世代代的子孙都仇恨。所以，刚性文化很容易得到世界的理解和认可，但它很容易伤己伤人，这种伤害也很容易世世代代地留存下去，让伤口永远都不会愈合。

我再讲一个关于孔子和老子的故事。

孔子去拜见老子的时候，问了几个问题，其中一个问题是关于修身养性的，但老子没有直接回答他，只是张了张嘴，然后问他，牙齿还在吗？孔子说，不在了。老子又问，那舌头还在吗？孔子说，在。牙齿不在了，但舌头还在，这说明了什么？说明硬的东西比软的东西更早消失。说得更明白一些，就是越坚硬越容易腐朽，越柔软越能长存。

所以，有时候，柔性的力量看似很弱，却比刚性的力量更加强大。可惜，明白这个道理的人不多，很多人还是被弱的表象给欺骗了，谁都害怕做弱的那一方，害怕被强的一方欺负，谁都想练就一双更加有力的拳头，去抵挡每一次迎面而来的进攻，甚至想要先人一步地打过去。于是老子就感叹道："不言之教，无为之益，天下希及之。"明明可以有更好的处理方法，但知道和做到的人却实在太少。

陆 修行和练武也注重怀柔

示弱与守柔是老子哲学的精髓，而其他的中国文化中也有很多相关内容。比如，佛家有一位作明佛母，在传统说法中，她象征了怀柔之法的精神。什么叫怀柔之法？就是让你拥有柔善之力的方法。佛家认为，当你通过训练让心变得柔软慈悲时，你的生命中就会产生一种善的磁场。每个人进入这个善的磁场之后都会非常清凉，还会不由自主地生起善念善心，哪怕一开始有恶念，甚至想要害人，在这个磁场里也会慢慢改变，先是不忍心，然后觉得没有必要，最后深深忏悔，想要改变自己，让自己也变得慈悲柔顺。作明佛母就象征了这样一种精神。佛家认为，如果你恒常冥想这位佛母的形象，久而久之，就会变得像她一样慈悲，这时，所有人都会对你非常友善，绝不会产生害你之心。这是东方智慧的一个非常重要的妙用。

我曾讲过一个传说：某地有个道行很深的恶鬼，它总是作恶，很多成就者都想降伏它，却没有人能成功，几乎所有跟它斗法的人都受伤了。后来，一位大德担心受伤的人会越来越多，就亲自出面降伏了它。他用的方法和其他成就者不一样，别人是正面与恶鬼对抗，想要将它征服甚至消灭，大德用的是怀柔之法，不跟它硬碰硬，而是用一片真心来供养它，让它感受到母亲般的关爱，这份关爱把它的心给软化了，它也就不想作恶了。

说到底，恶鬼作恶是因为心中有不能消解的贪婪、愤怒甚至仇恨。如果你改变了它的心，让它没有了作恶的理由，它当然就不会再作恶了。所以，棒打是扬汤止沸，怀柔却是釜底抽薪。

佛家还有“四无量心”，也是怀柔的修法。佛家认为，当你安住于此心时，诸多恶魔都会被转化。它也可以体现为四句话：“愿诸众生永具安乐及安乐因，愿诸众生远离众苦及众苦因，愿诸众生永具无苦之乐我心怡悦，愿诸众生远离贪嗔之心住平等舍。”平时修四无量心时，就可以诵这四句话。到一定的时候，你的心就会真的变成这样，对谁都很好，对谁都很关心，对谁都只有一腔善意。

但怀柔法其实不是最高的修法，因为它仍然是有为的，老子所提倡的至柔，是无形无相、无招无式的。最高的法则是以无胜有，以虚胜实，以不变应万变，最后归于无为的。

过去，我有时会遇到一些很不好的人，一般我都不予理睬，但总会对他们有一份善心，既不生恶念，也不诅咒他们。这就是以不变应万变，以无胜有，慢慢地，他们就会转化。因为善心是一种波，它是有能量的。柔也是一种波，同样是有能量的。你不要以为你心里有恶念别人不知道，你一旦有恶念，别人立马就会知道，因为磁场不一样，恶念的磁场会让人很不舒服。一个非常和谐的群体忽然来了一个老是抱怨的人，也会这样，氛围也会马上被破坏。所以，善心善念对人的感动和教化不全是精神性的，从某种程度上来说，它也是一种物理反应。

中国武学中也有对柔性智慧的运用，比如太极拳。太极高手对“天下之至柔，驰骋于天下之至坚”的运用是非常有趣的，任你有千钧之力，太极宗师也能不动声色地化解掉。据说，如果你把一只小麻雀放在太极宗师的掌心里，那么宗师就算摊开手掌，小麻雀也飞不起来。为什么？因为小麻雀起飞的时候需要借力，通常会用力蹬一下接触面，那么，只要宗师在小麻雀向下蹬的时候稍微把手沉一下，下蹬的力量就会被化解，小麻雀也得不到相应的反作用力，因此也就飞不起来了。所以，要想打好太极拳，也要懂得运用“柔”的力量，永远顺势借势，永远不与对方“正面刚”。

柒 柔贵贯彻一生，弱非随波逐流

中国古代的君王会学习《道德经》，老子谈到的这些谋略，是历代帝王必须掌握的。因此，有很多皇帝都批注过《道德经》，现在流行的“四帝注”，注释者就是唐玄宗、宋徽宗、明太祖、清世祖这四位皇帝。对他们来说，《道德经》既是处世之学，也是谋略之学和统治之学，是帝王的必修课。这一点，老子肯定是早有预料的，而且，他肯定希望自己的治世思想、和平理念、柔性智慧等，能影响历代君王的统治，所以他才会借尹喜求道之机，讲那么多帝王之术。当然，很多类似于帝王之术的内容，如果以修道的角度去看，又会有另外的一种解释，但《道德经》中加入那些内容，肯定是有其深意的。一个证得了大智慧大慈悲的智者，即便选择做隐士，不参与红尘中的一切争斗，也必然会有忧国忧民之心，想要尽己所能，把智慧告诉君主，将君主培养成能够利益百姓苍生的圣王。而这一点，也许是老子的内心中最有情感色彩的一部分。

我们常说“仁者无敌”，那“无敌”，就是“天下之至柔，驰骋于天下之至坚”，也是“不战而胜”。能够不战而胜的人不是力量够大，也不是比所有人都更有谋略，而是永远有一颗慈悲之心，永远不和别人对抗，永远不让别人难堪。比如，很多人问我志愿者们好不好时，我都会说很好，他们不信，让我实话实说，我还是会说他们很好，因为，他们如果不好，也就不会来找我了。恶人根本不会看我的书，因为他们没有向往；没水平的人也不会看我的书，因为他们看不懂。所以，图书一旦投入市场，面对的就是上千万的潜在读者，在这上千万的读者里面，我的学生们不但选择看我的书，还读懂了我的书，并且对我有信心，还能来找我学习，他们怎么可能不好呢？

当然，我说很好的人，在有些人眼中不一定会很好，因为他们看到的是这些人的毛病，而我看到的，却是这些人的难能可贵，因为他们的可贵，我不在乎他们的毛病，只要他们愿意跟着我学习，跟着我做事，我就会给他们机会。

这是待人处世上的怀柔。还有一种怀柔，要特别注意，那就是修道上的怀柔。如何在修道上怀柔呢？要像一滴水那样，不考虑结果，不考虑得失，不考虑速度，只管一下下地滴，日久天长之后，石头自然会被砸出一个洞，而修行的境界也一定会有所突破。简言之，成功之道在于水滴石穿，不需要勇猛精进。我们每天早上念诵的“勇猛精进”，并不是要精进地修出个什么结果，而是要精进地保持一种警醒的状态，提醒自己不要懈怠。如果能永远都水滴石穿，永远都每天做一点、每天走几步，就是勇猛精进，假以时日，量变必然会引起质变，某天你会突然发现，原来自己已经不一样了，过去很在乎的东西，现在已经不能过多地影响你的心，让你不快乐了。

有人问我，雪漠老师，您的理想是什么？我说，我没有什么远大的理想，我的理想就是过好眼前的每一秒。早上起来禅修完，就安住于真心之中，写一写文章，做一做该做的事情，能做一天是一天，能做两天是两天，然后出来讲讲课，回去之后继续做自己该做的事情。这就是我的生活方式。我称之为“水滴石穿”。看起来没什么特别的，但就是在这一天天的按部就班中，我完成了一本又一本书。读者常常感叹说，雪漠老师啊，您的书出得太快，我们实在读不及。他们当然读不及啦，他们不一定每天读书，我却每天都写书，每天都讲课。如果我也像他们那样，三天打鱼两天晒网，就写不出那么多书了，甚至有可能早就不写了。所以，不要着急，每天能做多少都不要紧，慢慢地，柔柔地去做，一切都会水到渠成。我常说，好钢当百炼，才能化为绕指柔。绕指柔是什么？是一种非常特殊的折铁宝刀，工匠经过千锤百炼，将顽铁身上所有的杂质都打掉，它的纯度就会非常高，不但削铁如泥，而且像树叶一样薄，像布匹一样软，可以缠绕在腰间，避开敌人的注意，需要的时候突然取出，便能占得先机。相反，如果你“用力过猛”，那么不但不可能如你所想，早点达成所愿，甚至有可能因为疲惫而无法坚持，半途而废了。《汉书·韩安国传》记录了韩安国当年劝汉武帝接受和亲，不要远征去攻打匈奴的场面，当时，韩安国说过这样一句话：“冲风之衰，不能起毛羽；强弩之末，力不能入鲁缟。”多么狂暴的烈风，刮到最后也会慢慢停息，那最后的一丝微力，就连极轻的羽毛都吹不起来；利箭即使由强弓射出，飞到极远处时，也已力竭，就连极薄的鲁缟（缟是一种白色的薄绢，古时以鲁国出产的白绢最薄最细）也射不穿了。这句话跟老子的“飘风不终朝，骤雨不终日”是一个意思，说的都是过于勉强很难长久。所以，不管意志力多么强大，也不能过度地勉强自己，否则就容易“一鼓作气，再而衰，三而竭”，坚持不了一辈子。

很多人都说，雪漠老师，我好好逼自己几年，成就之后如何如何，我每次都会告诉他们，不要这样，能坚持一辈子，到死都还是这样活着，才是成就。比如，如果你一辈子都在做好事，到死都没有停止，你就在善行上成就了；如果你做了一辈子好事，却在快死的时候做了一件坏事，你就没有成就，还把自己过去所做的一切都给糟蹋了。

所有人都是这样，每一个被异化的人，在被异化之前心里都有这样的种子，如果没有这样的种子，即使有了这样的机缘，他也不会异化。而文化的作用，恰好就是在人心之中播种，善文化播种善的种子，信仰文化播种信仰的种子，暴力屠戮的文化则是播种暴力屠戮的种子，所以，人心中有什么样的种子，什么样的种子能得到营养，最终发芽长大，说到底还是由文化来决定的。我们每个人都要提醒自己，既然信仰大善文化，想在大善文化的领域得到成就，就要一辈子践行这种文化，践行这种哲学，为社会真正地做出贡献，直到寿终正寝，盖棺论定，这才是真正的成就。

坚持一辈子直到寿终正寝，也是一种柔性智慧的妙用，因为，在跟世界接触的过程中，会有各种各样的事情激起你的负面情绪，或悲哀，或失望，或沮丧，或愤怒，甚至仇恨、绝望。这时，你就要像打太极拳时那样，用柔的力量去化解一切，消解自己内心的火气，让一切的激荡不安都消失于无形，让内心恢复宁静祥和。这样一次次地化解，一次次地降伏，最后，你的心里就再也不会生起波澜了。这时，你就真正地拥有了一种柔性的智慧，我们称之为“证得成就”。

捌 如法修道，以达至柔之境

柔是《道德经》的精髓之一，为了进一步把柔的训练方法讲清楚，我写了一首偈子，接下来，我会借助这首偈子，深入地讲一讲柔的训练，希望读者能有所收获。需要记住的是，方法最珍贵的地方在于能用，如果不用，再好的方法也只是个摆设，跟你的生命没有关系。就像你不管在书架上放多少本好书，它们都跟你没有关系，除非你去读它们，走进它们的世界，在它们的世界里思考和体悟，这样它们才会变成你的营养，融入你的生命，饱满你的心灵，方法也是这样。

下面，我们来看一看这首偈子。

冲气以为和，调心至柔软。
柔心更柔气，不争万物强。
顺风抚小草，借水扬大帆。
冲和觉妙微，虚净生和相。
静水映万景，贵柔勿用强。
大道本柔弱，柔弱胜刚强。
恍惚呈弱景，柔弱多调养。

凝神于虚静，开合呼吸间。
升降入中宫，沐浴成温养。
少顷冥摇动，一念弱中强。
此气虽柔弱，驰骋于周天。
虽柔而不弱，能宰能驭坚。
识得柔弱觉，消遣成天仙。

1. 柔心不与万物争锋

冲气以为和，调心至柔软。
柔心更柔气，不争万物强。
顺风抚小草，借水扬大帆。
冲和觉妙微，虚净生和相。

“冲气以为和，调心至柔软。”所谓的“冲气”，就是让气流运行起来。但你不能让气流乱动，要让它的流动非常平缓、顺畅，与身体气息达到和谐，以此来调整心灵的状态，让心柔到极致、软到极致，然后安住在那种状态之中。

什么时候心才算柔软到极致了呢？你在冥想的时候，如果很容易就会被感动，甚至会说不清原因地热泪盈眶，就说明你的心已经很软了，佛家称之为“悲心大发”。这是一种很好的状态，修到这一步的时候，你就进步了。

很多成就者都有这样的经历，他们随时都会被一份柔情所感动，然后热泪盈眶，看到任何人受苦，他们都会觉得很不忍心，内心有一种难以言表的悲悯。

“柔心更柔气，不争万物强。”既要做到心柔，也要做到气柔。

比如，平时说话要轻声细气，气息绵绵，动作轻缓，不要毛毛躁躁。我们有一种说法是“三轻”，也就是说话轻、走动轻、呼吸轻。如果你说话粗声粗气、走路沉重、呼吸粗重，心也会很难柔得起来。当然，有时也不一定，有些铁汉也会非常柔情。但外在的柔，对内在的柔仍然是有帮助的。不过，它们更多的是内心柔软时的一种外部呈现，也就是心灵柔软到极致时，你自然会变成那样，不用造作，更不能伪装。

心灵柔软到极致的另一个表现是，你不需要比别人强，也不忍心与别人争强。反之，如果你还有争强好胜之心，还会和别人攀比，就说明你的状态不对，你还没有把心调好，还要继续调心。

其实，争来争去、斗来斗去有什么意思呢？大家两败俱伤，得来的东西却不会属于你，没有任何意义，没必要把生命浪费在没有意义的事情上面，让自己活得那么辛苦。人最宝贵的智慧，就是在看破红尘的时候放手。能够放手，不去争，才会慢慢地修出一颗至柔的心。否则，心里的伤口就永远都不会愈合，心里的风暴也永远都不会平息。

当然，有时你也会遇到不跟你争的人，这个人既不强悍也不好斗，还非常随和知足，凡是你想要的，他都会退一步，让给你，只求你能开心，但这样的人非常稀有，我们不要期待身边有这样的人，更不能要求自己的同事、朋友做这样的人，我们要自己去做这样的人，和家人、朋友、同事相处的时候不争不斗，永远以柔心对待万物。

“顺风抚小草，借水扬大帆。”当环境之风、历史之风、社会之风吹来的时候，你要像小草一样随顺风势——当然，我不是让你当墙头草，而是提醒你，无论世界给你什么，心都不要和它对抗，要随顺因缘。

有一年我们去湛江，当时正好刮强台风，很多树都被刮倒了，很多房顶都被卷走了，街道上一片狼藉，可路边的小草却安然无恙。为什么？因为小草的根扎得很深，而且小草很柔，风来了，它就随风摆动，不跟风对抗；风走了，它再安然挺立，仿佛什么事都没有发生过。只有一种情况才能把小草给刮走，那就是把小草扎根的土地整个掀开，卷走，但只要小草还有一点根须留在土地里，它就会很快重生，多大的风都奈何不了它。所以，人们总是用小草、杂草来形容生命力特别旺盛的人。

凉州贤孝《吕祖卖药歌》中有一段词，讲的就是小草的智慧，具体的唱词我记不清了，只讲一下大概内容：有人问吕祖，先生从何处来？吕祖答曰，我从来处来。又问，先生到哪里去？吕祖答曰，我往去处去。然后对方又问了几句话，吕祖就说，东风来了往西跑，西风来了往东跑，南北二风都来了，贫道无奈了往坑里跑。吕祖的回答特别像是在兜圈子，到最后也没告诉人家他到底从哪儿来，到底要去哪儿。其实不是这样，吕祖只是借这些问题的因缘，讲了一些更重要的话：处世要像小草一样，把该守的原则守好，其他的一切都随缘，有什么机遇就做什么事情，永远不要怨天尤人，更不跟时代和现实对抗。这是典型的道家生存哲学，非常有智慧。凉州贤孝中有很多类似的内容，文化含金量很高，我之所以总是不失时机地宣传它，除了因为它濒临失传之外，也是因为它确实有被传承下去的价值，至少值得我们从文化意义上去挖掘、记录和研究。

《吕祖卖药歌》中还有一段对话也很有意思：吕祖问观音菩萨卖的是什么药，观音菩萨说，她一卖家祸散，二卖顺气丸，三卖消毒饮，四卖化气丹。家祸散，就是让家中的灾祸全部消散；顺气丸，就是把一口恶气顺下去；消毒饮，就是把贪、嗔、痴、慢、妒这五种心灵之毒给消除掉；化气丹，就是从此不再生气。吕祖又问，这四味药是怎么制成的呢？观音菩萨说，用本分四两，孝顺三钱，老实做个引子，好肚肠放上一条，再把它们放到容人案上切，放到宽心锅里炒，放到三思箩儿里箩，然后用蜂蜜团成菩提子大的药丸，再放到文火上将它烘干，每天吃一丸，保证一切灾祸消散。这也是典型的老子哲学。

自古以来，懂得老子智慧，能够怀柔顺世的人往往能规避很多灾殃。那些看起来无比强悍，或喜欢强出头的人，反而会因为一个“强”字而没有好下场，不是被更强的人给刷下去，就是丢了身家性命。

最典型的就是沈万三的传说。沈万三非常冤枉，当时朱元璋刚打下天下，沈万三对朱元璋说，我给你一笔钱，你犒劳一下三军吧。他本是一番好意，可朱元璋听了却很不舒服，他觉得这个人有毛病，自己的军队，凭啥让他来赏赐？他是什么意思？莫不是想收买军心？朱元璋越想越觉得危险，就随便找了个理由，将沈万三发配充军，还把他的财产全部没收。所以，沈万三的下场完全是自找的，如果他能保持低调，不出这个头，就不会招来朱元璋的猜忌。当然，关于沈万三的命运，有很多种说法。这里讲的，只是其中一种。石崇之死也是这样——我的意思是，他既然显示出自己的强大，就必然会招来嫉恨和忌惮，反之，如果他非常低调，也不和别人计较，什么事都哈哈一笑，还能但行好事莫问前程，又怎么会招来杀身之祸呢？

“冲和觉妙微”，冲是心中虚无，无为；和是和谐不对抗；觉是觉悟、觉醒；妙微是既妙且微，不招人嫉妒。所以，“冲和觉妙微”是在表述一种不对抗、不张扬的无为境界。

“虚净生和相”，心中不着一物，纯粹干净，显露出一种和气之相，整天乐呵呵的。这种人肯定很好，有智慧，有慈悲，是大菩萨。

2. 在舒适中调柔身心，启动真气

静水映万景，贵柔勿用强。
大道本柔弱，柔弱胜刚强。
恍惚呈弱景，柔弱多调养。
凝神于虚静，开合呼吸间。
升降入中宫，沐浴成温养。
少顷冥摇动，一念弱中强。

"静水映万景，贵柔勿用强。"平静的水面能映照出万种景象，所以要把自己修成一潭静水，宁静柔和，利万物而不争。

记住，是静水，而不是洪水海啸。洪水海啸的力量非常强大，但它们都不能持久，就像老子所说的，"飘风不终朝，骤雨不终日"，狂风可以将大树连根拔起，却刮不了太久；暴雨能形成洪水，淹没万物，却下不了太长的时间。所以，老子不提倡狂风暴雨，他提倡"贵柔勿用强"。

这一点我经常谈到，因为老子也经常谈到。老子和我一样，重要的内容都不只说三遍，而是反反复复地说，虽然看起来可能有点唠叨，但还是希望读者能多看看，有时，看一遍的内容容易忘掉，多看几遍，就走进心里了。

另外还要注意，怀柔的人不是墙头草，也不是老好人，更不是在迎合世界，他只是看破了世相，所以达观包容，不跟很多人很多事计较。老子更不是墙头草或乡愿（乡愿指貌似忠厚而实与流俗合污的伪善者）。他虽然一直隐在图书馆里，但他始终在关注着天下，因为他心里有一份大爱，始终希望老百姓能生活得好，天下能太平，帝王能少发动一些战争，所以，他即使知道礼崩乐坏，有为的努力起不了任何作用，也还是留下了《道德经》。这样一来，就算他走了，他的智慧也能继续帮助世人，尤其是那些有着大志向、大格局的人，包括帝王，因为这些人有能力改变世界，有能力让老百姓活得更好一些。所以，老子不是乡愿，乡愿只想明哲保身，他们是不会做事的，关怀世界、默默做事的老子，永远都做不了老好人。

当然，我所说的“老好人”指的不是好人，而是平庸之人。平庸之人没有理想、没有追求，从不招惹别人，因此能够安稳度日。但他们对世界的贡献极其有限，活得再久，人生也像是一段空白，老子不提倡这样的活法，佛家也不提倡这样的活法。佛道两家所提倡的淡泊人生，淡泊的是功利物质，而不是大善之心和利益世界的热情。

“大道本柔弱，柔弱胜刚强。”大道从来都不是强势的，它柔弱到极致，总是在悄悄地发生作用，从不惹人注意，人们甚至发现不了它的存在。所以，柔弱的状态更接近于大道。无论多么刚强的力量，与柔弱绵长、作用于所有时所有处的大道之力相比，都是弱小的，因为刚猛意味着短暂，其影响也是稍纵即逝的，而大道的力量却久久不息。因此，刚猛难以成为生活方式，而接近于大道的怀柔却可以成为生活方式。

记住，刚强者容易折断，容易半途而废，走不到终点。要想走到终点，必须消去所有火气，进入柔的境界。

“恍惚呈弱景”是修心坐禅时出现的一种状态。这个“恍惚”，不是我们常说的“恍惚”，而是一种若有若无、不执不舍的明空之相，它的特点是没有任何执著。“呈弱景”，出现的都是弱景。什么是弱景？全然接纳就是弱景，如果全然对抗的话，就是强景。

我和朋友接触的时候，经常会通过细节观察或测试他们。比如，如果我递给他一杯茶，或一个苹果，他却断然拒绝，说什么都不肯要，那么这个人肯定非常强势，你很难改变他。为什么？因为这件事情虽小，却显示了他的一种秉性——执著很重，不会轻易被人改变，因此，他们一般很难得到真正的好东西。

改变是全然接纳之后的结果，如果不能打开心扉，接受新的东西，任何人都不可能改变自己。所以，只要有人向我提出建议，我都会接纳并感恩。这是一种谦恭的心态，只有拥有这种心态，能够不断清空自己的人，才能容纳别人倒入他杯中的智慧之水。否则，成见和概念把他的杯子都填满了，哪里还有空间装智慧之水呢？换言之，即使只从学习和成长的角度来看，“柔”也是必要的。

“柔弱多调养”，要想呼吸柔弱，就要多调养。如何调养？慢慢地让心柔下来，像文火煲汤那样，把人生的味道慢慢地煲出来。煲着煲着，心就成熟了，就像一碗老火汤，香味浓郁悠长，却不言不语，毫不张扬，只有喝进口中才知道。人们说，这样的汤是最有营养的。

可惜我的活法不是这样，我的生活更像是武火炒菜，这样炒出来的菜虽然很香，却容易老。于是有人劝我说，雪漠老师，您总是满世界地飞，时而在这里，时而去那里，这样实在是太忙了，太累了，您为什么不能慢慢来，多休息一阵子呢？我说，我也想休息，但没办法啊，我得随顺因缘，有活动要配合，有文章要写，有课要讲，我都得随顺。这么多年来，我一直都是这样，一直活得特别勇猛精进，因此我的白头发、白胡子很多，人们都觉得我老了许多。哪怕因为疫情一直待在关房里，不用去外地，我也仍然没有闲着，仍然每天都忙忙碌碌地做着各种事情，比如直播。最近，因为我们开始打造直播平台，而且效果越来越好，所以我们投入的时间就越来越多，有时即使不是我主讲，而是志愿者主讲，我也仍然会到现场，一方面是对主讲人表示一种支持，另一方面也是在享受同舟共济的幸福和快乐。代价是，我的时间更加碎片化了。幸好我只是身体勇猛精进，心还是很柔软，不着急，总是闲着一颗心做事，于是身体虽然很忙，虽然有些衰老之相，心却不忙，也不老。这么多年过去了，我还是当初的那个少年。

“凝神于虚静”，制心一处，安住于虚无宁静的境界之中，这时虽然没多少杂念，但内心有一点灵明觉性。这点灵明觉性，就是“凝神于虚静”的“神”，它是人的主体性和生命本具的智慧。

“开合呼吸间”，在一呼一吸中修道。

“升降入中宫”，注意，这是修道过程中必然会出现的景象。呼吸之升降，进出于中宫。所谓“中宫”，就是心口的部位，相当于过去所说的中央戊己土。道家有“东方甲乙木，西方庚辛金，南方丙丁火，北方壬癸水，中央戊己土”的说法，其中的“中央戊己土”，指的便是中部，如果在人体，便是心口部位。

“沐浴成温养”，这里讲的也是修道过程中的景象。“沐浴”指的是古人的沐浴，而不是现在的淋浴。现在的淋浴对古人来说，更像是淋雨。外面哗啦啦地下了一场大雨，你跑到雨里去痛痛快快地淋了好久，虽然心情也很舒畅，身上的尘埃也被冲刷干净了，但终究不如接上满满一缸热水，然后躺在里面闭目养神这么舒服。古人的沐浴就是这样，他们家里没有浴缸，但有大木桶，他们洗澡时总会装上满满的一桶水，然后舒舒服服地泡在里面，让自己的每一根神经都放松下来。所以，“沐浴成温养”指的就是像古人沐浴那样，让自己彻底放松下来，进入一种非常舒适，仿佛时间都停顿了的状态。

很多人喜欢坐禅，就是因为坐禅很舒服，外人看来枯燥乏味，但真正尝到禅乐者，都知道那是一种非常美妙的享受。如果一个人在禅修中没有品尝到这种滋味，觉得禅修很苦，就说明他的修法有问题，跑偏了。

很多年前，我学太极拳，当时师父问我练得怎么样，我说太舒服了，师父就很高兴，说这就对了。所以，无论是打太极拳，还是修道，都要享受修炼过程中的那份舒服。而让自己修得舒服的方法，就是“凝神于虚静，开合呼吸间”。在一呼一吸间凝神于虚静，久而久之，自然可以“升降入中宫，沐浴成温养”。

有些人喜欢声嘶力竭地念诵，或是把自己弄得疲惫不堪，这些都不是正确的方法，而是在折磨自己。修道不是为了折磨自己，而是为了提高自己的生命质量，让自己脱离浮躁焦虑的状态，变得宁静从容。所以，你不需要努力地修，或努力地活着，只需要享受修道，享受活着，或者说，用正确的修道，把活着变成一种享受。然后，你就守住这种享受，就像慢慢地喝着一碗温温的米汤，慢慢地享受累到极点之后泡在温泉里的感觉，同时还要清醒地品味这种舒服，不要睡着了。这时你就是在修道，我们称之为“温养”。

“少顷冥摇动，一念弱中强。”安住在恍恍惚惚的虚静之中，慢慢地静养，静养到一定程度，心静到极致，呼吸也柔到极致时，有个东西，或者说有种景象就会出现。什么东西？真气。这个时刻，道家称之为“活子时”。真气发动的同时，拙火也会发动，慢慢地，你会觉得自己暖洋洋的，周围的氛围也暖融融的，一切都暖融融的，破执时的喜悦快乐等诸般景象就出现了。“一念”就是正念，在弱到极致的境界中生起正念，就是“一念弱中强”。

3. 柔为神仙觉，逍遥游九天

此气虽柔弱，驰骋于周天。
虽柔而不弱，能宰能驭坚。
识得柔弱觉，消遣成天仙。

“此气虽柔弱，驰骋于周天。”此时生起的真气虽然十分柔弱，但你只要慢慢地温养，像泡澡那样享受修道的舒服，真气就会沿着你的经脉自动开始周天运行。这时，你不用着意去冥想，只管保持温养的状态，提起正念观照气的流动，做到形散而神不散就好，真气自己便会像安了自动驾驶系统的车子一样，沿着既定的轨迹前进，走完整个流程。这就是道家的修炼。

平日里持咒冥想时也要这样，念诵的时候，一定要慢一点，从容一点，不要着急。细细地冥想，细细地聆听，享受那种冥想和聆听的状态，享受声波进入耳朵，然后扩散到全身的舒服，让自己融入那种舒服。清醒地观照，但忘掉自己，忘掉自己的身份所关联的一切，忘掉要做的事情，忘掉有过的对话，甚至忘掉那些铭心刻骨的往事，只管享受、温养就好。静静地等待智慧的生起，静静地保任明空的境界，在这种状态中升华自己，放下一切过去曾经放不下的东西。

到了这个阶段，修道者也就不想追逐肉欲之乐了，他们还把男女交合比喻为狗咬自己的舌头。为什么？因为舌头被咬破就会流血，狗觉得血很好喝，又不知道是自己在流血，于是就一个劲儿地喝，喝到最后，就会流血过多而死。历史上有很多短寿的皇帝就是这样，他们之所以会如此短寿，都是因为纵欲过度。食色性也，再加上三宫六院美女如云，很多皇帝都经不起诱惑。于是，他们今天让这个妃子侍寝，明天让那个妃子侍寝，后天又看上了宫女，总之每天都不闲着，结果，精力输出过大，身体承受不住，最后就索性“罢工”了。

其实，不只情欲色欲，所有欲望都会这样，如果不知节制地追求，就一定会对生命和生活造成伤害，无一例外。所以，修道者和修佛者毕生追求的，就是破执离欲，达到一种自主自由的状态，逍遥地享受生活，逍遥地做自己想做的事情——当然，既然生活在红尘中，逍遥就一定是有限度的，但制度和秩序限制的只是身体，自由逍遥的心，是不会受到任何阻碍的。

“虽柔而不弱，能宰能驭坚。”真心看似柔弱，其实它并不柔弱，因为它能主宰和驾驭最坚强的东西，能让身体和灵魂变得越来越坚强，让道心也变得越来越坚强。而且它不会受伤——刀斧伤害不了它，任何人都伤害不了它，甚至就连时光和死亡也伤害不了它。所以，修道修到最后，不但见到真心，也能恒常保任真心时，内心就强大到极点了，任何事任何人都伤不了你，你的心永远灵明平静，这时，你就成就道业了。

“识得柔弱觉，消遣成天仙。”达到上面所说的境界时，你也就明白了什么叫柔弱。之前，你对柔弱的理解不管再怎么接近真相，也总会隔着一层。因为，理上的理解，很难在事上奏效，不能在事上奏效，就说明你还没有真的变得柔弱。只有你的心真的弱下来，一点火气都没有，不需要控制，也不需要压抑，逍遥得像个神仙时，对很多事情你才能真的不在意。

比如，刚进入红尘世界时，你觉得“一年三百六十日，风刀霜剑严相逼”，心里常常觉得受伤，觉得不平，不明白世界为什么要这样对你。但你是个有底线的人，而且你对自己有要求，所以你宁愿修忍辱，宁愿在修行上着力，而不是跟世界较劲。于是，你慢慢地修，慢慢地温养，慢慢地照着老祖宗说的那样去做，希望有一天，忍辱的智慧会在你的生命中闪光。于是，渐渐地，辱的感觉淡了，你没有那么难受了，你发现忍辱其实也没有多难。再往下修，你开始觉得生活其实很美好，过去所认为的侮辱，不过是别人调剂生活的一些玩笑，偶尔把你当成笑料，又能如何？喜剧演员不就是这样吗？谁看喜剧都会哈哈大笑，但他们对演员没有恶意，笑完了，心里总是充满感激，感激对方给自己带来了一份好心情，让自己在笑不出来的时候笑出来了。这样不是也很好吗？于是，你觉得世界其实挺好的，每个人都很好，不好的只是自己的在乎，在乎没有了，就一切都好。这时，你就再也没有可忍之辱了，所有的事情对你来说，都是故事，你可以从中学习，却不会因为它们而受伤。在你心中，很多话，很多场面，都只是掠过耳际的秋风，你既不留恋，也不反感，任它来了或走了，你都不在意。只是偶然想起时，你会感谢它们给你的生活增添了颜色，增添了诗意，让你淡淡的心多了一些情感的色彩，让你感受到了立体的人生和世界。是与非，对与错，你已经不再纠结了。这时，你也就真正地明白了什么是柔弱，逍遥又是怎么回事。就算有人拿“剑”来刺你，也会发现自己像是在刺虚空，任他累个半死，你也还是安然无恙，快乐逍遥。这时，还有什么人、什么事能伤害你呢？

当然，我们不能因为自己不执著于世相了，就胡乱说话、胡乱做事，随心所欲地伤害别人，还觉得别人没什么好执著的。永远要记住，真正的修道不是让别人去修，而是自己修出一颗慈柔到极致的心，用这颗心去观照万物和苍生，痛别人所痛，悲别人所悲，乐别人所乐，就像母亲对待自己的孩子。

当你觉得众生都是你的孩子时，你也就没什么好在意，没什么放不下了。比如，我的孙女陈清如很调皮，她经常在我走路时伸脚绊我，或是做一些其他的恶作剧来欺负我。但她的欺负，不是为了让我痛苦，更不是把快乐建立在我的痛苦上面，而是在表达她对我的爱，还有我们之间的亲近。因为明白她，所以我从来都不怪她。对待众生的时候也要这样，要学会站在对方的立场去考虑一些问题，充分理解他们的行为背后的原因，这时，你对很多东西就不会在意了。尤其是那些彼此很亲近的人，他们很容易就会做出一些过激的行为，说出一些过激的话，但他们之所以会做出那些事，说出那些话，只是因为他们太亲近了，而且彼此都太在乎对方了。如果不在乎对方，他说的话过激，你不理便是了，不需要生气，而他也不会跟你说那些过激的话，他甚至不会理睬你。所以，我们永远要让心软一点，学会站在对方的立场为对方着想，用慈心去对待对方。

曾国藩和左宗棠的关系就很有意思，他们一个像诸葛亮，一个像周瑜，两人总是不能好好相处。尤其是左宗棠，他处处攻击曾国藩，不仅当面对着曾国藩开骂，背后也要说曾国藩的坏话。好像一提起曾国藩，左宗棠就会被气死。但奇怪的是，曾国藩死的时候，左宗棠却比很多人都要悲痛，这时人们才明白，原来左宗棠不是真的讨厌曾国藩，而是太在乎他了。所以，朋友、亲人、家人、恋人做出一些过激的行为时，你一定要明白，这只是因为他们太在乎你了。只要能明白这一点，多站在他们的角度考虑，你就会包容很多东西，不会再觉得自己受伤了，也不会再觉得谁不可原谅，而许多矛盾，尤其是一些看似不可愈合的伤口，也就不复存在了。

现在的很多家庭问题，都是因为矛盾的双方不能彼此了解，一件小事，吵着吵着就被无限放大，虽然彼此都不知道为什么要吵，因为这件事本身并没有那么重要，但谁都不肯让步，最后就莫名其妙地闹到了决裂的地步。有些家庭，儿子和父亲一辈子不说话，分隔两地，对方是不是还活着，对方活得怎么样，彼此都不知道，也害怕别人提起，似乎一旦提起，就揭开了自己心里的伤口，所有的疼痛、愤怒和仇恨都会喷薄而出，让他痛苦不堪。但是，这一切恰好是爱到极致的另一种表现——因为爱所以在乎，因为在乎所以希望得到爱和认同，也是因为在乎，得不到爱和认同时才会感到愤怒，愤怒却无可奈何，爱才会异化为仇恨。当然，这是一种有求的、世俗的爱，但它毕竟还是爱，假如有一天，做儿子的终于不想再对抗了，很想知道父亲过得怎么样，很想见一见自己的父亲，却发现父亲已经死了，他再也见不到父亲了，再也不能告诉父亲自己其实很爱他了，这时，他就会非常后悔，非常希望时光能倒流，非常希望自己能早点回家，早点告诉父亲自己很爱他，他还想为父亲捶捶肩膀，为父亲倒杯茶，听父亲说一说心里话，但这一切都来不及了。之所以会留下这种让人痛彻心扉的遗憾，就是因为愚蠢的愤怒和仇恨，所以，家人之间不要像阿修罗一样斗来斗去，更不要记恨对方，就算对方真的做错了什么，也要尽量地包容，哪怕涉及大是大非，无条件包容就成了纵容，必须在行为上有所责罚，心里也一定要包容。如果没有包容，人间处处都是修罗场，就连亲人都会变成仇人，因此人才要修道。只要脚踏实地地修道，原本坚硬倔强的心就会变得柔和、柔顺，这时，原本包容不了的也能包容了，原本觉得可恨的也不可恨了，修罗场也就变成了清静禅舍，那么，人生中就会减少很多遗憾。

说到底，世上一切不过是一场场戏，争来斗去，只是在虚度光阴罢了。就算现在争赢了，得到了，迟早也会失去，所谓的得到，只是过一把干瘾，何必为了一时的过瘾浪费生命和精力？世上没有什么不会被人夺走，唯一能够永远陪伴你的，只有你那颗柔到极致、无欲无求的心而已。所以，与其把生命用来追逐很快就会失去的东西，不如把生命用来修证这颗心，一旦有了这颗心，你的生命中就再也没有敌人，也不存在什么竞争了。哪怕有人存心想害你，你也只会应对，不会仇恨，因为他想要的东西你并不在乎，在一个什么都不想得到的人心里，世界不过是一场时时变幻的戏。

所以，要记住这个“柔”字，对己对人对事对物都要柔，不要斤斤计较，不要寸土必争，要学会随缘顺势，学会心疼别人。只要能做到这一点，你无论做什么都会成功。

你想一想，如果你每天都能调柔自己的心，不动不摇地做一些事情，又能坚持一辈子，你有什么理由不成功？比如，你如果在经商时以柔待人，有谁会不喜欢跟你合作，不喜欢跟你交朋友，不愿意帮助你？如果所有人都喜欢跟你合作，都喜欢跟你交朋友，都愿意帮助你，你怎么会不成功？所以，柔心是成功的保证，只要像打太极拳那样，让心柔到极致，就会有很多善缘出现。但一定要记住，如果你是为了得到什么——包括善缘——去调柔自心，那么你的心就不可能柔到极致，因为你是功利的，而柔的境界是远离功利的。只要有功利心，得到的就永远只是术，不可能是境界本身，也不可能形成你的修养。所以，修养越好的人，越是无求，越会让人觉得跟他在一起时很舒服，因为他没有火气，无论遇到什么事都是淡淡的，看不出任何心潮起伏。

我见过一些修养很好的人，他们没有一点点火气，永远一团和气，对谁都很温和，你到他们身边时，总会觉得很舒服。同时，他们也在成就着世界上最高尚的功德，像春雨润物般利益着世界。为什么？因为他们的人格在感化着身边的人，也在营造着良好的环境。

我的很多读者读我的书都有好几年了，这些年里，虽然我没有直接教育过他们，但他们一直在成长。为什么？因为他们一直在认真地读书，认真地学习。读书和学习让他们拥有了一个很好的小环境，不管大环境怎么样，只要开始读书、开始学习，他们就会从生活的琐碎中超脱出来，关注自己的灵魂，关注自己的人格，关注那些功利文化不关注的东西，享受摆脱功利后的快乐、满足和安宁，而他们的心，也随之变得柔软了。心的柔软，又影响了行为，让他们在行为上能够不与人争，凡事体谅别人，帮助别人，与人为善。

比如，有些丈夫过去不懂得体恤妻子，妻子每天下了班还要做饭，做完饭收拾好厨房，还要辅导孩子做功课，给孩子讲故事，哄孩子睡觉，她们每天都筋疲力尽，没有一点自己的时间和空间，心里充满了委屈，偶尔发泄几句，又被丈夫当成无理取闹、乱发牢骚。做丈夫的完全没有反省过自己，没有意识到自己每天回家就只顾着吃饭，吃完饭看新闻，打游戏，或继续工作，从来不帮妻子分担一点家务。心变得柔软之后，他们才明白妻子有多辛苦，于是主动帮忙做饭，帮忙买菜，帮忙带孩子，让妻子能多休息一点，有更多的时间能看看书。你想，丈夫发生这样的变化时，妻子会怎么样？开心是必然的，欣慰也是必然的，但她更会觉得奇怪，不知道丈夫为什么突然就变了。于是，她会去问丈夫原因，然后丈夫就会告诉她，自己最近看了雪漠写的一本书，学了很多东西，心不知不觉就变了。这时，她就会觉得很好奇，不知道那本书里到底写了什么，为什么会让丈夫发生这么大的变化，然后她就会开始读书。慢慢地，她就会感受到读书的乐趣，因为好书能告诉她如何对治烦恼，如何做好人生选择，这对一个人来说，是最根本的问题，根本问题一旦得到解决，生命质量就会马上得到改善。慢慢地，妻子也会消解内心的火气，面对孩子的时候耐心了许多，再也不会对孩子发脾气，或表现出不耐烦了。父母的改变，孩子都看在眼里，自然会对父母所看的书产生兴趣。而父母平时的讨论和分享，也会在不知不觉中进入孩子的潜意识，帮助他们建构一种健康的价值体系，将来他们面对人生、面对生活、面对工作时，就会更明白自己该如何选择。爷爷奶奶同样如此，以前他们觉得儿子儿媳很难沟通，尤其奶奶和儿媳之间，更像是天生的冤家，三句话没说完，两人就一肚子气了，现在，儿媳的心调柔了，再也不跟她对抗，而且非常细心体贴，总是提醒她的儿子要孝敬她，多做点让她开心的事情，她看在眼里，也会觉得很惊喜，想知道改变了儿媳的书里写了什么，于是也成了雪漠的读者……就这样，只要他们都不退转，一直坚持学习、坚持读书、坚持调柔自心，这种影响就会一直扩散下去，每一个跟他们有关的小环境都会变化，从矛盾纠结暗涌不断，变得和谐友善、互助互爱，然后影响更多的人、更多的环境。在这样的环境里，即使没有人督促、没有人提醒，每个成员也会不断变得更好。所以，柔性智慧在生活中扮演着非常重要的角色，但很多人都没有发现它的重要。

一定要明白，生命就像水泡，不管存在的时候多么美丽，也终究会破灭。所以，我们要在生命水泡还没消失的时候，学会善待自己，善待别人，修出一颗柔到极致的心，因为刚强地去争也没有意义，不管争得来还是争不来，都会很快破灭，很快失去。

第四十四章

止

【原文】

名与身孰亲？身与货孰多？得与亡孰病？甚爱必大费，多藏必厚亡。故知足不辱，知止不殆，可以长久。

壹 名声与生命，谁更重要？

名与身孰亲？

这一章，老子专门讲人如何能在世间留得更久，他一开始就提出了三个问题，第一个问题是：名声和生命，谁更重要？

老子为什么要把名声和生命放在一起比较？是不是两者只能选择其一？不是的。名声和金钱一样，没什么好坏之分，只有在你执著于它的时候，它才会给你带来烦恼。如果你不执著于它，那么它不但不会给你带来烦恼，还会帮助你做事，让你有更大的影响力，有能力做更多的事情。可世人多执著于名声，很多人甚至会为了追逐名声，把命都给丢掉。此外还有财富和得失等，人们一旦对它们产生执著，就容易对生命造成损害，但人们还是要执著。所以，老子的这三个问题，问的是执著于它们的人。老子希望这部分人能想一想，到底是得来不易、失之太易的生命更重要，还是名声之类的东西更重要，它们值不值得自己赌上性命，不顾一切地去追逐。

我之前讲过李斯的故事，李斯在历史上很有名，他帮秦始皇做了很多有利于统一六国的事情，但他之所以闻名遐迩，却不是因为政绩，而是因为他唯利是图的生存哲学和悲惨的下场。

李斯是秦朝的丞相，但最早的时候，他只是楚国的一名小官，相当于现在的普通公务员。有一天，他在官府的粮仓里见到了几只肥硕无比的老鼠，这些老鼠见他来了也不躲，只管继续吃粮食。这让他想起吏舍厕所里那些骨瘦如柴、见人就跑的老鼠，心中很是感叹：老鼠只有生活在官府的粮仓里，才能活得很好，因为那里没有人犬之忧，吃得又好，它们如果生活在吏舍的厕所里，就只能以秽物为食，活得胆战心惊了。因此他得出了一个结论："人之贤不肖譬如鼠矣，在所自处耳！"人跟老鼠一样，贤能还是无能，完全取决于他所选择的平台。后世称之为李斯的"老鼠哲学"。因为这个哲学，李斯离开了原来的单位，拜于荀卿门下，学习帝王之术。学成之后，他就告别荀卿，去了秦国，因为秦国当时正在招揽人才，他觉得"此布衣驰骛之时而游说者之秋也。处卑贱之位而计不为者，此禽鹿视肉，人面而能闲行者耳。故诟莫大于卑贱，而悲莫甚于穷困。久处卑贱之位，困苦之地，非世而恶利，自托于无为，此非士之情也"。意思是说，现在正是平民翻身最好的时机，人最大的耻辱就是身份卑贱，最大的悲哀就是穷困潦倒，一个人如果地位卑贱、穷困潦倒又没有长远谋划，就等于空长了一副人的皮相，实际上只是行尸走肉，或只吃现成之肉的禽兽。长久处于卑贱地位、穷苦境地，却又批评现实，憎恶功名利禄，标榜自己有所不为，肯定不是士人真实的想法。从这段话就可以看出李斯的价值观，他从一开始就没有崇高的向往，只想出人头地而已，正是这种价值观，直接导致了他后来的一些错误选择。

当然，李斯想要得到尊重、改善生活也是无可厚非的，很多人都有这个渴望。尤其在那个崇尚建功立业的时代，出人头地对于当时的文人来说，本身就是最重要的事情，当年去见秦王的说客很多，他们都想得到更好的发展平台，让自己能一展抱负，就像现在有很多人都想到北京等一线城市工作一样。但李斯很厉害，他从众多的竞争者中胜出，推动并辅佐秦王统一了六国，当上了秦朝的丞相。按照他的"老鼠哲学"，从此他就可以高枕无忧了，但故事并没有像他期待的那样发展。为什么？因为他德不配位。他虽然高居丞相之位，却没有丞相的担当，既不关心国家利益，也不关心百姓利益，只想保住自己的富贵权势。因此，秦始皇在巡视的途中驾崩，赵高伪造谕旨的时候，李斯也就顺水推舟，参与其中。他明知秦始皇真正的遗诏是让扶苏即位，只要他站出来揭穿赵高，证明所谓的谕旨是伪造的，谕旨颁布前秦始皇就已经驾崩了，扶苏就不会被废，更不会被杀，但他没有这么做。但是，他没有想到，胡亥即位后他就失去了实权，备受忌惮，后来还被赵高诬陷谋反，腰斩于市，被夷了三族。临刑前，他对儿子说了一句很让人感慨的话："吾欲与若复牵黄犬，俱出上蔡东门，逐狡兔，岂可得乎！"意思是，我现在就算只想和你一起走出上蔡东门，牵着黄狗去猎兔，也已经做不到了！到了这个时候，他才明白名利远不如生命重要，如果命没了，就连最简单的心愿也满足不了，但已来不及了。这恰好就是在回答老子的"名与身孰亲"。

其实，厕所里的老鼠虽然只能吃些秽物，又老是被人和狗惊吓，但只要不被逮住，就没有生命危险；相反，粮仓的环境虽然很好，伙食也很好，但人们不想让老鼠吃粮食，所以会放老鼠药和老鼠夹子，老鼠稍不留神就有生命危险。换言之，越是重要的、有很多油水可捞的位置，危险系数就越高——你一定要注意，容易出事的人，都在非常重要的岗位上，因为无足轻重的岗位办不了事，也没什么油水可捞，没几个人会去关注，就算你真的做错了什么事，可能也没有人知道。相反，过于张扬高调，过于追名逐利，就有无数双眼睛盯着你，很多人都在等着你犯错，等着你出事，等着你被拉下马，因为他们想接替你的位置。所以，居于高位又张扬跋扈的人，一般都会提早垮台，而智者不但会洁身自爱，也会保持低调，即使建立了很好的功业，也不会突显自己。

一定要记住，大家都想要的东西，未必真的很好，没必要随大溜去追名逐利。但如果得到了，也可以坦然接受，把它当成一种工具，实践自己的利众梦想，为社会做出更大的贡献。李斯之所以下场悲惨，不只是因为他位高权重，更是因为他的初心只是利己，没有更大的胸怀和抱负，凡事但求满足一时的利益，不顾大局。如果他能怀着一颗公心做事，至少做好本职工作，就不会是这样的结果了。所以，很多事不能一概而论，即使位置相同，若是初心不同，也会导致不一样的结局，不管做什么事，真正的决定权都在自己手上。很多人之所以受困于命运，是因为不能看破红尘，做不到无为随缘，不能用柔心来面对万事万物。

不过，就算李斯能处理得非常得当，不用落得如此悲惨的下场，又能怎么样？生命还是有限的，名利还是会失去的，所以，走到人生的十字路口时，不妨问问自己："名与身孰亲？"然后做好取舍，舍去一切会扰乱自己、损害生命的行为，做些真正有意义的事情。

贰 知止方可明得失

身与货孰多？得与亡孰病？

“身与货孰多？”这里的“货”不是货品，也不是珍稀宝物，而是财富。老子是在问那些疯狂敛财的人：到底是生命重要，还是敛财重要？你固然得到了很多财富，但你又有多少生命来享用它呢？“千金散尽还复来”，但生命只有一次，难道这“还复来”的财富，能比只有一次的生命更珍贵？

注意，这里老子主要针对的是官员，但事实上，无论你的身份是什么，你的职业是什么，你在做什么，老子都会这样问你：“名与身孰亲？身与货孰多？得与亡孰病？”为什么呢？因为老子希望你能保持清醒，永远明白眼前的一切（比如财富、名利等），不值得你付出生命去追求。就像有些人常说的，健康和生命是“1”，财富、名利、物质等是“0”，如果前面没有“1”，“0”再多也没有意义。

无论是古代还是现代，老子的智慧都太重要了，很多人就是因为没有老子的智慧，总是忘记了这些追问，才会为了那些最终无法拥有的东西，白白地丢掉自己的健康和生命。比如李斯，他临死时说的话是多么让人心酸啊，但你如果让他再活一次，他又会怎么选择呢？他真的会留在上蔡，做个小吏，不去争取他所向往的功名利禄吗？说不清，也许很难。有些人永远不会安于平淡的生活，他们需要一个自己所谓的未来，却不知道自己为了这个未来所做的很多事情，会让自己失去所有的未来。所以，这一章很重要，很多人都需要这一章的智慧，需要好好地问一问自己，看看自己是不是把一些很重要的问题给忘掉了。

“得与亡孰病？”得到一种东西必然会失去另一种东西，那么在这一得一失之中，哪个对你更有害处？“病”是有害的意思。

问这个问题的时候，老子仍然是在强调一种选择。比如，你得到很多财富却失去了生命，这到底是有益还是有害？你得到了荣誉却失去了健康，这又是有益还是有害？此外，你还可以把这个问题延伸到生活之中，对照自己的得失进行更多的追问，看看很多事情是否值得你花费生命去做。

西部有一种说法是“小鬼受不住大祭祀”，就是说，如果你的福报不够，却突然有了一定的财富和荣誉——比如一夜暴富——就容易出问题，因为你受不住。这种说法对不对？对。我打个比方，如果一个口袋只能装两升小米，你却硬是塞进去一斗，那么口袋就一定会被你撑破。人也是这样，有多少福报，就能承受多少荣誉和财富，如果得到的荣誉和财富多于福报，人就容易出事。孔子说“德不配位，必有灾殃”，也是这个道理。

生活中这样的例子很多，比如一些人德行不够，刚红起来就沾沾自喜、不可一世，做了一些不符合社会道德规范的事情，于是就风头不再了。古希腊历史学家希罗多德也说过类似的话：“神欲使之灭亡，必先使之疯狂。”可见，无论古今还是中外，都逃不开这个规律。所以，过早地成功其实不是好事，人最重要的还是自我修炼，让自己配得上自己所得到的一切。

除此之外，这个现象还说明了人必须考虑生命本身，不能一味地追求名利财富，不知道收敛。历史上那么多威名赫赫的政治家，生前都有钢铁般的意志，他们疯狂地追逐一些东西，不知道肉体一旦消失，自己就什么都不是了，曾经拥有的一切都会被摧毁，连基本的尊严都会失去，甚至连亲近的人都保不住。

武则天就是一个非常典型的例子，她威名赫赫，治理国家的能力也很强，中国历代皇帝如果按照治国能力来排位的话，我觉得武则天肯定能排在前面。但她的德行不够，手段过于毒辣，为了达成私利，不惜亲手掐死女儿，害死儿子，除掉李唐家族的很多人，并且利用酷吏清除异己，这些行为，都为她最后的悲惨命运埋下了种子。步入老年后，她疾病缠身，渐渐失去对朝政的把控，以至于男宠干政，把朝野弄得乌烟瘴气，最后，几个大臣在她重病之际发动兵变，当着她的面杀死了她心爱的两个男宠，还逼着她让位给太子李显，然后一个人搬去上阳宫，在那里孤独地死去。

所以，不懂得分寸，不知道什么时候该停止，是一件非常可怕的事情。做出选择之前，你一定要多想想老子的这三个追问："名与身孰亲？身与货孰多？得与亡孰病？"尤其在人生的关键时刻。有时，只要做对了选择，你就会一路坦途，具足善缘；反之，如果你做错了选择，人生就会坎坷不断，违缘不断。虽然后者可以让我们借事调心，看破红尘，但有的时候，有些选择一旦做错，不仅自己的命运会走到另一条路上，还会牵连很多人，甚至牵连整个国家、整个民族——当然，这是针对位高权重者而说的，普通老百姓没有权势地位，承担的责任也会轻很多，即便做错选择，一般也只会及于己身。所以，得到的越多，责任就越大，需要担当的也越多。如果光是得到却不能担当，就会付出巨大的代价。

比如李斯，如果他能尽责一些，保住扶苏，也许秦朝就不会那么短命，因为扶苏比较宽仁，不像胡亥那样唯利是图。扶苏冒着惹恼父亲的风险为儒生说话，希望父亲不要难为儒生，免得失去民心，这说明他能为大局考虑，也能包容；后来，他收到伪造的诏书，上面罗织了他和蒙恬的罪名，还命令他自裁，他以为是父亲误会了他，想要他的命，于是即便蒙恬提醒他确认一下，不要中了奸人之计，他也仍然按照诏书中所说的自杀了，这说明他非常孝顺。一个能为大局考虑，又非常孝顺的皇子，几乎不可能变成胡亥那样的暴君。所以，李斯的选择无形中断送了秦朝的命数，他被腰斩，从某种程度上说，也是一种必然的结果。

叁

贪爱至极，祸患生根

甚爱必大费，多藏必厚亡。

“甚爱必大费”，最爱的东西是最大的麻烦，也是最让人费心的，因为你过分地喜欢一些东西时，必然会为之花费大量的财富和精力。历史上有很多君王都是这样，他们好大喜功，结果消耗了大量的财富，让国库空虚。为了填补国库的空虚，他们就压榨百姓，逼着百姓交各种苛捐杂税，于是民不聊生。所以，老子就语重心长、苦口婆心地说道，不要过分地追求一些东西，否则你就会惹上很大的麻烦。

对普通人来说当然也是这样，过分爱儿子的，儿子一旦出事，他肯定会受不了，哪怕只是梦里见到儿子出事，他也会无比痛苦，惴惴不安，总是害怕噩梦会成真。过分爱财富的人也会很痛苦，比如那些热衷于投资股票的人。

我有个朋友就是这样，过去他很爱炒股，刚开始他只投进去六十多万，却一下子飙升到一百二十八万，如果这时他把股票卖了，就可以在当时的上海买一套很好的房子，但他不甘心，希望股价能涨得更高。当时我们都劝他，叫他还是趁早把钱拿出来吧，反正已经赚了六十多万了，够了，可他就是不听。随后股价就开始疯狂下跌，而他也被弄得人不人鬼不鬼，痛苦不堪。跌到六十多万时，我们又劝他赶紧出手，因为这样他至少不会赔本，还可以买一套小房子，这次他终于听了劝，于是就买了一套小房子。现在，那套小房子也很值钱了，可见他没有坚持下去是对的。不过，我自己是不会选择这种生活的，无论是炒房还是炒股，我都不愿参与，因为这需要我投入生命，还会牵制我的生活。当然，我买了几处房子，但我不是为了炒房或出租而买的，我是为了给全职志愿者们提供住的地方。而且，即便是为了做善事，我也绝对不会过度，永远只在自己的能力范围之内做到最好，这样我所做的一切才能长久延续下去，不会一哄而起又一哄而散。

以上是过于爱财的后果，那么过于喜欢谈恋爱呢？过于贪爱也是一样，也会带来巨大的麻烦。比如，唐玄宗爱杨贵妃，于是“从此君王不早朝”，最终把江山都给毁掉了，这就是在解释何为“甚爱必大费”。历史上有很多所谓的因女人而爆发的战争，其中最有名的，就是荷马史诗《伊利亚特》中写到的那场木马屠城之战——特洛伊王子带走了美丽的王后海伦，于是希腊联军开启了长达十年的特洛伊攻城战，最终，希腊联军利用巨型木马潜入特洛伊城，将特洛伊抢掠一空。如果不是因为甚爱海伦而失去理智，特洛伊王子怎么会做出这种事呢？所以，如果我们的生命中出现了“甚爱”，不管对象是什么，都要非常小心，因为甚爱必令智昏。

比如，年轻的时候，我特别爱抽烟，而且因为工资很低，抽不起香烟，我只能抽莫合烟，也就是旱烟渣子。这种烟的质量没有香烟好，杂质很多，但我当时需要抽烟的感觉，因为它能激发我的灵感，所以我一直都没有戒烟。直到有一次，我闭关写一部短篇小说，才终于发现了这个习惯的可怕——闭关时，我总是早上三点起床，禅修完就一直写作，除了吃饭睡觉不干别的，这样一来，我就可以连续写上几天，但与此同时，我也连续抽了几天莫合烟。最后，看到那满地烟头，我真的吓了一跳。当时我想，只是写短篇小说，我就抽成这样，要是写中篇小说，我会怎么样？要是写长篇小说，我是不是必死无疑？我觉得肯定是，因为我从早到晚都在写作，也从早到晚都在抽烟，手里一会儿不夹着根烟，我就没有灵感往下写。如果我抽的是盒装的香烟，那么一天会抽上四五盒。按这个频率抽下去，大概用不了几年，我的肺就会被烟油给糊住。这么一想，我就全身冒冷汗，觉得自己不能再这样下去了，否则长篇小说——那时写的是《大漠祭》，但名字没定，最初定的是《老顺一家》，一百多万字，因为出版需要，才重新修订，做成了三部曲——还没写完，我就死掉了。于是，我就下定决心戒烟。

说来也怪，没打算戒烟时，觉得烟就是我的命，就是我的灵感，决定要戒烟时，烟好像就没那么重要了，马上就戒掉了。有朋友开玩笑说我很可怕，因为我居然不给自己留一点余地。不过，我并不觉得这有多狠，或者多么恐怖，因为我必须这么做。如果我明知自己必须这么做，不这么做身体就会受到不可弥补的损害，却一如既往地抽烟，那我才是对自己恐怖。按老子的说法，就是“烟与身孰重”，香烟和生命相比，谁更重要？当然是生命更重要，一点小小的嗜好，怎么能和生命相比？所以，不要过于痴迷某种嗜好，发现自己有所痴迷时，就要问自己一句：它与生命相比，到底哪个更重要？

记住，任何一种嗜好，都是你生命中的一个“把柄”，这个把柄就算没有被别人抓在手里，也会被命运抓在手里，总有一天，它会用这个把柄来牵制你，给你添麻烦，甚至逼着你付出某种代价。所以，一般情况下，只要察觉到生命中有某种自己很难离开的嗜好，就要慢慢地转化它，让自己不至于失去理智地依恋它。渐渐地，它也许就能变成你的顺缘，而不会变成一种可怕的麻烦。如果它不能变成你的顺缘——比如香烟，无论你怎么转化，它都不可能有益健康——就要毫不犹豫地戒掉它，不要有任何的留恋或妄想，因为“甚爱必大费”。

不过，我也有特别喜欢的东西，那就是好书。任何人送我一套好书，我都会很高兴。而且，谁给我送了哪本书，我都记得清清楚楚，见到他时，我也总会想起他送我的书。所以，很多人都会给我送书，这既是表达他们对我的一份尊重，也是抓到了我的弱点——他们都知道我只有这个嗜好，别的嗜好，早就被我戒掉了。而之所以我没有连书都戒掉，一是因为书对生命无害，二是因为我想留下一点属于人间的享受，就像我会刻意留下一点喜恶心，作为对作家身份的一种尊重。这样一来，我无论到哪里去，都会对当地的书店有一份期待。当然，我并不在乎这份期待能不能得到满足，我只是不想消解它，因为，有了它，我的心灵就会永远年轻，永远充满活力，永远有所憧憬。如果连它也消解掉，我也许就真的老了，就变成一个无趣的人了。

但即便是书，也给我带来了巨大的麻烦——尤其是最早的时候——比如，我在凉州教书的时候就买了很多书，我非常害怕有人把它们给偷走。那时，我所在的学校每逢周末的下午和晚上就没人值班，任何人都可以撬开我宿舍的窗户，把书给偷走。因此，我每次回家，都必然会把那些最心爱的书放进一个大背包，用自行车捎走，让它们随时都在我身边，这样我就不用担心了。直到现在，我仍然有这个习惯，每次离开一个常待的地方，去另一个地方，我都会带上一些最心爱的书。当然，现在我已经不怕别人偷书了，我之所以带书，是因为总觉得它们会有用，但就算每次都发现自己用不上它们，我也还是会把它们给带上。所以，书对我来说，已经变成了一个比较大的麻烦。

“多藏必厚亡”，若是收藏积累一种东西过了度，最后就很可能会失去它。

最典型的例子就是大贪官和珅，据说，和珅积累的财富，相当于清政府十年的财政收入。那时没有瑞士银行，和珅的钱只能藏在家里，他一旦被抄家，所有财富都会被清政府没收，你说他贪来有什么意思？一来一回之间，他只是过了把富可敌国的干瘾，却落得个不好的下场。如果他不贪财，不疯狂地积累财富，何至于走到这一步？

所以，我们一定要注意，财富是惹祸之根，许多时候财富会带来麻烦。比如，李自成进入北京城后，就对有钱的官员严刑拷打，逼着他们交钱，结果就把其中的一些人给打死了，还把一些人打成了残废，但即便如此，这些人还是得把钱都吐出来。在一些国家，如果你一夜暴富，就会非常危险，有可能会招来很多意外和灾难。除非你在合法经营的同时不断回馈社会，做各种公益，否则你就会成为众矢之的。所以，免祸成了很多企业家做善事的目的之一。还有一些企业家是为了避税而做善事的，他们的收入很高，税金也很高，他们宁愿把钱都用来做善事。这样也是所在国家允许的。美国就是这样，很多大亨最后都会成立慈善基金会，然后把自己的财富转到基金会里，这样一来他们就可以少交很多税金，同时又可以为社会做贡献。按老子的说法就是“多藏必厚亡”，如果你一味地积累财富，不做贡献，那么你积累得越多，将来的损失就会越大，所以要把财富快快地散出去，用它来贡献社会，这样你就不会在获得财富的同时种下灾难的种子。

肆

知足知止，方可长久

故知足不辱，知止不殆，可以长久。

讲完了上面的几种情况之后，老子做出了总结：“故知足不辱，知止不殆，可以长久。”

“知足不辱”，知足就不会受到侮辱。人是很容易不知足的，对权力，对财富，对名誉，对事业等，都容易不知满足。如果别人不可能给他更多的东西，而他却不知满足，仍然不断地苛求，就会受到拒绝、责骂甚至嘲讽，因而受辱。所以，人要学会知足，否则就容易自取其辱。

“知止不殆”，懂得什么时候该停止，就不会有危险。这是老子的一个非常重要的论述，他认为对待任何事物都要懂得适可而止，就像我常说的，退一步海阔天空，留一分清醒留一分醉，留一点时间听听风，看看月，不要被自己的贪心所裹挟，不要像下山的石头那样咕噜噜往下滚。石头滚下去也没什么，反正撞不烂，哪怕撞烂了也没什么，但要是人滚下去，或是人的良知滚下去，就万劫不复了。所以，我们一定要学会适可而止，学会知足常乐。

过去，很多人都希望我能做大，那么我到底能不能做大？当然能，有那么多人需要我讲的东西，我怎么会做不大？但我就是不愿做大，因为一旦做大，很多事情就由不得我自己了，所以，我总是在能够快速发展的时候急刹车，拒绝一些机会，尽量让很多东西停留在我的可控范围之内，不把生命耗到一些无谓的事务和应酬之中。这就是老子所说的“知足不辱，知止不殆”，其结果是，“可以长久”。

“长久”的意思有两种：第一，生命得以保留；第二，关系得以保留。

这里提醒的不只是老百姓或当官的，也包括皇帝。皇帝之中，也有很多不知道适可而止于是遭遇灾难的人，其中，最有名的就是隋炀帝。隋炀帝是个有为的君王，他做的很多事情，其作用一直持续到今天，影响力非常大，比如修建大运河。以现在的眼光来看，他确实是一个成功的社会改革家，只可惜贪心过重，不知道把握分寸，不知道何时必须停止，一味地高歌猛进，就像一个人疯狂地踩油门，忘了刹车，于是最后就车毁人亡，国家被人给灭掉了。王莽、袁世凯也是这样，他们有过成功的时候，但他们的欲望不断膨胀，膨胀到最后，连当皇帝的心都有了，于是他们的人格就彻底崩塌了。你想一想，如果袁世凯不称帝，他会怎么样？在民国的体制下，他肯定会被人们视为大英雄，但他一称帝，就不一样了，彻底身败名裂。这就是不知止的结果。他的儿子在送给他的诗里写道：“绝怜高处多风雨，莫到琼楼最上层。”这就是在提醒他适可而止，但他不听，最后果然就是这种结局。有时候，人生的界限就是一步之隔，你多走一步，就会车毁人亡，守在那个地方，反而会名垂千古。历史上这种例子非常多。

做事的时候也要这样，不要越界，适可而止。孔夫子也说，“过犹不及”，不及固然不好，但过度跟不及一样，也不好。所以，做人应该积极进取，但进取心同样要适度，不要有过度的欲望。因为欲望如果适度，就会变成你生命中的一股动力，让你实现升华，可一旦你的欲望膨胀，甚至超出了自己的可控范围，就会非常糟糕。

张良最高明的地方，就在于他知止，不会在不应该前进的时候前进，就连皇帝主动想要赏赐他，封给他三万户时，他也不要，只要了一块很小的、一点都不富庶的土地，做了个留侯，因此，他得到了善终。韩信、英布等人呢？他们固然被封王了，一时间看起来非常光鲜，但最终都没有好下场，都被皇帝给杀掉了。其实，皇帝怎么会愿意封给你那么多的土地？怎么会愿意让你当王？怎么会愿意给你那么大的权力？怎么会不考虑你日后若是有了反心，会不会对他造成威胁？皇帝肯定有这个考虑，他日后就必定会灭了你，以绝后患。

古人说，“秦川中，血没腕，唯有凉州倚柱观”。这是什么意思？就是说，秦川大地上到处都在打仗，鲜血把脚腕都给淹没了，只有凉州没事，也只有凉州人能逍遥地活着。为什么？因为凉州地处偏僻，战乱较少，凉州人才能在战乱中苟活下去。所以，偏僻贫瘠看起来不怎么好，却成了凉州在乱世中得以保全的一个理由。

这是老子的观点，我觉得很有道理。任何人一旦拥有了一定的智慧时，都会发现老子是正确的，争得多少，都不如张良似的放弃和退后更明智。而拥有这种智慧的时候，人们也就不会去争那些别人都眼红的东西，也不会去干那些利润最高、付出最少的行业了。什么行业利润最高、付出最少？非法行业，比如毒品行业。贩卖海洛因有多赚钱，不了解毒品的人也知道，那真是一本万利的买卖——其实，也不能说从事这个行业的人付出最少，因为他们承担着巨大的风险，法律规定，贩卖海洛因五十克以上，就是死罪。很多影视娱乐明星，甚至当红作家，也是因为跟毒品扯上了关系，断送了自己的前程。这都是因为毒品行业的危害非常大，因为毒品而家破人亡者不计其数，因为毒品而导致的犯罪更是不计其数，毒品不但危害着个人和家庭，也危害着社会的安定，清朝末年中国的士兵之所以那么软弱，也跟爱抽鸦片有很大的关系。所以，毒品是祸国殃民的东西，不管能让人赚多少钱，理智的人都不应该去碰。

所以，君子爱财取之有道，过分地追名逐利，很可能导致家破人亡。每一个人不管境遇如何，都不能忘了老子的那句千古之问：“身与货孰多？”

伍 找回心中尺，再做快乐人

其实，进入官场的人，都不可避免地要顺应一些规则，包括潜规则，很多人在顺应的过程中，都容易成为“炮灰”，但懂得什么时候该停止，绝不能继续向前的人，最后却能保全自己的身家性命。

当然，你也可以选择不进入官场，不参与那个游戏。我就是这样，我一直不愿顺从官场的游戏规则，所以我进入不了那个系统。当然我也不想进入，于是就一直活得自在逍遥——我想跟谁交朋友，就跟谁交朋友，从不考虑利益关系；我想给谁送书，就给谁送书，从不考虑他能为我带来多少新读者。我虽然是体制内的作家，但我所做的一切，从来都只跟民间有关，只跟善文化的传播有关。

简而言之，你想在任何一个圈子里有所建树，都要懂得那个圈子的基本规则，如果不想遵循那些规则，就不要进入那个圈子，就算勉强进去了，也待不久，终究会出来的。

进入一个圈子，有进入一个圈子的好处，比如，你可以借助那个圈子的平台和渠道，做一些贡献社会的事情，但这么做的前提，是你能够把持住自己的心，让自己在遵循规则的同时，不要陷入游戏之中，不要被游戏所操控，不要被所谓的利益激起欲望。如果你被激起了欲望，而自己又无法掌控，就会非常危险，因为你可能会因此放纵欲望，不顾规则，甚至不顾法律，最后酿成恶果。相反，如果能把老子的智慧作为座右铭，时时自省，时时自察，人是不会走到这一步的，美好的初心仍会像过去那么美好，到了不该接近的禁区面前，仍会自觉地停下脚步。所以，老子真是了不起，他总结的这些规律，在两千多年的时光中，都一一得到印证了。

当然，老子本身就生活在一个动乱的年代，春秋战国时期，动荡不止，欲望横流，很多人都希望能建功立业，不要白活一场。欲望于是演化为祸乱，到处都是战乱，到处都是阴谋和背叛，老子清楚地察觉了这诸多乱象背后的秘密，于是在《道德经》中说道，要知足啊，要知止啊，要在应该退让的时候退让啊，欲望没有生命重要，不值得用生命去换取欲望的片刻满足……可惜，老子离别前发出的声声劝告响了两千多年，却还是有无数人前仆后继地走上了歧路，变成了反面教材，印证了老子的正确。

老子当然是正确的，知足知止让人平静、安详、达观、超脱，所以知足知止者常乐，只要能知足知止，有些东西就能长久，一旦过度，就会失去，人也会因此而堕落。有没有例外？没有例外，任何人都躲不过这条规律。所以，无论在家庭中，还是在单位中，抑或是在两个人的交往中，都一定要懂得分寸，知道什么时候该适可而止，否则彼此之间就会出现无法弥补的裂痕，最后不欢而散。

即使从个人的生命质量角度来说，知足知止也是必需的。知足的人才会幸福，最知足的人，必定是世界上最幸福的人。无论在哪个圈子里，都肯定是这样，但凡满面愁容的人，心中都肯定有某种东西没有得到满足。例如，没有健康的人往往想健康，没有婚姻的人往往想结婚，没有事业的人往往想成就一番事业，没有财富的人往往想得到财富，没有儿子的人往往想生个儿子……想要的东西可以千差万别，但沉溺于其中，结果却只有一种，那就是既让自己不开心，也让身边的人不开心。

比如，如果媳妇生不出儿子，有些人就会埋怨媳妇，甚至想跟媳妇离婚，找一个能生儿子的女人。历代皇帝之中，这样的现象也很普遍，所以皇后妃子们无论多么得宠，心中都有抹不去的阴影，生怕其他女人先自己一步生下龙子。但就算她们生了儿子，心里也不会安宁，因为她们担心孩子会被别人害死。皇子扶苏就是一个很好的例子，他已经长大成人，而且得到了秦始皇的认可，只差一步就可以成为继承人了，可他最后还是死于非命。所以，皇帝身边没有安全的位置。那么，秦二世胡亥呢？他看起来是赢了，因为他把哥哥的位置夺了过来，但他的江山终究还是被别人夺走了，他也没有笑到最后——在这个世界上，除了智者，没有人能笑到最后。而智者之所以能笑到最后，也不是因为他能保住自己的某种东西，而是因为他什么都不执著了，人们可以夺走他的一切，却夺不走他的智慧和宁静。

可惜世界上多的不是智者，很多人都怕自己的东西被别人夺走，都想夺走别人的东西，但他们不知道，可以夺走的东西，从来都不曾属于自己。所有人都只是在为别人做嫁衣，这个世界，就是通过这种一代人为下一代人做嫁衣发展至今的。古旧的被抛弃，新鲜的被热捧，而古旧和新鲜也在不断地变化着，没有人能在舞台上笑到最后。扶苏不能，胡亥不能，李斯不能，赵高同样不能。能的是谁？是老子，是庄子，是张良，是懂得知足知止，能自己走下舞台的那些人。不懂的人呢？他们要么为了保住某种东西而堕落和受伤，要么为了夺走某种东西而堕落和受伤，但得到的终究会失去，欢笑的最终会哭泣，活着的终究会死去，无数人的故事浓缩到最后，都只是这么几句话，没有本质上的不同。那么，我们为什么非要做这种批量定制的人呢？我们为什么不能追求一种不一样的人生，就像老子所说所做的那样，在该退的时候潇洒地退后，在该止的时候潇洒地止步，守住自己的尊严，守住自己的高贵，守住自己的品格，更守住自己的自由、逍遥和快乐？何必让不开心扩散到身边的人群，让更多的人也跟着自己不开心呢？何必要做贪欲的仆人呢？

只有懂得知足的人才会明白，珍惜眼前人，珍惜眼前事，远比渴望自己得不到的东西更重要。当然，失去的人也会明白，因为那些东西他也得不到了，他尝过拥有的快乐和幸福，却没有珍惜，终于永远地失去了，这也许比遥远的想象更令人伤心。比如，有的人总是觉得孩子很烦，尤其在孩子不听话，总是跟自己对着干的时候，但有一天，孩子突然死了，他们才发现孩子活着的时候自己原来很幸福，但他们的孩子回不来了，他们的遗憾也弥补不了了。有个作家就是这样，他的儿子二十九岁就死了，当时他很痛苦，心里有很多纠结无法释怀，于是就专门写了一本书。他在书中说道，他的儿子曾经爱上一个女孩，很想跟那个女孩在一起，但他觉得那个女孩不够漂亮，就逼着儿子跟她分手，结果儿子真的放弃了那个女孩，而且到死也没有好好地谈过一场恋爱。儿子死后，每当想起这件事，他就非常后悔，觉得自己不该那么做。所以，很多东西放到更远的时候，比如死亡之后来看，就会有不同的感受，那么，不如在拥有时就好好珍惜，好好惜福，因为它们终究会消失的。

我们要明白，生活已经给了我们太多，如果不能学会感恩和珍惜，总是贪得无厌，就迟早会像《渔夫与金鱼》中的那个老太婆一样，失去当下所拥有的一切。你可以观察一下身边的人，看看那些过得很贫困、很悲惨的人，是不是有不知足、不感恩、不惜福的毛病。肯定是这样的。

所以，我们要记住老子的话，明白欲望是祸患之根，欲望越大，祸患也会越大，如果欲望膨胀到自己也控制不了，就会更加危险。希特勒就是这样，他在疯狂地想要征服世界，并付诸行动的那一刻，就已经种下了毁灭的种子。第二次世界大战时的日本也是这样，无一例外。每一个想要通过毁灭来征服世界的文化或群体，最终都必然会自我毁灭。欲望泡沫的本质，就是让你丧失理智，期待一些你根本就不可能得到，也跟大道相悖的东西。一旦这个泡沫破灭了，你就会看到现实的苍白和残酷，但这时，你往往已经付出了自己难以承担的代价。

陆 恰如其分是真正的完美

我的家乡凉州发生过一个故事，这个故事很糟糕，也很丑陋，但我还是要说出来，因为它代表了人性中的一种东西，也说出了很多人贫困的原因，我希望这个故事能给读者们带来启迪，更希望大家能举一反三，在生活中多反思、多自省。

过去，经常有人来我的家乡收菜籽，但我家乡的人却总会在菜籽里掺一些沙子，因为这样过秤时会重一些，能多卖点钱。头一两次，收菜籽的人可能发现不了，觉得只是巧合，但次数多了，他们也就发现了，往后，就再也不来我家乡收菜籽了。我家乡的交通很不便利，又没什么宣传推广，外面的人能进来收菜籽，真的是值得珍惜的好机会，可他们不但没有珍惜，还蒙骗人家，占人家便宜。但凡懂得一点经商之道的人，都不会做这种事，也不会教别人做这种事，除非他想害人。可惜我家乡没有会做生意的人，没有人能告诉他们，信誉比实惠更重要，也没有人能告诉他们，不择手段地追求眼前利益，只会损失长远利益，这样是得不偿失的。而且，利益可以通过其他渠道获得，信用一旦失去，就很难再建立起来了。更重要的是，没有人告诉他们做生意一定要知足，如果不知足，生意是不可能长久的。

我的一个朋友就很有智慧，他做生意永远遵循“百分之一原则”。什么是“百分之一原则”？就是不追求赚很多钱，只要能有百分之一的利润，他觉得就可以了。比如，他在一个项目上投了一百万，那么只要能比本金多挣一万，他也就满足了，永远不求更多。所以，他的生意一直在稳步发展，没什么大起大落。我的另一个朋友也有一个“百分之四十九原则”，意思是，他和朋友合作时，永远只拿百分之四十九的利润，让朋友拿百分之五十一。虽然他赚得总是比朋友少一些，但他不贪多，因为他知道细水才能长流，凡事都要适可而止。所以，想跟他合作的人一直很多，他的生意也越做越大。

历史上最优秀、最有智慧的谋臣是谁？是范蠡，没有他的帮助，越王勾践是不可能复国的，但越王灭了吴国之后，他却没等越王对他封赏，就离开了越国。为什么他要这么做？因为他明白“飞鸟尽，良弓藏；狡兔死，走狗烹”的道理。这句话的意思是：鸟既然打完了，就要把弓给藏起来；兔子既然已经死了，猎犬也就没用了，与其留着它浪费口粮，还不如把它煮了吃掉。简言之，过河拆桥。这是很多古代君王的习惯，因为他们害怕开国功臣功高盖主，日后会对自己或儿子造成威胁。事实证明范蠡是对的，没过多久，越王就随便找了个理由，把同样是大功臣的文种给赐死了。

文种和范蠡都很厉害，但范蠡比文种更明白功成身退的道理，更能放下一些似乎近在眼前的荣华富贵，这一点他不输张良。他离开越国之后去了齐国，经商暴富，引起了齐王的注意，齐王派人来请他，想让他当相国，可他不但推辞了，还把田产财富都分给老百姓，自己悄悄地跑到了陶这个地方，改名换姓，以“陶朱公”的身份继续经商，再也没有踏入过官场。因此，范蠡也得到了善终。

很多时候就是这样，能够知足知止，生命和人际关系才能长久。范蠡向越王请辞的时候，越王装模作样地百般挽留，范蠡反复坚持才成功辞官。如果范蠡没有足够的智慧，信以为真地接受了越王的挽留，会怎么样？要不了多久，越王就会找个借口把他给除掉，而这种不义的行为，又会让越王对他产生另一种仇恨，从此再也不把他当成曾经的战友，也不把他当成帮助自己复国的功臣，而只会把他当成自己人生中的一个污点，不能触碰，也不愿想起。所以，范蠡的退出，不仅保全了自己的性命，也保全了自己和越王的关系。日后，越王不但会感激他帮助自己复国，也会感激他主动退出，没有逼着自己动手杀他。

这是一种非常重要的智慧，如果能有这种智慧，知道什么时候该退让，什么时候该停止，那么无论是朋友之间的相处，还是工作伙伴之间的相处，都会减少很多矛盾和纷争，人际关系才会得以保全。

我们永远不要挑战一些东西，也不要试探，友情就像一张纸，它看起来密不透风，实际上一捅就破。所以，永远不要捅破那张纸，永远要保持一定的距离，不管多好的朋友，都不要越界，不要抱有任何幻想。因为，如果你不这么做，在该停止的时候继续前行，朋友就会变成敌人。

要学会保护任何一段关系，尤其是友情。哪怕有的时候，你会吃点亏、受点骗，如果你想保住这份友情，也要睁一只眼闭一只眼——当然，这个前提是你觉得这个朋友值得交，也明白他之所以会骗你、坑你，有他不得已的理由，他经过了痛苦的挣扎和纠结，最后不得不这么做。而这么做之后，他并没有因为瞒天过海而安枕无忧，反而一直内疚，一直难受，一直很想在别的方面补偿你。如果他轻易地放弃了你们的友谊，把它当成某种砝码和工具，来为自己换取利益，而且得逞之后没有丝毫悔改之心，完全没有一丝内疚和难受，那么这个朋友不交也罢。

要记住，当一个人真心诚意地把你当朋友时，一定不要欺骗他，更不要把他当成工具，一旦你这么做了，那么无论有什么理由，无论对方到底知道还是不知道，你都打碎了一种最宝贵的东西——你的良知。诚实，是朋友交往的底线，几乎没有人会在满口谎言的同时付出真心，也几乎没有人会不被朋友的谎言所伤害。所以，不要越界，不要做不该做的事情，否则再好的朋友也会变成路人，甚至变成敌人。

人生确实有一些“不得不”，但并没有很多人以为的那么多。如果能明白缺失是人生的常态，能够接受失败，不去追求所谓的圆满和完美，人生中的“不得不”就会减少至少一大半，让我们感到身不由己的理由，也会荡然无存。

其实，人生就像抛物线，大部分时间都是不完美的，都需要上升。但即便你的人生达到了峰值，它也不会在那个高度停留多久，而会马上开始衰退，就像太阳总会在升到最高的时候开始下沉一样。所以，一般情况下，智者会“求阙”，也就是不让人生太圆满，即便人生已经很圆满了，也要想方设法让它有点缺陷，留点遗憾。比如，一个人生点小病没有什么，因为生点小病可以让人增加健康意识，最怕就是一直没病，一直很健康，那么一旦得病，往往就会是大病，而且很快就病死了。很多人都是这样，很多事也都是这样。当你的人生中始终有点小缺陷的时候，你就会明白自己该如何取舍。因此，曾国藩把自己的书房命名为“求阙斋”，时刻提醒自己，人生不能太圆满。

懂得“求阙”，人就不会在意得失，所以，历史上有很多智者都不在乎得失。无论得也罢，失也罢，他们都会淡然处之，正如诸葛亮在《诫子书》中所说：“非淡泊无以明志，非宁静无以致远。”他们对境界和抱负，比对得失更加在乎。而很多时候，也正是因为这种淡然和不争，他们才得以保全性命。人们常说“祸从口出”，很多人的大祸确实都是说话不注意引起的，所以，说话做事都要有一定的分寸，不要放纵欲望争来斗去，也不要逞口舌之能伤害别人，要从心底里学会知足。

知足，就是知止，人无论做什么事，都要行为知止，包括做运动。比如，会走路的人不会走过多的路，因为他知道，劳累过度也容易死去。有人说，作家路遥是累死的，虽然不一定真是这样，但他的死肯定跟劳累有关。过去的驼户在这方面很注意，一般每天只走二十里路，最多不超过三十里。走上大概五里到十里路时，他们就会休息一下，吃好，喝好，补充好能量，让骆驼也缓一缓。不懂这个道理的人，是走不了千里之路的。同样，不好好吃饭，总是在饮食上马马虎虎的人，也几乎不可能长寿。因为，一顿不要紧，两顿也不要紧，要是顿顿都这样，时间长了，身体就会出问题。我们家乡的很多光棍汉都死得很早，就是因为他们不会做饭，也懒得做饭，一辈子马马虎虎，这样身体必然会垮掉。北京中关村的很多年轻科学家英年早逝，也跟不知止有关，当然，他们的初衷很好，都不是为了自己，但无论出于什么目的，分寸都很重要，做任何事都必须恰到好处。

柒 修道中的『知止』窍诀

大道居无极，行者居两仪。
阴阳合大道，至简复至为。
命功宜返朴，性功常存素。
精一而成道，空无实不空。
空中有妙慧，觉体亮晶晶。
常悟此心体，心性合一矣。
日用常存道，颠倒溯真知。
妄想耗其真，情欲耗其精。
丹士宜反之，反之合于道。
望神而合道，固精气化神。
用弱通神明，真空非虚无。
静观无中有，心息休万事，
大药可为用，有无相生时。

“大道居无极”，“无极”是“道生一”的“一”，大道就是无极。“行者居两仪”，“两仪”是阴阳，所有行者都处于阴阳之中。“阴阳合大道”，阴阳之理与大道相合。

“至简复至为”，简单朴素至极，便会与大道相合。比如，在现在这个网络时代，越是操作简单、容易上手的软件越多人使用，越是简单清晰的道理越容易传播，这正是因为它们与大道相合。

“命功宜返朴”，“命功”就是训练身体，训练身体要注意返璞归真，生活要简单朴素。

“性功常存素”，“性功”就是训练智慧，训练智慧也要以朴素为主。

“精一而成道”，“精一”就是专注、安住于一个最简朴、最质朴的东西，以此来成就道业。

“空无实不空”，真正的空无其实不是什么都没有。

“空中有妙慧，觉体亮晶晶。”空性就像水晶一样，能折射出无穷的阳光。这阳光，便是内心智慧的外在呈现，是心灵对外在事物的反应。换言之，当你进入真正的空性境界时，并不会变得麻木迟钝，你反而会比以前更加敏锐，能感受到更多的层次，更多的细节，并有所反应。

“常悟此心体，心性合一矣。”常常安住在自己的真心本体中，心和性合而为一。许多时候，我们说心和性是同一个东西，但这只是在我们用“心”代指真心的时候。实际上，心分真心和妄心两面，而性，则专指真心，所以两者是有区别的。心与性合一，就是息灭妄心，安住真心。这就是真正的修道。

“日用常存道，颠倒溯真知。”日常生活中要注意训练自己，让自己能常常安住于大道，安住于真心。虽然这样不符合我们的生命习惯，容易让人觉得不舒服，但“顺者凡，逆者仙”，如果不想一辈子庸碌，就要与天性中的懒惰基因做斗争，让自己慢慢地消除懒惰，战胜自己，用智慧的新习惯来替代懒散懈怠的旧习惯，让真正的智慧充满自己的生命，这样才可能超凡入圣。

“妄想耗其真，情欲耗其精。”妄想太多的时候，就把自己的生命之真耗尽了，真心也会慢慢地隐退，心灵完全呈现出妄心的一面；情欲太旺的时候，就把自己的生命之精耗尽了，健康就会出现问题，人也会衰弱不堪。古往今来，这样的例子很多，很多皇帝年纪轻轻就驾崩，就跟纵欲过度有关。有些现代人身体虚弱，精力枯竭，也跟纵欲过度有关。

“丹士宜反之”，《道德经》后来成就了很多修丹养生的人，人称“丹士”。“丹士宜反之”，“反”的是“妄想耗其真，情欲耗其精”，就是说，丹士要息灭妄心，不要有过多的妄想，更不要放纵情欲，要戒欲、节制、朴素、恬淡地生活。

“反之合于道”，与欲望背道而驰的生活，才是符合大道的。一定要明白，贪者必失，欲得者也必失。

“望神而合道”，要经常提起自己的正念，安住在真心中。

“固精气化神”，道家有“精气神”的说法，其中，“精”是肉体的、物质性的能量，“气”是动态的、气态性的能量，“神”则是人真正的主体性，我们也称之为“灵魂”等。“固精气化神”，就是稳固生命之精气，将精神性的能量和物质性的能量合而为一，让自己拥有独立的灵魂和完善的人格。

“用弱通神明”，让心变得柔顺而知止，就会越来越有智慧。历史上有很多故事都在告诉我们，越不想得到就越能得到，越想得到，反而越得不到。

“真空非虚无”，真正的空性不是虚无的——一定要正确地理解空性，不要被虚无主义给误导，把“一切都归于空性”理解为“一切都归于虚无”，否则就容易陷入消极懒散，觉得做什么都没有意思，做什么都没有意义，这样就消解了生命的意义和价值。

“静观无中有”，让心静下来，慢慢观察不断变化的现象。“无中有”就是不断变化的现象，我过去常说的“无常中的存在”“虚幻中的不朽”，就是“无中有”。安住于静境，时时观察“无中有”，是日常生活中的一种修道。

“心息休万事”，妄心一旦息灭，妄想一旦停止，就什么痛苦烦恼都没有了。因为，究其根本，我们的一切感受，都只是自己的心念在动，心一动，欲望就会生起，欲望一旦生起，烦恼就会产生。所以，一切痛苦都是自己折腾自己，没有例外。智者明白这一点，因此智者会善待所有人，随顺所有因缘。

“大药可为用，有无相生时。”一旦明白有无之间的关系，就会得到道用之大药。此药既可以治心病，也可以治身病。那么，有无之间有什么关系呢？相互转化的关系。有即显现，无即变化，你在看到显现的同时就要明白，它只是变化中某个节点的呈现，很快就会消失，被下一个节点所取代。变化和显现的同时存在，就是佛家所说的“缘起性空”，我们称之为“空性”。把对有的观照和对无的体验融为一体，就叫明空。在生活中，我们要经常用明空之眼来观察世界。这是治疗心病和身病的良药。

第四十五章

大

【原文】

大成若缺，其用不弊。大盈若冲，其用不穷。大直若屈，大巧若拙，大辩若讷。躁胜寒，静胜热。清静为天下正。

壹 大器之人『若缺』

大成若缺，其用不弊。

下面开始讲第四十五章。

“大成若缺”，最崇高、最圆满的东西看起来是有缺陷的，因为它会呈现出各种各样的面貌，有些面貌可能不符合我们的标准，于是就被我们认为是一种缺陷。其实，在它看来，或者说在大道看来，这些东西跟我们一样，也只是一种存在，谈不上缺陷，也谈不上负面。

“其用不弊”，它一直在发挥着作用，从未停歇。

比如，大地上有很多垃圾、污垢之类的东西，这些都是我们不喜欢的，但我们眼里的肮脏和恶心，在大地眼中却是不存在的。大地能藏污纳垢，就是因为它并不觉得那就是污垢，对它来说，这些东西跟我们一样，都是一种存在，存在即合理。君子跟大地一样，能容纳一切，因此我们说“君子以厚德载物”。

注意，我们所说的缺，指的是人类眼中的缺，不是道本有的缺，道体是没有缺陷的，在大道之中，一切本自具足，一切都是平等完美的，就算世界认为它不完美、有缺陷，也不影响道的崇高。所以，崇高的德行要像大地一样，包罗万象，能够容纳一切的不完美。

老子在这里强调的是什么呢？是现象的平等性。他告诉我们，我们所认为的一些不好、不对、不完美的现象，并不一定真的不好、不对、不完美，所谓的不好、不对、不完美，只是我们对它们的一种误解。实际上，它们有可能是暗合大道的。比如，有些人被当时的社会驱逐甚至判处死刑，但过了若干年后，人们却发现他们其实很高尚，耶稣、苏格拉底都是这样，布鲁诺也是这样。为什么？因为他们虽然“若缺”，但“其用不弊”——他们所传播的真理，真实地造福了后世千千万万的人。包括凡·高也是这样，他在世的时候，几乎所有人都把他当成疯子，除了他的弟弟，没有几个人支持他，甚至没有几个人会正眼看他。他死去之后，人们才发现了他的可贵，因为他的画温暖了很多人，让人们在痛苦中仍然能看到世界的美好，想到他在不得志的一生中，仍画出了那么美的画作时，更会觉得自己没有不爱世界的理由，这是凡·高在画作之外为世界留下的遗产。所以，我们不要用自己的标准评判别人，有时，我们不理解的人恰好是伟人，而我们不理解的地方，恰好就是他们的可贵之处。相反，有些人我们觉得很好，他做的一切都符合世俗对好人的评判标准，但他不一定真的合道，也不一定是真正的伟人。

关于这一点，我有过非常认真的观察和思考，我发现，成功的人看起来都不太完美，非常具有争议性的人，有时反而很崇高。比如，一些企业家敦厚低调，不喜欢表达自己，外界不知道他们在想什么，对他们的一些嗜好也很不理解，但是在经营理念方面，他们确实暗合大道，于是他们最终还是获得了成功。为什么他们具有极大的争议性，却仍然可以成功呢？因为他们不去迎合大众的审美，也不计较大众的评价，始终专注于自己的目标。如果这个目标是利众的，是对世界有益的，他们就会为世界做出巨大的贡献，给无数人带来便利，比如电商平台和社交软件等，他们为很多人提供了展示自己的渠道。据说，有个种地的老太太每天直播带货，把囤积的农产品给销出去了很多。新冠肺炎疫情期间，这些平台为很多人带来了生机，让很多人能活下去，它们背后的企业家怎么能不成功？所以，假如一个人始终忠于利众的目标，始终想要多给别人带来一些好处和便利，那么哪怕他的行为看起来好像是利己的，或是很奇怪，很难理解，他也是合道的，因为他最终实现的东西，会“其用不弊”。这就是很多崇高人物生前备受非议，死后却得到盛赞的原因。这类现象，老子便称为“大成若缺”。

此外，“大成若缺”还有一种理解，就是专门让自己变得不完美。

历史中有很多类似的故事，从春秋战国到宋元明清，任何一个时代都有很多“若缺”的大臣。如果一个大臣很完美，民间有很多老百姓都在赞美他，对他很是敬仰，那么过不了多久，君王可能就会找个借口把他给杀掉。很多时候，人类都容不下一个完美的同类。所以，很多圣徒都会殉道，骗子反而能活得有滋有味。如果想保全自己，就要“若缺”，也就是刻意让自己有一些缺点，让身边的人心里舒服一点，更有安全感。

萧何就是这样，刘邦建立汉朝之后，很多老臣子都不在了，张良归隐修道，韩信等功臣则被刘邦给杀掉了，最后还留在刘邦身边的人中，最受万民敬仰、最完美的就是萧何。而且，他的人格越完美，就越显得刘邦像个流氓；而刘邦越像流氓，也越显得萧何完美。更致命的是，老百姓都觉得萧何很好，比刘邦更好。这时，萧何就陷入了巨大的险境，随时有可能被刘邦给杀掉，所以，他马上派子弟去欺负老百姓，自己也时不时地表现出一些小毛病，于是民间的言论就变了，人人都说萧何变坏了，现在怎么是这么个东西，刘邦一听就放心了，因为他不在乎萧何不好，只怕萧何太得民心，威胁到他的统治。

所以，“大成若缺”可以有很多种理解，每一种理解都承载了中国文化的智慧，有时是大道的智慧，有时是世俗中待人处世、保全自己的智慧，但有时，它还可能有另一种更深层的含义。换言之，你从不同层面理解这句话，就能得到不同层面的营养，或许，这也是老子的高明之处。

贰 那些享受缺陷的人

你也可以用知止的智慧来理解“大成若缺”：追求完美是因为不完美，即便到了貌似完美的地步，局面也会很快变化，所以，在差不多达到完美的时候，最好能停一下，始终留一个空间让自己能继续发展，这个空间，就叫“缺”。

老子说过，“月满则亏”，意思是，月亮最圆的时刻，就是月亏的开始。相反，月缺则盈，月亮最弯的时候，恰好就是它开始走向圆满的时刻。所以，事物的发展都是物极必反的，最高明的人，永远不会追求最高点，反而会有意留下一些别人眼中的缺陷，这样，人生就不容易走下坡路。前面说过，曾国藩给自己的书斋取名“求阙斋”，这就是因为他的人生在别人看来太完美了，又是中兴名臣，又能立功，又能立德，又能立言，他觉得这样不好，于是一直“求阙”，因此，他直到最后都是很多人眼中的圣人。相反，韩信通过要挟刘邦做了齐王，当时他觉得人生非常如意，他怎么知道后来会命丧未央宫呢？所以，如果你觉得一切都很如意，那你就要注意了，因为接下来可能会出现不如意的事情。

现在的中国企业家中，华为的任正非在这方面做得很好，他每次讲话都不谈华为取得了什么样的成绩，只谈华为面临的困境。为什么？因为他明白“月满则亏”的道理，知道福祸的转化就在转瞬之间，只要自己或员工沾沾自喜，华为立刻就会从发展转为衰落，所以没什么好沾沾自喜的。而且，他追求的不是圆满，而是发展，他宁愿处于“月亏则盈”的状态，宁愿生活在危机感里，同时积极地寻找企业的发展空间，积极地创新求变，所以，这么多年来，不管取得怎样的成绩，华为都没有变得懈怠，而是一直都在发奋努力，因此才会有今天这样的成绩。也正是因为任正非一直没有放松，始终生活在强烈的忧患意识之中，华为才可能越来越强大。所以，任正非对《道德经》的学习是非常成功的，他掌握了《道德经》的精髓，也掌握了中国文化的很多天机，非常了不起。

德国著名剧作家兼诗人席勒也不追求完美，他还写过一个童话故事来表达这种心情：有一天，一个小碎块从圆球的身体上掉了下来，滚啊滚，滚到了很远的地方。圆球很想找到它，让自己重新变得圆满，于是就不断地旅行。因为身上缺了一块，滚动起来很不方便，所以它走得很慢，在缓慢前进的过程中，它遇到了形形色色的朋友，每遇到一个朋友，它就会停下来跟对方聊天，因此得到了很多过去从未有过的感受，但它并不享受这种生活，它仍然希望自己的身体能够圆满，于是，它继续慢慢地往前滚，一边滚一边寻找。直到有一天，它终于找到了那个碎块，并且把它安回了身上，于是它就如愿以偿地圆满了。它整天飞快地滚啊滚啊，滚过了很多地方，但它发现这种生活原来没有想象中那么好，因为它前进得太快了，没有时间看沿途的风景，也没有时间结识朋友、跟新朋友聊天，而是整天都在漫无目的地往前滚，不知道自己到底要滚到哪里，也不知道滚到那里之后可以怎么样。

其实，每个现代人都是这个圆球，都在飞快地往前滚。因为速度太快了，所以没有时间感受生命，也没有时间感受人生，始终就是机械性地前进着，不知道自己要去哪里，也不知道自己想怎么样，只好不断地滚，跟着所有人一起滚。他们感受不到生活的温馨，忘记了头顶上方有美丽的月亮和星星——当然，城市里的光害和污染太严重，不一定能看到星星，想看星星，有时必须到乡下去——忘记了微风的触感是多么让人陶醉，忘记了慢节奏的生活有多美。很多人也没时间去晒太阳，因为他们天还没亮就要出门赶地铁，下班时已经入夜，一整天都待在写字楼的空调房里，生活里没有了大自然，甚至没有了阳光。虽然忙碌的生活给了他们物质和财富上的补偿，让他们生活富足衣食无忧，但金钱换不来生活的乐趣，也换不来内心的恬静和幸福。有些人于是发现自己上当了，被集体无意识给骗了：原来，他们真正的目的地不是幸福生活，而是骨灰盒。他们所谓的完美生活，也只是一副完美的枷锁，目的是把他们变成物欲的奴隶，让他们失去鲜活的灵魂，让他们失去诗意的内心世界，让他们失去感受生活的自由，甚至让他们失去生活本身。因此，很多在物质生活上达到完美的人，其实给自己找了很大的麻烦。

我每次举办线下讲座，都有很多朋友来看我，听我讲课，这些朋友的生活肯定不是最完美的，如果他们的生活很完美，就没有时间来见我了，因为他们会拥有事业，每天都要为了事业忙碌打拼，疲于奔命，哪有时间来听我讲课？所以，人生不完美，反而给了他们学习中国文化的机会，这也是一种“大成若缺”。

叁 他有无数缺憾，但他是最好的自己

人应该学会享受残缺，因为残缺会让你拥有另一种视野，看到很多完美时看不到的风景，做很多完美时做不了的事情——当你完美到极致的时候，就会充满焦虑，害怕失败，不敢冒险，担心自己会不再完美；当你的生活完美到极致的时候，你更会充满焦虑，害怕失败，不敢冒险，担心自己会失去一切。所以，大成之人不追求完美，他是一朵花就会做好一朵花，不会去羡慕飞鸟；他是一条小鱼就会做好一条小鱼，不会去羡慕骏马。简言之，他只想做好他自己。在很多别人在乎的地方，他可能有无数的缺憾，但他是最好的自己。

孔夫子就是典型的"大成若缺"之人，他的儒家学说影响了中国两千多年，但他活着的时候，到处碰壁，狼狈不堪，就像丧家之犬，除了他的弟子之外，很多人都不尊重他，甚至看不起他，即便表面上尊重，也只是在附庸风雅，而不是发自内心地尊重，所以，他活着时并没有太高的地位。按照世俗一些地评判体系来看，他其实是一个失败者。他的尊严，只能靠他自己的那辆车，和他的一帮学生来实现。颜回死后，他的父亲去找孔子，因为他家太穷，买不起大棺材，颜回的父亲希望孔子能把车卖掉，给颜回买一口大棺材，让他能体面地下葬，但孔夫子拒绝了，因为他需要那辆车，没有车子，他就没有尊严了。注意，在那个时候，孔夫子的尊严需要很多外在的东西来支撑，但他并没有太多可以支撑尊严的东西。所以，他是典型的“若缺”，但就是这样一个不受世俗尊重的人，却成为圣者。

其实，颜回也是典型的“大成若缺”之人。他看起来也很潦倒，下葬时连一口像样的棺材都没有，但他在乎吗？他很可能不在乎。活着时，他每天只喝一瓢水，只吃一点食物，住在一个非常简陋的小巷子里，关心他的人觉得很担心，怕他过得不好，他却整天乐呵呵的，像神仙一样逍遥。如果论个人修为的话，他肯定在孔夫子之上——注意，人的成功分为两种：一是内在的成功，也就是你的智慧、定力和人格达到了某种境界；二是外在的成功，也就是你的行为达到了某种层次，为世界做出了很大的贡献。颜回的内证功德很高，定力和智慧都很好，虽然他有时也会犯错，但他能做到不二过，也就是同样的错误绝对不犯第二次。在“敬”的修养方面，孔夫子肯定不如他，而他不如孔夫子的，则是贡献世界的行为。孔子是儒家学说的创立者和倡导者，儒家文化又是中国文化中非常重要的一个部分，如果没有儒家文化，两千多年来的中国就会是另一个样子，而世界也肯定会因此有所不同。所以，孔子是中国文化的构建者之一，他对世界的贡献是无法忽视更无法磨灭的。这也是他被后世尊为万世师表而千古不朽的原因。而颜回则是儒家学说的践行者，他用生命实践和验证了孔子倡导的真理，这也是一种对真理的传播，因此，他的身上虽然有很多“若缺”的地方，但他仍然是孔夫子最完美的弟子，同时也堪称另一种圣人。

我们再看庄子，庄子在世的时候也活得很潦倒，大部分时间都饥寒交迫，只能靠编织草鞋维持生计，草鞋卖不出去，就到处借钱借粮。但他跟孔子有点不一样，孔子的潦倒不是自己选择的——当然，从另一个角度看，孔子的潦倒也是自己选择的，因为他选择周游列国，去推行一种当时还不被认可的学说，这注定了他会被拒绝和排斥，得不到主流世界的尊重——而庄子的潦倒却是自己选择的，他做过一个很小的官，但没做多久就不干了，别人请他去当相国，他也不当，因为他不想被供在庙堂之上成为标本，宁愿做曳尾于泥中的乌龟。你想，在那个人人都想建功立业的大争之世，有多少人能理解庄子的选择？不理解的人，会不会对他有想法？所以，他虽然得到了认可和尊重，但他同样是一个若缺的人。

所有圣者都是若缺的，没有例外，包括历史上那些非常了不起的人，比如王阳明。王阳明融合了儒释道三家智慧，创立了阳明心学。阳明心学的影响很大，以至于一提到“心学”，人们就能想起王阳明，海内外信奉阳明心学的人很多，尤其是日本。但王阳明在世的时候，理解他的人不多，虽然他立了很多功，却也受到了很多迫害，老是被嫉妒，老是被流放，甚至被追杀，五十七岁病死在江西，逝世五十多年后从祀孔庙，阳明心学才得到了官方的认可。但后世对他的评价很高，清初魏禧甚至认为“阳明先生以道德之事功，为三百年一人”，而曾国藩也说“王阳明矫正旧风气，开出新风气，功不在禹下”，所以，小成败显现于一时，大成败却不是活着时就可以确定的。有些人活着时看似很失败，却不一定真的很失败，如果他们确实创造了让世界无法忽略的价值，世界迟早会将他们应得的尊重还给他们，只是，对他们来说，这其实并不重要，如果他们在乎的话，也不可能创造这样的价值。真正需要这些的，其实是世界，因为世界需要标杆，需要正面的力量。

大成之人可以有不同的身份、不同的背景、不同的梦想，也可以有不同的行为，但他们一定有一个共同特点，就是为人敦厚质朴，一旦认定一个目标就不会轻易改变，而且他们的格局很大，他们的目光永远注视着人类和历史，不会拘泥于小节，也不去追求世间的成功，不去在乎世人的评判，总能坚持自己的标准。因此，他们虽然不一定符合那个时代的某些标准，也不可能显得很完美，却实实在在地创造了一种能够传承的价值，永无穷尽地利益着世界和人类。

我们要向大成之人学习，不要在乎小节，也不要在乎世界对自己的看法，因为，人的成功靠的是内证，也就是自己的内在人格。内在人格自然会证明自己，不需要用外界的标准来增加自己的压力。

肆

隐而不显，是为了容纳更多

大盈若冲，其用不穷。

“大盈”是最饱满、最丰满的东西；“冲”是没有执著，看起来空空如也，却像宇宙充满了暗物质和暗能量那样无所不包，而且没有一点冲突。因此，“大盈若冲，其用不穷”的意思是，最饱满的东西看起来反而是空空的，好像什么都没有，实际上里面暗藏了无数的智慧，可以对世界产生无穷无尽的作用。

这里说的是德行和智慧，君子就是这样，如果一个人的内证达到了一定的层次，你就看不出他有什么德行和智慧了，因为他不会沾沾自喜地卖弄。这时，我们就会称其为君子。老祖宗说，君子就像一口钟，因为钟只有敲时才响，君子也是这样，只有到了该用的时候，君子才会显示出智慧和德行，进而影响世界，平时，你会觉得他不过是个寻常人，好像没什么特别。

老子就是这样，他静静待着时就是一个寻常的孤老头儿，没有人知道他是千古第一智者，如果他出关时不找尹喜，或尹喜没有请他留下《道德经》，那么今天我们根本不会知道有个人叫老子，他有无上的智慧，能影响世界。

老子的智慧和德行不仅仅源于对人性的洞悉，也源于对社会的洞悉。比如，如果老子不是这么低调，而是到处讲学，到处收弟子，其信徒和追随者数以万计，甚至数以百万计，他会怎么样？他会引起统治者的忌惮，他的《道德经》也不会像后来那样广为流传，甚至有可能会被列为禁书。类似的事情并不少见，秦始皇的“焚书坑儒”大家都知道，汉武帝也“罢黜百家，独尊儒术”，所以，统治者对影响舆论的人是非常忌惮，也非常警惕的，一旦某个人的影响力过大，号召力过强，统治者就会想办法收拾他，免得他动摇自己的统治根基。智者看透了这个真相，因此不会盲目地显露自己，他会把饱满的智慧藏在心里，只在必要的时候才予以流露。

金圣叹是一个非常难得的文学批评家，可是他偏偏没有评过《道德经》，如果他学习《道德经》有了心得，就不会集结那么多文人去哭庙，就不会给清政府提供了一个斩首自己的理由。直到现在，我想起他行刑前写给两个儿子的那句话（“莲子心中苦，梨儿腹内酸”），都会觉得非常心酸，那么好的人，本来可以多做些事的，却为了一时意气犯了大忌，受了酷刑，实在可惜。

中国历史上这样的文人太多了，不过，换个角度看，有些人也算是大成若缺的，看起来留下了遗憾，却成就了千古佳话，有时，很难说他们到底是得还是失。得失本来就不是确定的，换一种角度，得就可能变成失，失也可能变成得。但是，在我看来，还是柔性智慧更加高明，因为，如果一个问题能够不动声色地解决，为什么非要弄得大张旗鼓、惊天动地呢？这样固然能成就一种精神，但以退为进也未必不是一件好事。

老子的智慧实在太珍贵了，它告诉我们，即使有很好的目的，有时也不需要硬来，完全可以柔和一些，到了适当的时候再做适当的事，因为“天下之至柔，驰骋于天下之至坚”。所以，很多文人豁出性命也未必能做成的事，老子不动声色就做了，而且他不但保全了自己，还影响了千秋万代的人类。

当然，我们认为老子的智慧非常高明，但他不一定把自己看得多高。他之所以分享自己的智慧，并不是因为他觉得自己比别人更强，而是因为一份责任和悲悯。他觉得，有些东西他已经知道了，但很多人还不知道，并且正在为不知道而受苦，所以，他想把这些东西说出来，让更多的人知道。但回到自身来说，他并不觉得自己是最有智慧的人，他知道自己不是全知全能的神，世界上还有很多东西是他不知道的，所以，任何知识或智慧涌向他时，他都会欣然接纳，哪怕对方是个小孩子。

苏格拉底也是这样，雅典城里的女巫说他是那个时代最有智慧的人，但他自己并不这么认为，他认为自己非常无能，而且越来越发现自己无能。人们问他为什么这么说，他就给别人打了个比方：人的知识就像一个圆，圆的面积越大，其周长也会越大，与未知领域的接触也会更多，这时，它就会发现外面全都是自己不知道的东西。当一个人觉得自己还有太多东西没学，还有太多东西不懂的时候，他怎么可能认为自己是最有智慧的人呢？我们也可以从这个角度来理解“大盈若冲”，就是说，越是有大智慧的人，越会觉得自己的智慧不够。

苏格拉底的死跟很多人的死不一样，他是被雅典人投票处死的，这一点跟耶稣有点像，耶稣也是被那个时代的犹太人举手表决判处死刑的。苏格拉底时代的雅典城里，有很多人都认为他在思想上教唆了年轻人，于是就集体判处他死刑。他被关进牢里之后，有两种方法可以让自己不死：一是贿赂当官的，二是逃走。他的弟子们希望他能逃走，也为他做好了逃走的准备，但他就是不肯走，非要待在牢里等待死刑。为什么？因为他尊重那个时代的规则和法律。这是典型的西方人的思维。

2015年我们去北美考察，当时我们租了一辆车，自己开车到处去采访。有一天晚上，我们迷路了，不知道去某个地方应该怎么走，就停下车，去路边的一间房子那里找人问路。谁知一个美国老人突然拿着枪冲出来，对着我们大声喊道："不许动！"懂英语的同伴赶紧向他解释，说了好半天，他才消了气，否则，他就有可能开枪把我们给打死。为什么？因为美国人认为私有财产神圣不可侵犯，而我们未经允许就走进了他的院子。类似的事情，美国据说有很多，但他们并不打算做出改变。在我们看来，这样不合理，但他们觉得必须遵循老祖宗定下的规则。这也是中西文化的差异之一。

在中国文化中，很多规则都在不断地变化，只要时代发展了，规则马上就会随之变化，永远不会一成不变。唯一不变的，是"道"，也就是西方人所说的真理。

伍 满瓶子不响，半瓶子晃荡

“大盈若冲，其用不穷”强调的是一个“大”字，大到没有边际的时候，你就不觉得它大了，因为你看不到边。人的胸怀和肚量也是这样。一个人人格修炼到一定程度，没有任何执著，什么都不计较时，他的胸怀就会变成无边无际的宇宙，你看不出他有什么特别，甚至看不出“大”来，因为你感觉不到他容忍过什么。但他的胸怀确实很大，就像大地一样，能够无所不包，容纳一切，对一切都平等看待，因此才没有呈现出一种容忍的状态。就像我们可以看到天空，也知道天空很大，但我们感受不到天空到底有多大，到底包容了多少东西，直到有一天，科学家公布了一个发现，我们才知道，宇宙中有百分之九十六的存在，都是人类肉眼看不到的，科学家称之为暗物质、暗能量，我们能看到的存在，仅仅占宇宙物质的百分之四而已。这就是典型的“大盈若冲”。

所以，真正拥有知识和智慧的人，别人是看不出来的，如果一看就知道这个人很博学，很厉害，就说明这个人的修养和学识还不够，还会沾沾自喜地卖弄。用老百姓的话来说，就是“满瓶子不响，半瓶子晃荡”，老祖宗还有一种说法是“真人不露相，露相不真人”，究其意思都是告诉你，真正的智者不会卖弄，所有卖弄的人，都不是智者。

生活中还有一种现象是“大医不言药”，最好的医学大师平时是不谈药理，也不卖弄医学知识的。卖弄的是什么人？是那些搞培训或者做销售的人，他们都不是最好的医生。同样，老是谈药、谈养生的人，身体也肯定不行，因为身体最好的时候是感觉不到身体，也不觉得自己需要保养的。如果觉得自己需要保养，就说明身体已经出问题了，而且你越是关注哪个器官，就说明哪个器官的问题越严重。

无论什么领域，做得最好的人都不会卖弄，因为他们自知也自信，不需要外在的东西来支撑。比如，你平时根本看不出比尔·盖茨多有钱，他衣着朴素，看起来就像一个寻常的电脑工程师，没有一点架子，据说吃饭也很随便，但是他只要一开口演讲，你就会发现这个人的层次很高，因为他的视野和格局跟别人不一样——他永远在关注人类的苦难和人类的命运，而且身体力行地做了很多事。人做到这个份上，几乎不可能不成功。任正非也是这样，他无论做什么，都非常低调，没什么架子，有时去机场都是自己打车，不让司机送。别人问他为什么不让司机送，他说，因为公司的车是用来服务客户的，他不占用公司资源。这个细节虽然很小，但通过它，你就可以看出任正非的一种品格——他是一个实实在在做事的人，不追求任何的外在标签，也不需要用外在的东西支撑自己的价值和尊严，只有这样的人，才能把事业做大、做强。相反，很多小人物都想摘掉自己身上那些小人物的标签，于是不断地追逐，不断地证明，往身上贴各种他们认为光鲜的标签，用这些标签来展示自己的价值，告诉世界自己不是小人物，自己也很了不起。但他们成功了吗？没有成功，其中的很多人，在别人眼里甚至像马戏团里的猴子那样可笑，还有很多人，即便把自己搞得筋疲力尽，也没有赢得世界的关注，世界根本不想给他贴任何标签。所以，总想证明自己的价值，反而说明他并没有创造价值，真正创造了价值的人，往往只想好好做事。

大政治家也是这样，你看不出他有什么权势，跟他接触的时候，你会觉得如沐春风，非常舒服。反而是政府机关的一些基层办事员，他们只有一点小小的权力，却会把身份写在脸上，给百姓带来很大的麻烦。当然，这也是有理由的，因为他们在单位里没什么地位，一般都是任人使唤的角色，于是就把自己对尊严的需求都转化为怨气，撒在了老百姓的头上。部分城管暴力执法，造成了非常糟糕的影响，也是这个原因。这就是所谓的小鬼难缠。

当然，我说这些并不是为了把人分成三六九等，而是想说明一个道理：人格是成功的关键，如果没有人格的支撑，人很难有大的发展，即使现在看起来有所发展，也会很快遇到瓶颈，很难继续往上成长。所以，对人生有期待、对自己有期待的人，都应该从人格修炼着手，先踏踏实实地提升自己的人格境界，再谈别的。这就像中医所说的"上工治未病"，最上乘的医术治的其实不是病，而是病根。之所以中国文化经典讲的都是如何做人，就是这个原因。人做好了，一切自然达成；人做不到，一切都不会好。

比如，中国文化经典中最常出现的劝诫是什么？是做人要谦和。《大禹谟》说"满招损，谦受益"，其中的"谦受益"，跟老子的"大盈若冲，其用不穷"就有类似的意思。在我看来，成功的条件很多，光是谦和，不一定能让你成功，你还要有大的格局和境界，但假如你不够谦和，那么你的格局、境界和胸怀也往往不会太大。简言之，光是谦和，你不一定能成功，但如果不够谦和，你就一定不会成功。

谦和的好处很多，最大的好处就是让你"大盈若冲，其用不穷"，而另一个好处，则是让身边的人舒服，不要激起别人的某种情绪。

所以，当智者善用自己的智慧，得到了大量财富时，他一般会隐藏或散掉财富，断然不会炫耀。因为他知道，一旦炫耀财富，让别人知道自己多有钱，就会招来不祥，最后引火烧身。

比如范蠡就非常有智慧，我在前面也说过，他抛下一切离开越国，换了个名字在齐国大搞产业，后来发了财，引起了齐王的注意，他就散掉财富，跑到另一个地方隐姓埋名地继续经商，很快又积累了大笔财富。总之，他不会死守着财富不放，因为他知道生命不需要太多的财富，过多的财富只会给自己带来祸患，还不如用它来做点好事，帮助一下周边的老百姓。这样的人，就是真正的智者。

石崇和沈万三却刚好相反，他们以为金钱就是一切，甚至以为富可敌国的自己比皇帝还了不起，因此石崇才会跟王恺斗富，沈万三才会提出帮朱元璋犒赏三军，他们的灾难都是愚昧造成的。这样的人，我们西部人称之为"浅碟子"，意思是容量不大，盛不了多少东西。如果把智者比喻为大海的话，他们充其量只能算是一条浅浅的小水沟。军队只会把航空母舰停在大海里，绝不会把航空母舰停在水沟里，因为，小水沟的容量，连一艘普通的小船都盛不了，何况军舰？换句话说，喜欢显示自己的人，不可能成就很大的事业，能够成就大事业的必然是厚德之人，因为厚德才能载物。

所以，我们不要做"浅碟子"，要做大海那样的人，尤其在学了老子的《道德经》，知道"大盈若冲，其用不穷"的道理之后，更要照着去做。即使得到了很好的东西，也不要卖弄，不要沾沾自喜，不要显示自己的富有，甚至不要显示自己的才华，要虚怀若谷。真正了不起的人都是"若冲"的，因为他们的内在非常饱满，不需要外来的补充或者支撑。所以，他们对外界没有期待，甚至害怕外界对他们过于关注、过于在乎，因为这会打扰他们的生活，占用他们的时间，分散他们的精力，让他们不能踏踏实实地做自己该做的事。反过来说，如果他们对外界还有很多期待，希望外界占用自己的时间，分散自己的精力，打扰自己的生活，就说明他们的心还没有完全独立，还会通过外界的反应来定义自己的价值。这时，他们必然不会成功。如果他们看不透这一点，反而变本加厉地显示自己，那么他们这辈子可能都不会有什么大出息。

张良就是典型的厚德之人，他的智慧非常大。大到什么地步？大到你需要什么，他就能给你什么，但他从不卖弄，非常低调。卖弄的是谁呢？是韩信。韩信非常喜欢卖弄，就连跟刘邦说话的时候，他也仍然要卖弄。成语“韩信点兵，多多益善”，就源于韩信的一次卖弄：有一天，刘邦问韩信，韩将军，你看我能带多少兵？韩信说，大王能带十万兵。刘邦又问，那你能带多少兵？韩信说，那当然是多多益善。注意，就这么一句话，他就把刘邦给得罪了，即使他接下来又说刘邦是带将的，不是带兵的，也于事无补。所以，永远不能在领导面前说这样的话，只要你说了，领导就不会对你有好印象，因为没有人喜欢沾沾自喜的人，领导更不会喜欢。别说领导了，就连朋友都不喜欢听你说这种话，你如果说了，他就有可能对你心生芥蒂。所以，不要这样，永远要虚怀若谷，永远要发现别人比你强的地方，然后学习对方——即使你真的比对方强也是这样。韩信强不强？很强，如果没有他，刘邦根本不可能打赢项羽建立西汉王朝，所以，虽然韩信只是说了句真话，但他仍然不能这么说话。

韩信的悲剧在于他空有一身好本领，却没有好德行。当然，如果他的德行很好，就不会借刘邦被项羽围困之机，逼着刘邦封他做齐王了。也许在那一刻，刘邦对他就已经起了杀心。换言之，韩信因为德行所限，给自己种下了太多的“死因”，他的死，早就成了一种必然的结果，但是，假如他不卖弄的话，也许就不会惨遭灭族了。

陆 既然直心，缘何妥协？

大直若屈，

下面，我们讲一下“大直若屈”。

我们常说有些人太直了，那么什么是“直”？有人认为是坦白，有人认为是率直，但“直”还有一个意思是执著，执著地坚持自己的观点，认为自己的观点是正确的，因此有时难免会显得强硬。智者不会这样，智者做人做事都很圆融，因为智者明白世界的真相，知道一切都在变化，他不执著于结果，于是遇事的时候就能“屈”，也就是随顺世间的条件，不去刻意地争取某个结果。他甚至不执著于对错，因为他知道，所有人认为的正确，都是他们心灵的显现。你认为正确的，别人认为不正确，你就会觉得别人错了，然后很直地表达自己的观点，其实这也是错觉，它的本质仍然是一种执著，“符合自己的心意，听了就开心；不符合心意，听了就不开心”，如此而已。

参加上海交通大学举办的“科学与幸福”论坛时，我和一位著名的主持人有过一次对话。对话之前，她在网上搜索了我的一些资料，发现众说纷纭，说好说坏的都有，于是，她就在对谈时问我怎么看这件事，看到说我不好的、失实的话时会不会不开心。我说不会，她问为什么，我说，因为他们都是对的，赞美我的人是对的，说我不好的人也是对的，他们就是那样认为的。这就像一个孩子认为月亮上有嫦娥，还认为天狗会吃月亮，你说对还是不对？在我的世界里，这是不对的，在他的世界里，这又是对的，如果我想要扭转他的想法，让他的想法跟我一样，甚至因此发生诸多争执，是不是很滑稽？任何事情都是这样，一万个人有一万个世界，一千万人有一千万个世界，你绝不可能让这么多个世界都跟你的世界一样，也绝不可能让这么多人都觉得你是对的。所以，对于别人的那些观点，随缘就好，他们开心就好。

人类的很多问题，其实是分不了对错的，如果非得分个对错，就要找一个参照系。对我来说，幸福快乐就是参照系，能让人幸福快乐，这个观点就是对的，否则就是错的，非常简单。比如艺术，毫无疑问，艺术是“假”的，因为艺术是人类创造出来的，但艺术可以给人类带来真实的快乐和幸福，所以艺术的价值是无穷无尽的。智者明白这一点，所以智者不会去纠正这方面的错误。比如，一个孩子觉得月亮上有嫦娥，觉得天狗会吃月亮，会把月亮变得不圆，这些观点会伤害到谁吗？不会，但你如果纠正孩子，就会伤害到他，因为他心里的那个童话世界被你打碎了，那个世界带给他的快乐和幸福也被你打碎了。所以，即使我们觉得这些说法不对，也没必要去打碎一个孩子的梦，就让他待在他的世界里，继续享受这份快乐吧。他一旦长大，这个梦的世界就会消失，他的看法也会改变，那么，为什么不能让他再多快乐一会儿呢？

明白世界的真相，不执著于显现上的对错，就是智者的“大直”。而正是因为智者守的是真理，而不是显现上的对错，因此很多时候都会随顺因缘，看起来很像在妥协，这就是“若屈”。

我以前还讲过一个故事：有一天，一个穿着绿色衣服的人来找孔子，子贡当时刚好在门口扫地，就问他何事，他说，他想问问孔子一年到底有几个季节，是三个季节还是四个季节。子贡说这个容易，不用找我们老师，我告诉你就行，一年有四季。来人不信，说不可能，一年明明只有三季。子贡据理力争，但来人还是不信，于是两人就一直争辩，到了最后，就把孔子给惊动了。孔子问子贡为何事而喧哗，子贡把事情说了一遍，孔子就观察了一下来人，然后说，一年确实只有三季。来人一听，就心满意足地走了。等他走了之后，子贡非常不解地问孔子，一年明明有四个季节，您为何要骗他说是三个季节呢？孔子说，这个人是田间的蚱蜢所化，他只能活到秋季，冬天来临之前他就死了，你要怎么告诉他什么是冬天呢？与其争执不休，不如退让一步。子贡这才明白了老师的意思。

当然，这是野史中记载的故事，不是真事，但它传达的道理是真的：每个人都有自己的观点，每个人的观点在他的世界里都是对的，所以，世界上并没有真正的对错，智者也不会极力地争辩对错。释迦牟尼说“是非以不辩为解脱”，也是这个意思。

关于释迦牟尼的不辩，还有另一个故事：有人骂释迦牟尼，而且话说得很难听，但释迦牟尼只是微微一笑，然后问那人说，你向天空吐唾沫的时候，如果天空不把唾沫给接住，会怎么样？那人说，这还用问吗？肯定是唾沫落到自己脸上了呀。释迦牟尼说，你说得对，你刚才骂我的话就是那些唾沫，我不接受。释迦牟尼的意思是，如果被骂的人不管那些骂他的话，那么骂人者就是在自取其辱，伤害不了他想骂的那个人。

我虽然不是释迦牟尼，但我也不愿跟骂我的人辩解，我只管做一面镜子，让他们看看自己的模样——他们觉得我怎么样，实际上就是他们自己怎么样，跟我有关系，但没有绝对的关系。幸福的人，在我这里会看到幸福；痛苦的人，在我这里会看到痛苦；焦虑的人，会因为我而感到焦虑；小人也会在我身上看到可疑之处，但并不是我真的可疑，而是他自己在怀疑。简而言之，雪漠是一面镜子。“君子坦荡荡，小人长戚戚。”

当然，我并不在乎他们会怎么想，因为我控制不了，我控制不了春夏秋冬四季更替，也控制不了宇宙的成住坏空。无常和人性，我也控制不了。我唯一能控制的，就是自己的行为，所以，我会顺应这种必然，不去进行言语上的争辩，也不去评判，尽量给别人一份快乐的好心情，不去在乎结果。

智者明白生命只是一个过程，他所做的一切，都只是在完成和享受这个过程，他甚至不会极力地干预世界，而只会靠自己的人格去影响世界。这一点，我也一样。

孔子同样如此，但他和老子走的是两条不同的路子：老子想用文化和思想影响世界，孔子想要介入世界。注意，孔子的介入不是干预，而是影响。孔子活着的时候，他能影响的，只有他的那些弟子，也就是愿意被他影响的那些人，至于不愿被他影响的人，无论他如何努力，对方也不会有丝毫改变。这个“愿意被他影响”，就是受他影响的条件，佛家称之为“缘”。任何人都是这样，都只能影响满足这个条件的人，不满足这个条件的人，他们无能为力。当然，孔子的弟子们又影响了一些他们能影响的人，而这些人又会去影响别人，于是，被孔子学说影响的人越来越多，就形成了儒家，孔子的影响也慢慢地大了起来。后来，汉代的董仲舒影响了汉武帝，于是汉武帝“罢黜百家，独尊儒术”——当然，汉武帝是外儒内法的，这段故事我会在另一本书中谈到，这里暂且不多谈——而儒家文化也因为汉武帝的推广，影响了整个中国。注意，文化就是这样影响世界的，所以，永远不要试图去影响那些跟自己没有关系，不愿受自己影响的人。比如，儒生影响不了秦始皇，他们卖力地想要去影响，反而会被秦始皇给坑杀。也有人说秦始皇坑杀的不是儒生，而是术士，还有人说秦始皇坑杀的有儒生也有术士，但目的不外乎禁锢思想，禁止对方非议朝政，换句话说，就是不愿受到影响。

当然，智者会顺应条件，也会创造条件，孔子周游列国，就是在创造条件，让世界了解自己。老子讲《道德经》，则是顺应条件，因为他不在乎尹喜是把《道德经》留下私藏，还是把它传播出去，他觉得这跟他没有关系。为什么没有关系？因为，思想一旦成为文化，就有了自己的生命，自然会影响那些跟它有缘的人。智者明白这个道理，于是就顺应眼前的一切条件，永远不去极力地跟条件和环境作对。这就叫“屈”，“大直若屈”就是这个意思。反之，跟环境作对叫小直，小直者成不了气候，往往会像诸葛亮那样，“出师未捷身先死”。

世人对诸葛亮的评价很高，认为他是了不起的智者，但事实上诸葛亮不是智者，他只是一个非常聪明、有很多计谋的人，他六出祁山，明知不可为而为之地打了很多仗，算得上是穷兵黩武，给蜀国老百姓带来了巨大的灾难，可以说他是一个“不识时务”之人。当然，他全心全意尽职尽忠，这种精神是值得尊重甚至嘉奖的，所以，刘备得到他，对刘备自己来说确实是一件幸事。

诸葛亮式的智谋，是老子所反对的，智者不做这样的事。老子在《道德经》中明确地说过，战争是不吉祥的，无论战争胜利与否，大战之后都必然有大灾，对人民没有任何好处。所以，我们非常反对穷兵黩武，认为穷兵黩武者是不吉祥的，包括世人盛赞的汉武帝，在智者眼中也是不祥之人。这种评判跟常见的对历史的评判不太一样，但确实有它的道理。

当然，每个人都有自己所认为的对错，所以诸葛亮也是对的，他为了自己认为正确的那种精神，做到了鞠躬尽瘁死而后已，这也很了不起。而那些认为他是智者的人也是对的，因为在他们重视的那个部分——比如谋略——诸葛亮确实很有智慧。所以，从某种意义上说，诸葛亮也算得上是一个世间智者。世界上有各种智者，有老子这样的智者，也有范蠡这样的智者，更有诸葛亮这样的智者，不同的智者，有不同的层次，给世界带来的影响也各不相同。我敬佩范蠡，也尊重诸葛亮，但更令我赞叹的，还是老子，因为他是一位善用世间智慧的出世间智者，他为世界带来的正面影响是无穷无尽的，未来每一个时代的人只要学习他的智慧，就会得到无穷的裨益，还会把这种裨益反馈给世界，让世界也变得更好。这种格局，跟诸葛亮是不一样的，甚至跟范蠡、张良也是不一样的，老子的智慧之所以能在世界上广传，就缘于这种大平等、大悲悯、大包容的格局，至于它究竟改变了多少人的生活方式，则另当别论，因为这是传播方式决定的，不是老子的智慧本身可以决定的。

柒

大成功离不开委曲求全

解读《道德经》的时候，我无数次惊叹于老子智慧的包容性，比如，你既可以从出世间智慧的层面去理解“大直若屈”，从中得到益处，也可以从世间智慧的层面去理解它，同样可以得到益处。所以，任何层次、任何追求的人读《道德经》，都会从中得到自己想要的东西，然后活得更好，这一点很了不起。而更了不起的是，老子在满足每一类人的心愿时，都能暗含一种精神性、智慧性的提倡，让人们在满足心愿的同时，也能不知不觉地提升精神境界，这其实也是一种“大直若屈”。

那么，从世间法层面怎么理解“大直若屈”呢？越王勾践的忍辱负重，就是典型的世间法层面的“大直若屈”。他战败后到吴国做奴仆，为了让吴王对他消除杀心，甚至消除戒心，他把自己放得很低，低到了极致，给吴王做奴隶，给吴王做马夫，甚至在吴王生病时为其尝粪，以此诊断其病情。正是尝粪的这个行为，让吴王彻底打消了疑心，赦免了他，让他和夫人回国了。注意，这就是勾践的“屈”，他隐藏自己真实的意图，隐藏自己真正的雄心，不惜放下一切，打碎自己，等待那个能够卷土重来的时机，这种委曲求全，就是世间法层面上的“大直若屈”，如果能真正做到，很多事都可以成功。古往今来，能够成功的，都是一些韬光养晦深藏不露的人。

那些光芒四射的轻佻之人，往往只是昙花一现，成不了大器。

白居易才华很高，但很多人就是不喜欢他，为什么？因为他总是讽刺挖苦别人。有一天，白居易的一个同僚给大家读了一首自己的诗，所有人都说他写得很好，唯独白居易说他写得不好，还说，如果这也算诗，岂不是谁都会写诗？结果那个同僚很不高兴，大家也觉得很扫兴。而且，白居易不仅面对同僚时这样，就连面对皇帝时也这样，冷不防地就会当着众人的面，非常耿直地泼皇帝冷水，让皇帝很不开心。所以，白居易虽然有才，但他的才华没能让别人开心，反而总是让大家都扫兴，都下不了台。从这个角度上看，白居易的直和不屈，在那个时代，反而是一种个人修养上的不足，他之所以老是被贬，老是遇到麻烦，这也是原因之一。不过，诗人都是这样，不够率直真诚就写不出好诗，所以，圆滑世故、很识时务的人一般不会做诗人，他们要么做商人，要么做政治家。

不管在什么样的时代，想要在世间做事并且取得成功，都要学会能屈能伸。当年戚继光抗倭成功，靠的也是能屈能伸，善于处理各种关系。比如，他明知很多大臣不怎么样，但他仍然跟对方处得很好，让对方心里很舒服。据说，他当时跟掌权者张居正的关系就很好，所以，他每逢需要办些什么事情，都会有人帮他说话，那么他做起事来就会比较顺利，不会有那么多的磕磕绊绊和各种阻挠。岳飞跟他不一样，岳飞的个性非常耿直，觉得不对的事情，一定会据理力争，哪怕对方是当权者，他也毫不让步。当年，岳飞就是因为跟投降派闹得很僵，才会落得最后的下场，假如他做人稍微圆融一些，也许就不会十年之功毁于一旦。当然，这跟他的年纪有关系，他参军时只有二十岁，死时也只有三十九岁，如果能活到五十岁，他肯定会非常圆融，因为看得多了，有些事情就能委曲求全。曾国藩就是这样，他四十岁时还是愤青，甚至会上书骂皇帝，差点被皇帝给灭掉，五十岁左右进军营待了几年，才终于知道愤青性格在军队里办不成事，想要做事，就必须学会应酬周到，于是慢慢地，他就学会了“大直若屈”。

岳飞也是一个想做事的人，他什么都不贪，一心只想“壮志饥餐胡虏肉，笑谈渴饮匈奴血”，但他做不成事，因为每到关键时刻，就会有人出来捣乱，很多时候，那捣乱者还是宋高宗本人——注意，这跟宋高宗对武将的忌惮有关，宋高宗很怕武将权力过大会重演“陈桥兵变”，而岳飞又是当时最厉害的武将，其兵马强悍到金人都不敢小觑，所以宋高宗对岳飞一直很戒备。但是，跟岳飞一起抗金的将领还有很多，比如韩世忠等人，他们最后都得到了善终，这说明，武将身份不是岳飞被杀的唯一原因。那么，岳飞被杀还有哪些原因呢？首先，岳飞是一个不拘小节的人，他的性格非常刚毅率直，就算是面对皇帝，他也不会像其他臣子那样唯唯诺诺，这一点，从他敢以武将身份劝宋高宗立储就可以看出——宋朝不允许武将干预朝政，他向皇帝提建议，本身就已经犯了大忌，何况宋高宗唯一的儿子也在八年前死掉了，他催宋高宗立储，就等于是在揭宋高宗的伤疤，宋高宗怎么会高兴？而且，就算宋高宗日后能再生个儿子，岳飞急着让他立储也会让他很不舒服，就好像岳飞在催他让位做太上皇一样。所以，岳飞是一个不懂如何处世、不能委曲求全的人，这或许才是他被杀的主要原因。

从古到今，做成大事的人往往都懂得“大直若屈”的道理，他们不跟环境冲突、不跟条件对抗，总能在随顺因缘的同时创造因缘。最后，无数的因缘汇聚在一起，形成了巨大的势能，就会把他们推向成功。

前面说过，曾国藩也是从小直慢慢转化为大直的。太平天国运动席卷半个中国的时候，曾国藩已在朝廷为官，当时因为家里办丧事，他就回了趟家，后来朝廷把他召回来，让他办团练，而且他之前上书皇帝，指出了皇帝的很多不是。皇帝在命令他办团练的时候，也有一种看戏的心态。于是曾国藩就回到老家湖南，通过各种关系召集了五千多的湘勇。最初，曾国藩跟很多人都有冲突，谁都不买他的账，他一度寸步难行。后来，他慢慢地反思，慢慢地学习如何处理人际关系，如何做到能屈能伸，最后就变得非常圆融，能让所有人都舒服，都心甘情愿地帮他。

关于曾国藩如何做到让所有人都舒服，有个细节很有意思：曾国潘不愿收礼，每逢别人送他很多礼物时，他就留下一些不起眼的小东西，其他礼物都让对方带走，这样对方就能下得了台，他也能守住自己的原则。比如，有一次别人送来了很多东西，其中有大量的金银财宝和古董文物，曾国藩想把所有东西都退回去，又怕别人心里不舒服，就收下了一顶瓜皮帽，然后再让送礼者把其他东西带走，这样一来，送礼的人虽然被拒绝了，也不会觉得多么难堪。后来，他也特别嘱咐儿子说，如果将来有人给你们送礼，你们记得要收一点，意思一下，一定不能多收，也不能完全不收，你如果完全不收，别人就会很不舒服，你也会过意不去，如果收多了，就变成了贪污——你要注意他的这种心态，就是因为这样的心态和智慧，他才能在封疆大吏的位子上坐那么久。

曾国藩确实是个清官，直到晚年都很清廉。虽然他是清朝的重臣，死后却没给家里留下多少钱。他建侯府的时候，据说也只花了七千贯铜钱，整个府邸都是泥坯土坯做成的，墙皮一剥开，里面都是土砖。府邸的大门也非常窄，两个人如果并排走，其中一个人稍微胖一点的话，就要侧着身子才过得去。我当时以为那只是侧门，结果一问导游，才知道那就是正门。府邸的内部装修也很简朴，虽然占地面积很大，却没有用到任何名贵材料，连红木、大理石之类的材料都没有。不过，正是因为它非常简朴，既不扎眼，又不会引起当权者的贪欲，才存留至今，成了供后人参观的景点。他弟弟曾国荃的侯府却刚好相反，建造时用的都是名贵材料，房子也都是好木头建成的，后来的当权者很喜欢，就随便找个理由，把那些材料拆走了。所以，房子建得再好，又有什么意义呢？

我之前讲过一个关于封地的故事：有个大臣立了大功，皇帝总想给他封赏，但他始终不肯接受。后来他得病快要死了，就告诫自己的孩子，一定不能接受皇帝封赏的好地，要选一块没人肯要的荒地。为什么？因为好地人人都想要，他的子孙肯定保不住。相反，贫瘠的土地人人都不感兴趣，他的子孙就可以在那里安居乐业，而不会引来任何祸患了。后来，他的儿子照他说的去做了，那块土地果然一直属于他们的家族。这种做法刚开始看起来很吃亏，但实际上很有智慧，它就像我们现在买房，在市中心买房虽然很好，但一旦那块土地被征用，你就必须搬迁，不搬，你就成了“钉子户”。相反，如果你在一个很穷的村子里买一块地，在那里建一栋房子，你往往就会住得很安稳，因为没有人会跟你争那块土地，送给别人可能都没人要。所以，智者不会在乎名相，他们愿意受一些暂时的委屈，来达成一个大的目的。

人格高尚的人也是这样，不会在名相上跟别人争长短，总会给别人一份好心情。但你不能过于谦虚，因为你一旦过于谦虚，别人就会觉得你虚伪，不愿跟你交心；可你一旦过于直率，又容易跟人产生争执，引起矛盾。所以，智者既不会太直，也不会太屈，永远都走中道。而且，智者有坚定的担当，往往非常注重做实事，他们的屈，更多地体现于不在乎名相、不大言其事、不说大话、不哗众取宠等方面。这些品德都非常值得我们学习。

一定要记住，想要做更大的事、取得更大的成功，就不能在一时一地上跟人起冲突，要向历代先贤们学习，做到“大直若屈”。

捌 成就大事者，守拙且务实

大巧若拙，

“大巧若拙”也是老子成功学的精要之一。

老子认为，成大事者都显得很笨、很拙，不懂得走捷径，无论是做事，还是学习技能，都会比别人花更多的时间，但正是因为每一步都走得踏踏实实，所以他们最后一定会获得大成功。相反，投机取巧者虽然很聪明，很快就能得到一些成绩，看起来很厉害，但他们往往不会坚持到最后，无法赢得最终的成功，甚至会很快就败落了。你可以回顾一下中国历史，乃至世界历史，所有成功都是一步一个脚印走出来的，绝不会是投机取巧得来的。

我经常提到电影《百鸟朝凤》，因为它演出了传统文化的命运。电影里有个吹唢呐的老艺人，在唢呐还很受欢迎的时候，他在村子里很受尊重，很多人想拜他为师学唢呐。男主角就是其中的一个，他很笨，看起来没有太出色的天赋，但他肯下苦功夫。老艺人的另一个年轻弟子则相反，他很聪明，很有天赋，唢呐也吹得很好，但就是不愿吃苦。电影里有个细节很有代表性：男主角和那个聪明孩子一起割麦子，聪明孩子割得很快，但割得非常粗心，割完了也像没割一样，于是男主角就叹了口气，一边割自己负责的麦子，一边帮兄弟善后。老艺人什么都没说，但他把一切都看在眼里，后来，他就放弃了那个聪明孩子，选了男主角做自己的接班人，把只传一人的曲子《百鸟朝凤》传给了他。再后来，时代变了，听唢呐的人越来越少，吹唢呐就连维持生计都很难，于是，那个聪明孩子就放弃了唢呐，当起了包工头，而唢呐班子里的其他人也相继干起了别的营生，只有男主角全心全意地守着师父的传承，守着唢呐，始终没有放弃。从这个角度看，男主角是一个非常优秀的传承人，他很拙朴，能踏踏实实地把一件事给做好，并且一直守下去，一旦承担了一种责任，就不会轻言放弃，是一个有担当的人。他的问题是只有拙朴，没有顺势的智慧，明明看到时代变了，却只能被动地接受，不懂得与时俱进，于是每一步都走得异常艰辛，不知道未来还能走多远。但这一点另当别论，我们在这里只谈他的拙朴。

在老子看来，君子最忌讳的就是聪明，不管有什么样的志向，都要首先做到守拙、守笨。如果没有这个德行作为基础，所有的创新求变都会流于投机取巧，到了最后，就把自己的精髓给丢掉了。所以，君子要勤于自省，清晰地看到自己的境界和状态，不能给自己一点借口。历史上所有成就大事的人，都必然耐得住寂寞，经得起等待，因为成就任何事业都没有捷径，所有的秘诀就是一个“熬”字。那些一夜暴富的人建立的不是事业，而是生意，生意做完就完了，但事业却可以承载一种精神，承载一种文化，绵延久远，影响无数的人。

我见过很多真正的大师，他们看起来都像石头那么拙，像树疙瘩那么笨，很少有人看起来很聪明。当然，那些天天讲成功学的“大师”很聪明，他们知道听众想听什么，也知道听众需要听什么，他们能在这些话题上讲得淋漓尽致，引人入胜，但他们的目的只是赚钱。比如，我每次去机场书店，都会看到很多成功学“大师”的演讲视频。他们总是滔滔不绝地讲各种道理，令听者激情澎湃、充满斗志、感激涕零，但他们的目的是赚钱。他们活着的时候也许可以赚很多钱，几千万元甚至上亿元，但这仍是生意——生意当然也很好——不是事业。他们的思想不可能传承千年，滋养一代又一代人的心灵。他们能做到的，就是激起别人的欲望和斗志，让别人像打了鸡血一样，能继续往前再冲上几步。虽然他们也能把思想写进书里，这些书可能还会畅销，但是对世界、对社会、对人心的意义很有限。

当然，做生意也很好，但世界更需要沉淀后的文化大师。好的文化，能改变社会风尚，影响人的生活方式。我们的社会需要健康有益的文化，需要老子《道德经》里的智慧，需要能让人脚踏实地的文化，国家的繁荣昌盛是苦出来的，是实实在在干出来的，不是吹出来的泡沫。这种实干精神也是“大巧若拙”，是中国人非常优秀的一种传统品格。

读书同样要守拙，不要把书当成标签或景点，也不要贪多。曾国藩的读书习惯就很好，读完一本书之前，他是不会读另一本书的。当然，这跟他的天资不好有关系。据说他很笨，关于他的笨，有这么一个耐人寻味的故事：有一天，有个小偷潜入曾国藩的书房，当时他正在背诵文章，小偷就爬到房梁上，想等曾国藩去睡觉了，再下来偷东西。谁知道他等啊等啊，曾国藩就是不睡觉，因为曾国藩始终背不好那篇文章，只能一遍一遍地读。小偷很生气，就跳下屋梁给曾国藩背了一遍，然后骂他实在太笨了。骂完，小偷就跳窗走了。注意，这个小偷光是听曾国藩读了几遍，就能背诵文章，说明他很聪明，但我们记住的是很笨却肯下苦功，并且能贡献社会的曾国藩，而不是非常聪明却宁愿做个混混的小偷。

曾国藩对付太平天国的时候，也是结硬寨打呆仗，用的是笨办法——他让士兵们去挖战壕、挖地道，一直挖到城墙脚下，这样虽然很麻烦，而且是实打实的苦力活，花费的时间也很多，可一旦挖好，胜算就会大幅增加，伤亡也会大幅减少。而最终也确实是这个笨办法，让曾国藩做到了聪明人做不到的事情。所以，笨和拙，有时是比聪明更加强大的力量。

笨和拙，其实也是湖湘文化的特点，曾国藩是湖南人，他是在湖湘文化的熏染下成长起来的，因此他的个性中有很强的湖湘文化的烙印。除了笨和拙之外，湖湘文化还强调经世致用，反对言大于行，反对花哨浮夸，一些湖南籍的杰出政治家，就是在这种文化土壤中成长起来的，所以他们都是不事空谈的行动派，执行力非常强。

我常提到的左宗棠也是湖南人，在得到重用之前，他只是举人，没有中进士，而他之所以没能考上进士，就是因为他不注重形式化的八股文，只喜欢研究一些能够实实在在造福百姓的东西，比如经济、水利、地理等。在这些方面，他很有想法，所以林则徐在见过他之后，就断言他是未来能救中国的人。林则徐从新疆回来之后，更是将自己收集的宝贵资料给了左宗棠，并反复叮嘱左宗棠要好好研究，因为不久之后新疆就会动乱，能够平定新疆动乱的人，只有他左宗棠。当然，这是一个故事，但很可能讲的是真事，因为后来平定新疆的人确实就是左宗棠。左宗棠是一个了不起的人。我专门买了他看过的那些书，读起来非常吃力，因为书里都是一些山川地貌、水利经济之类的知识，非常实用，却也非常枯燥乏味。如果不是胸怀天下，想要为百姓做点实事，大概没人会看这类书的。要知道，这样的学习很苦，但左宗棠的才能，就是这样点点滴滴积累起来的。也是因为他有利益百姓的志向，也能守拙、守笨，不计结果地学习一些也许很难派上用场的东西，后来有机会见林则徐等人时，才能得到他们的赏识，得到施展才能的机会，将抱负付诸实践。后来，阿古柏入侵新疆，以李鸿章为首的一批大臣都想放弃新疆，只有左宗棠坚决反对，宁愿舍命一战也要保住新疆。于是他就带着棺材征西，平定了新疆之乱。所以，中国之所以能保持领土完整，没有丢掉新疆那么大的一块土地，左宗棠功不可没。左宗棠终究没有辜负林则徐对他的期望。

左宗棠的务实精神非常值得我们学习，这也是中国文化中一个非常宝贵的组成部分。

关于中国文化的守拙，我听过一个这样的故事：有个人开了一间酒厂，生意一直很好，他临死的时候，把酒厂分给了两个儿子一人一半，还对儿子们说，经商要以德取胜，千万不要骗人，没有德是不会成功的。他的一个儿子很聪明，总觉得可以走捷径，多赚点钱，就在酒里掺水卖给顾客，刚开始因为成本降低了，他赚了很多钱，但久而久之，顾客发现他的酒很淡，猜到他肯定是掺了水，就再也不去找他买酒了。相反，老人的另一个儿子很老实，即使知道兄弟在酒里掺水，成本降低了许多，也没有学他，仍然照父亲临终交代的那样，老老实实地酿酒卖酒，最后，他的顾客就越来越多，赚的钱也越来越多，实现了薄利多销。所以，踏踏实实做事的人一开始好像很吃亏，但最后得到成功的，往往就是这些人。

不过，虽然中国文化从古到今都提倡守拙、守笨，不提倡投机取巧，但是现在投机取巧者越来越多，很多时候，因为这种声音的聒噪，务实文化的声音反而被压制住了。社会上假货横行，三聚氰胺、地沟油等乌七八糟的东西都出现了，我们必须重新提倡传统文化的智慧，提倡老子“大巧若拙”的智慧，提倡务实做事的精神。

玖 《学拙歌》

清朝的医学家石成金写过一首《学拙歌》，里面对拙的表述很有意思，我也给大家讲解一下。

世人笑我拙，谁知拙为贵。
口拙无是非，事拙无冤对。
饭菜充我饥，不想珍馐味；
布衣暖我身，不想绫绸被。
手拙不挥拳，时常笼袖内；
脚拙不妄行，邪径早回避。
须择君子友，不入奸狡队，
心中有主张，不动忿与恚。
呵呵笑几声，嘻嘻吃几杯。
日间安稳坐，夜里安稳睡。
行止依天良，俯仰都不愧。
我这守拙法，人人该学会。

1. 拙者能克己，日久成本能

世人笑我拙，谁知拙为贵。
口拙无是非，事拙无冤对。
饭菜充我饥，不想珍馐味；
布衣暖我身，不想绫绸被。
手拙不挥拳，时常笼袖内；
脚拙不妄行，邪径早回避。
须择君子友，不入奸狡队，
心中有主张，不动忿与恚。
呵呵笑几声，嘻嘻吃几杯。

“世人笑我拙，谁知拙为贵。”世人都笑我拙笨，却不知道拙笨才是最珍贵的品格。

“口拙无是非”，笨嘴拙舌的人往往会少说话，少说话就没有是非。相反，如果太会说话，伶牙俐齿，就容易滋生是非，招来祸患。所谓的“祸从口出”，指的就是言语容易招来灾难。

历史上有很多祸从口出的例子，很多人之所以遇到杀身之祸，就是因为言语上不谨慎，引起了是非——注意，很多重大的祸事，其源头都是得罪了小人，如果没有小人作祟，历史上很多重大事件也许就不会发生。

郭子仪深谙这个道理，所以做人一直非常小心。比如，他参与平息“安史之乱”后成了唐朝的大功臣，地位很高，可以说是一人之下万人之上。如果换了别人，可能就会沉浸在成功的喜悦之中，但他没有，因为他明白皇帝对他藏了一份戒备和怀疑。为了消除皇帝的怀疑，让皇帝知道自己没有篡位的野心，他娶了很多小老婆，整天喝酒玩乐，闹得风言风语，人人都觉得他贪图享乐，于是皇帝果然放下心来。因为，对皇帝来说，最可怕的不是郭子仪富贵，甚至不是郭子仪奢靡，而是他形象完美，很得人心，威胁到自己的统治，既然郭子仪没有野心，只想享受，那就最好不过了，反正他功劳这么大，岁数也这么大了，那么就权当是另一种封赏，让他能安度晚年也很好。所以，郭子仪一直和皇帝相安无事，并没有因为功高盖主而被杀。

在中国历史上，能做到这一点的人不多，说明郭子仪是个世间智者，对人性的把握非常准确。他的这种智慧，还体现在他跟卢杞的交往之中。比如，有一次卢杞来拜访他，他一听说，马上就叫家里的女人们回房待着，不要出来。家里人觉得很奇怪，问他为什么，他说，卢杞心胸狭窄，长得又丑，女人们见到他，万一笑了，他就必然会怀恨在心。他一旦飞黄腾达，就一定会报复那些得罪过他的人，与其到时惨遭灭门，不如现在小心一些。后来，卢杞果然得势，那些得罪过他的人也果然惨遭灭门，正是因为郭子仪一直很小心，没有得罪过卢杞，也不谈他的是非，才躲过了一劫。

这种不得罪小人、不平添事端的做法，就是“守拙”，言语上守拙很重要。

“事拙无冤对”，做事的时候也要守拙守笨，不要和别人对抗。注意，我们反对的对抗，是你死我活的那种。大竞争是我们不反对的，因为那是达成共赢，让彼此都得益的竞争。大竞争的双方没有竞争的概念，所以他们永远不会“互掐”。即使有时他们去研究对方的情况，也只是为了从对方身上学到一些好东西，让自己变得更好，这是一种良性竞争。小竞争则是恶性竞争，其目的是打垮别人，把所有利益都据为己有。大竞争是一种典型的整合营销思维，像一些企业用互联网打造一个平台，让很多企业的产品或服务进入这个平台，大家一起赚钱，一起获益。这类平台做得越好，打造平台者也越有竞争力。

所以，做事也要守拙守笨，不要管自己会不会吃亏，不要管人家会不会占便宜，只管做好自己该做的事情就好。做到最好的自己时，自然会有很强的竞争力，虽然不争，却立于不败之地。

“饭菜充我饥，不想珍馐味；布衣暖我身，不想绫绸被。”只要有吃的，能填饱肚子就好，就算只是粗茶淡饭也不要紧，我不会去牵挂那些珍馐佳肴；只要有粗布衣服可以穿，有普通棉被可以盖，不用挨冻就好，我不会去想绫罗绸缎做成的华美衣物和被子。

中国文化最早的时候就是这样，提倡知足知止，不注重物质享受，跟现在这种注重生活品质的思维不太一样，古人没有这么多怪病，就跟这种思维有关系。现在的很多病，比如高血压、高血糖、高血脂、心脑血管疾病等，甚至肿瘤，跟饮食都有很大的关系，甚至可以说，有三分之一的病都是吃出来的。现在，很多做饮食的人都会投机取巧，用各种方法在吃上挣钱赢利，为了降低成本，他们不惜违背良心，而很多人也总是想尽办法让自己吃好喝好，于是，喜欢吃的人就得了一身病。尤其是很多喜欢吃海鲜的人，他们年纪轻轻就得了三高，得了脂肪肝，这些病都是营养过剩造成的。有一种说法是，“吃得越好，死得越早；吃得越多，死得越快”，它不太好听，但说出了一种真相。所以，现在有人提倡节食，认为开心和节食是最有效的长寿之法——这不是一部分人的看法，而是一种共识，背后是有科学数据支撑的。现在，世界上提倡素食的人越来越多，除了一些人道主义方面的考虑之外，这更是出于对健康的重视。我觉得素食也很好，但一定要注意均衡营养，不然也会得病，但不素食也没什么，只要能节食就好。节食太重要了。一群尽情吃饱的鸡，寿命会比一群节食的鸡短一半还多，也就是说，如果尽情吃饱的鸡能活六年，那么节食的鸡就有可能活到十二年。这也是一种守拙的智慧。它守的拙，是一种拙朴不花哨、知足不过度的生活方式。

“手拙不挥拳，时常笼袖内；脚拙不妄行，邪径早回避。”手脚笨拙就不会惹是生非，更不会做出邪恶的事情。

“须择君子友，不入奸狡队。”必须小心选择与什么样的人做朋友，不要与奸恶之徒为伍。因为，朋友就是你的小环境，跟什么样的朋友在一起，久而久之，你就会变成什么样子。除非你有很强的定力，也有足够的智慧，不但不会沾染上恶友的邪见恶习，还能影响对方，把对方导向正途，这另当别论。

“心中有主张，不动忿与恚。呵呵笑几声，嘻嘻吃几杯。”智者对每一件事都看得清清楚楚，但心里没有愤怒，更没有怨恨，而且往往会不动声色，装作什么都不知道，什么也没发现，呵呵笑上几声，有酒了，就喝上几口小酒，快快乐乐自在逍遥，不去干预不该他干预的事。

注意，懂得装糊涂的都是聪明人，他们看起来很糊涂，其实心里就像明镜一样，什么都明白，什么都能看穿，只是不去管一些不该管的事而已。在家里或单位都要这样，要少说话，也不听闲话，谁的事情让谁自己去处理，尊重所有人的选择，永远给他们一份好心情，不去干预。古人说“不在其位不谋其政”，这是有道理的。身份不同，角度不同，管的东西就会不同，最好不要互相干涉。人们常说“天下本无事，庸人自扰之”，所以，做最好的自己就好，己所不欲，勿施于人。

2. 守拙无恶行，无愧于己心

日间安稳坐，夜里安稳睡。
行止依天良，俯仰都不愧。
我这守拙法，人人该学会。

“日间安稳坐，夜里安稳睡。”白天安安稳稳、开开心心地做自己喜欢做的事情。如果是我的话，可能不会说“坐”，而会说“玩”。真正有境界的人都是在“玩”，因为在“玩”，所以享受生活，能开开心心地做好自己该做的事情。大商人也是在玩中成为大商人的，他不会觉得自己在“熬”，也不会觉得自己在忍耐些什么，这样他才会享受生命。如果他觉得自己在忍耐，就肯定坚持不了一辈子，因为没有人能忍耐一辈子，正如没有人能一辈子装成另一个样子。有些人装模作样地过了很多年，有一天终于原形毕露了，人们才发现，原来他不是这样的人。无论做什么事，能坚持一辈子都是因为快乐。好科学家是这样，好球员也是这样。马拉多纳踢球为什么踢得那么好？就是因为快乐。我每天都在写作，也是因为快乐。如果不快乐，我不可能从十几岁一直写到今天，也不可能写出这么多东西，更不可能忍受一辈子。智者也是这样，开开心心地做事，开开心心地读书，“静对古书寻乐趣，闲观云雾会天机”，这也是拙。

老子所说的拙，并不是智商上的笨拙，而是心机、功利、欲望上的拙，是拙于追求那些大家都想追求的东西，拙于干涉别人，拙于干预自然，但是他巧于做最好的自己，巧于贡献世界，巧于利益他人，这就是最大的巧。

“行止依天良，俯仰都不愧。”只要言行举止对得起自己的良心，那么无论做什么，都能无愧于心。

“我这守拙法，人人该学会。”守拙之法很重要，只要学会了，就必定会一生受益。但很多人偏偏不愿守拙，他们更喜欢活得精明一些，因为他们害怕吃亏被骗。于是，我在生活中就见到了很多聪明人，也被很多聪明人评价为太愚笨，包括我的亲人和朋友。这一点或许是真的，因为我没有他们的很多心思。但也因为我没有那些心思，所以我的世界很简单，我做人的逻辑也很简单，就是严于律己，真诚待人，即使发现了别人的毛病，也不要把人一棒子打死，能帮的就帮一下，帮不了就管好自己。

我去上海参加某次科技论坛时，有一位专家专门谈到了人与人之间的关系。他说，人的关系非常复杂，一个人时最简单，没有多少关系，因此很快乐，两个人时就开始变得复杂了，有时可能是“你对我好，我也对你好”，但有时就会变成“我对你好，你对我却不好”，这时，如果两个人都能处理得很好，就会重新变成“你对我好，我也对你好”，假如有一方处理得不好，就会变成“你对我不好，我也对你不好”“你对我好，我对你不好”，或一直维持之前的那种不平衡状态，也就是“我对你好，你对我却不好”。换句话说，两个人在一起，就会有多种关系——两个人都这么复杂，三个人就更复杂了，四个人、五个人或更多人聚在一起时，关系简直复杂到你无法想象。因此，很多人进入社会之后，都会为人际关系而烦恼不堪，觉得与人相处真的很累。

有人问我，到底该如何处理错综复杂的人际关系？我说，我的眼里只有一种关系，那就是我对你好不好。至于你对我好不好，或者他对我好不好，我不管。你对我有什么看法，他对我有什么看法，我也不管，那是你们自己的事情，只存在于你们的世界里。我的世界里充满了阳光，没有黑暗，也没有阴影。虽然我可以穿越黑暗，看到黑暗后面的一切，但黑暗不能在我的世界里留下阴影。我的世界，已经一片光明了。所以，我的答案是，没有错综复杂的人际关系，只有错综复杂的执著。如果什么都不想得到，只关心自己有没有给出该给的，那么世界有什么回应，真的不需要在乎的。当一个人什么都不在乎，完全站在旁观者的角度看很多事情的时候，他就会看到一个完全不同的世界。这就是“君子坦荡荡，小人长戚戚”。君子坦荡荡的原因，在于君子无所求，只要日有三餐饭，年有一件衣，他的生活所需便已满足，他不在乎自己在别人的世界里是什么样子。

每个人的世界都是自己创造的，有什么样的心就构成了什么样的世界。快乐的人有快乐的世界，痛苦的人有痛苦的世界，小人有小人的世界，君子有君子的世界——每个世界的内容，都靠心来构建。构建好自己的世界，不要干预其他世界，就是守拙。当然，这又是最大的巧，因为你可以省下很多时间，做你该做的事情。

有句话说“避人得自在，入世一无能”，在过去的很长一段时间里，它就是我生活的写照，我曾经很喜欢这句话所代表的生活方式，因为它给了我清净，让我能不受干扰地做很多事情。但现在，我已经不需要这样生活了，因为，就算我不避开别人，心也一样很自在，任何人都影响不了我的状态，我甚至可以一边陪人聊天，一边写文章，文章一样可以写得很好。如果说过去我的心是水面，一粒石子就可以激起涟漪，那么现在我的心就是镜子，整个世界来到我的面前，尽情地表演，也不能动摇镜子的宁静。修道者修的就是这种境界，如果你能不断地向往和训练，最后实现这种境界，你就成了佛道两家所认为的智者，而这时，你所证得的宁静和不动，就是拙。我们不能要求世界不要有那么多的巧，但我们可以守拙，为自己构建一个干净、宁静、不可动摇的心灵世界。

我很小就学习道家文化，后来大概十七八岁时遇到松涛寺的吴乃旦师父，我才真正开始佛家文化的学习和训练。因为根基打得好，我二十多岁就已经很有心得了，当时有个书法家朋友办书画展，请我为他题字，我就送了一首关于修道的小诗给他，直到今天，我还能背出那首诗的内容：“扬正扫腐气，守拙能履真。着意非太玄，大道本无心。”“扬正扫腐气”，扫掉欲望所带来的腐臭和腐败之气，滋养内心的正气；“守拙能履真”，守住拙的境界，渐渐就会接近真理，见到生命和世界的真相；“着意非太玄”，如果训练的时候还有着意，就不是最高的境界；“大道本无心”，大道不是靠执著的追求和具体的形式来证得的，它只能靠无为来证得。

拾 《忌聪明歌》

为了讲透这一章的重点内容，我专门写了一首《忌聪明歌》。这里的“忌聪明”，就是典型的“大巧若拙”和“大辩若讷”。

聪明福很薄，不幸才算计。
多病多短寿，聪明是大忌。
算计一生者，难有好日子。
时时计较者，心中长戚戚。
纠缠于事物，无乐更焦虑。
多不满愤恨，难平恨满腹。
常与人争斗，内心多冲突。
心结常堵塞，不能窥远处。
习惯算计时，积累成忧患。
总是想得到，麻烦多祸事。
时时都设防，眼中多问题。
内心呈灰色，事事总怀疑。
念头多如沙，生活无情趣。
小事糊涂者，淡然少功利。
无烦亦无恼，心中无闲事。
人能清净时，光明可通神。

能以道为邻，得长生九重。
智者心如镜，外相却拙朴。
非是其表演，大智无心机。
不管世变化，只做好自己。
世界总是换，何必太焦虑。
拙朴应世间，万事随它去。
道行高深时，功德自圆满。
外相无霸气，调柔得无为。
窥破诸功利，眼拙藏大智。

1. 聪明人的“原罪”

聪明福很薄，不幸才算计。
多病多短寿，聪明是大忌。
算计一生者，难有好日子。
时时计较者，心中长戚戚。
纠缠于事物，无乐更焦虑。
多不满愤恨，难平恨满腹。

“聪明福很薄，不幸才算计。”看起来非常聪明的人，福其实很薄。相反，福很厚的人，通常看起来不怎么聪明，很敦厚。德也是这样，厚德之人看起来必然不会精明，精明者德行必然很薄。

懂得算计且喜欢算计的人是最不幸的，所以君子不算计。大企业家往往是君子，因此大企业家也不算计——不算计赚多少钱，不算计分多少利，只想实现自己的价值，让自己的存在有一点意义。因此，他们会建立平台，让很多人跟自己一起成功。互联网的出现就是因为这种思维。很多有着互联网思维的人，都会首先考虑自己如何服务用户，如何让用户在自己的平台上成功，甚至不惜为此而吃亏。马化腾决定开发 QQ 的时候，很多人都非常反对，觉得只有疯子和傻子才会花那么多钱、那么多精力，去提供免费服务，但五年之后怎么样？十年之后呢？所以，算计的人永远不可能有大成功，因为他们没有那种宁愿自己吃亏，也要帮助别人成功的心量，而没有这种心量的人，就不会吸引那么多的朋友、伙伴和客户。所以，永远不要羡慕那些非常年轻就得到大成功的人，因为他们的成功一定是有理由的，他们所付出和承担的，包括他们最初的赌注，都是很多人不敢也不愿去付出和承担的。

“多病多短寿，聪明是大忌。”过于聪明容易多病短寿，因此聪明是人之大忌。

心情影响寿命，这是现代科学已经验证了的，无论哪一种病，无论中医治疗还是西医治疗，最后都必然会加上一句：保持心情开朗。老是计较算计的人，一般都很难开心，因此寿命不会太长，而敦厚质朴的厚德之人则因为什么事都不计较，心中始终豁达舒畅，所以一般都很长寿。因此，孔子说“仁者寿”（《论语·雍也》）。

《三国演义》中的杨修就是个典型例子，曹操想什么，他全知道，还总喜欢卖弄，最后就被曹操给杀了。因为类似理由被曹操杀掉的，还有谋士许攸。许攸是曹操的旧识，所以他老是叫曹操“阿瞒”，这已经让曹操很不舒服了，毕竟他是一代枭雄，在士兵面前很有威信，这么一叫，就把一种东西给消解了。而且，许攸老说：“阿瞒啊，如果不是我，你根本就进不了冀州。”当然，他说的是实情，官渡之战曹操本来是落于下风的，如果没有许攸献计，教曹操把袁绍的粮草给烧掉，曹操肯定会战败，但他老是把这件事挂在嘴边，人前人后都不知收敛，这就让曹操很难堪了。刚开始，曹操还能容忍他，忍到最后忍无可忍，就默许部下把他给杀了。现在肯定也有这样的人，他们为顶头上司建立功勋，帮着对方赢得了很多嘉奖和荣耀，但他们跟许攸一样，也老是喜欢说："如果没有我，你有今天吗？"他们说的固然是实情，却让上司心里很不舒服，久而久之，上司就会找机会收拾他们。所以，无论是卖弄聪明还是炫耀功劳，都会给自己带来祸患，不是智者所为。老子提倡不要太聪明，也提倡不居功。

"算计一生者，难有好日子。时时计较者，心中长戚戚。"老是算计计较的人，一辈子会活得很痛苦，心里始终会患得患失，感到非常焦虑。

有一次我认识了一个人，他说自己老是觉得很痛苦、很焦虑。我说，你的身体这么健康，又衣食无忧，还有什么需要痛苦焦虑呢？他说，他的心里有很多纠结，得到了怕失去，得不到又想得到。其实，他的心灵状态都写在了脸上，我一看就知道他是一个很执著的人。你不能说他是小人，但他确实有很多小人才有的计较。君子是坦荡荡的，跟谁在一起都像明媚的阳光，始终很开心，很积极，很正面，充满了正能量，因为他的眼睛只盯着眼前的事，也只想做好自己，这样的人是不会患得患失的。这时，他身边的人也会被他所感染，变得坦坦荡荡，非常干净。所以，心有坦荡之气的君子，能影响一大批人。

当年拿破仑被流放到厄尔巴岛，因为遭到暗杀和其他的一些原因，他带着七百多名士兵逃了出来，想要回到巴黎，将失去的权力再夺回来。后来路易十八收到消息，派来士兵对他围追堵截，谁知道这些士兵竟然全都阵前倒戈，一些文官也回到了拿破仑身边，因此拿破仑到达巴黎时，身边已经有了十四万正规军和二十万志愿军，还得到了全城老百姓的热烈欢迎，面对这种局面，路易十八只好仓皇而逃。为什么路易十八做了那么多努力，却还是留不住民心，拿破仑身为战败者，却赢得了所有人的支持？因为拿破仑非常坦荡，他的坦荡之心生起了坦荡之力，让每一个跟他接触的人都相信他是一个了不起的人，想要跟随他创造一个新世界。宇宙间有一种非常神秘的力量，我们所说的人格魅力，也许就跟这种宇宙之力有关。当你心怀整个宇宙时，你就必然会连通宇宙之力，拥有很大的能量，成就很大的事业。这就是为什么那些小谋臣只能做小谋臣，不可能成为拿破仑的原因。精于算计的人永远得不到大能量，只能依附拥有大能量的人，才可能产生大的力量。但拥有大能量的人，往往会看不起小计谋，所以，没有一定心量的谋士，一般很难做成什么大事。而看重这种谋士的人，也很难成就大的事业，因为他自己往往也不是胸怀天下之人。

“纠缠于事物，无乐更焦虑。多不满愤恨，难平恨满腹。”聪明人看到的东西太多了，尤其是负面的，或具有诱惑力的现象，他看得一清二楚，因此他总是纠缠于一件又一件事，一个小小的得失他也能纠缠很久，于是就老是焦虑，感觉不到快乐，对谁都充满愤恨和不满，牢骚满腹。很多人到老还很精明，却一辈子穷困潦倒，就是这个原因。而那些不计得失的敦厚之人，往往能赢得整个世界。

有个企业家很有钱，很多朋友都来找他借钱，每个人借了钱，都会给他打一张欠条，却大多会逾期不还。每当他看到那么多的欠条，就会想起那些没有信用的朋友，于是他就会觉得不开心。后来他想通了，觉得既然不想跟朋友绝交，就把这些事给忘了吧。下了这个决定的时候，他就把欠条全都烧掉了。旁人觉得他的损失太大了，可他却觉得烧得太好了，因为他的心一下就放松了，再也不会为了这件事而纠结。

其实人都是这样的，当你借了很大一笔钱给朋友，帮助他渡过难关的时候，他会很感恩你，也确实打算一有钱就还你，但是，随着时间的推移，他渐渐就把这份感恩给忘掉了，取而代之的是一种理所当然，似乎你借他钱是理所当然的。最后，当他真的有钱还你时，也不会还了。为了不还钱，他宁愿跟你翻脸，从此不再跟你来往——注意，这是人性，很少有例外，除非他是一个德行很好的君子，把利看得很淡。所以，如果你想看看一个朋友是否值得结交，就可以借钱给他，如果他能准时归还，就说明他是君子；如果他不能准时归还，而是一拖再拖，再也不回你微信，甚至把你的微信和电话号码都删掉，就说明他把利看得比一切都重要，超过他自己的信用，也超过了你们的情谊，这样的朋友不交也罢。但你也可以选择包容，装糊涂，索性不要去测试他。如果他有困难，你也有能力帮助，那么就在帮他的同时做好心理准备，接受他的一切不完美。否则，你就会像那个企业家之前那样，痛苦不堪，百思不得其解，觉得自己的善心和真情都被辜负了。

世界本来就是这样的，对任何一个人好，为任何一个人付出，都不能期望有回报。因为人是善忘的，很多真诚的情感都经不起无常的侵蚀，你只有在觉得自己该做一些事情，而不是为谁做这些事情时，才不会在乎世界的回应，也不会受到伤害，否则，你就会像我前面说过的那个朋友那样，整天觉得痛苦纠结，很多问题都想不明白。

不要挑战人性，也不要对人性有不切实际的要求。在资本市场上更是这样。一旦你进入金钱的世界，人性就会赤裸裸地展现在你面前，因为利益当前，而进入这个圈子的人，也大多把“利”字看得重于一切。所以，资本的游戏，就是人性的游戏。比如，企业家想扩大企业规模时，往往会选择融资，但除非他有大的胸怀，有道德的坚守，否则他是不会还钱的。尤其在企业经营不善，一步步亏损的时候，企业家就更加不想还钱了，到了最后，他实在经营不下去，就会申请破产保护，那么所有愿意相信他，愿意帮助他成功的人都会承受损失——当然，一旦进入金融市场，对人性就要有足够的把握，知道自己的投资是一场赌博，既可能赢，也可能输，不要把整个人生都赌在金钱交易上。有时，把金钱交易当成一种游戏和工具，用它来实现一些利众的目的，或调节自己的心，让自己有宠辱不惊、不畏一切的智慧，比利益得失更加重要，更能让自己受益一生。

2. 世界非灰色，罗网为心织

常与人争斗，内心多冲突。
心结常堵塞，不能窥远处。
习惯算计时，积累成忧患。
总是想得到，麻烦多祸事。
时时都设防，眼中多问题。
内心呈灰色，事事总怀疑。

"常与人争斗，内心多冲突。心结常堵塞，不能窥远处。"过于聪明、斤斤计较的人就是这样，常常与人争斗，既想占别人便宜，也怕被人占了便宜，不愿有人占到自己占不到的便宜，因此他们心中总有太多的郁结，总是觉得心头有一块大石头压着，什么事都不顺利。其实，世上哪有那么多不顺，所有的不顺，都源于一颗有求的心，无求自然会看到博大的世界，看到世界上那么多该做却没人去做的事情，看到很多等待有人去承担的责任。所以，能成功的人和不能成功的人，心里想的东西是不一样的。

在这个互联网时代，我们占了多少便宜啊。QQ、微信、美团、滴滴打车，哪个 App 没有提供机会让我们占便宜？还有淘宝、微店等，很多人每天都在用，包括我。最近，我们每天晚上都搞淘宝直播，这就是淘宝提供的另一种营销传播模式。通过这个平台，我们可以给大家讲一些文化方面的知识，也可以带带货，学习一下这个时代独有的生活模式，它带活了我们的网店，让我们的销量提升了很多，但平台没有收过我们的钱。据说，淘宝的开发团队和运营团队非常庞大，他们付出了这么多的人力财力，来为我们提供免费服务，这种心胸实在很了不起。这就是互联网思维，纯粹为了利益别人、方便别人、帮助别人，不算计自己会不会吃亏，但是到了后来，他们往往会得到比纯粹的商业行为更加丰厚的回报，得到比纯粹的商业行为更大的成功。比如，过去我们用手机发短信，一条短信最少一毛钱，如果发图片彩信，还会更贵一些，后来有了微信，我们就完全从短信资费里解放出来了。视频电话更是方便，我们跟尼泊尔办事处的志愿者联络时，用的就是视频电话和语音电话，不像过去，还要花很多钱通越洋电话。我跟妻子、孩子长期分居两地，联络靠的也是微信视频电话，因为有了微信视频电话，我和小孙女陈清如每天都可以通话、见面，这也是一种伴随她成长的方式，假如没有这种方式，也许她就不会跟我这么亲了。所以，互联网时代是一个了不起的时代，互联网思维是一种了不起的思维，过去很多难以想象的事情，只有在这个时代才可能实现；过去很多难以想象的事业，也只有在这个时代才可能发展。

为什么小人不能成功？就是因为小人没有这种思维。小人如果看到总有人给你打钱，总有人买你的东西，心里就会很不平衡，甚至有可能会不让你继续用这个平台。比如，甘肃有个作家建微信群，把我的朋友加进去时，朋友出于好心，只在群里转发了几篇我的文章，建群者就把我朋友踢了出去。你想，这样的心能做成大事吗？能做成大事的，只有胸怀苍生的人。作家也是这样，没有托尔斯泰的心，怎么能写出托尔斯泰的作品？果然，几年过去了，那个作家还是原来的样子，作品没什么大长进，人也基本上还是那样，只是又老了几岁而已。直到今天，他还是老觉得别人在占他便宜。

这就是典型的“心结常堵塞，不能窥远处”，过于精明的人只能看到眼前的利益，因此心常被各种问题给堵住，怎么想都想不通。

“习惯算计时，积累成忧患。总是想得到，麻烦多祸事。”如果一次次地用算计来获得自己喜欢的东西，慢慢地，就会习惯算计别人，而这种习惯又会积累成一种品质，从此以后，你就成了一个永远在算计的人，真诚没有了，奉献没有了，就连善良也会一点点被消解，因为你会越来越贪婪。这是很可怕的，因为你会毁掉自己的一生，最后再也没有人愿意做你的朋友。

一次，陈亦新开车出去办事，半路被人给撞了，撞他的人马上就跑了，附近也没有摄像头，没有监控录像可以取证，不能确定是谁的责任——陈亦新非常确定自己没有违反交通规则，是那个人违规了。如果能找到证据来证明这一点，交警就可以出证明，请保险公司理赔，那么修车的五万元钱就不用我们自己承担。一位朋友出主意，叫我们找一辆车假装撞一下，拍张照片，这样就可以找交警开证明，保险公司也可以给我们办理赔了，可陈亦新不愿意，他觉得这是在作假。我和他妈妈一听，也觉得不能这样。因为，算计了一次，得到了甜头，就有可能会算计第二次、第三次……一辈子这么算计下去，就成了骗子和小人。所以，虽然我们花了钱，但我们杜绝了一种作假对家风的污染。这也是一种家庭教育。当一个孩子从小形成这种观念，并成为生活方式时，它就会变成孩子的品质。我们要让孩子们将来做诚实正直、坦坦荡荡的人，积极地贡献社会、利益别人，而不是习惯性地想要算计别人、占别人便宜。

我的一个读者就很好，他经常来参加雪漠创意写作班，他每次来听课，他的朋友们都会委托他买书，因为他总会在朋友圈里发一条信息，说他正在听雪漠老师讲课，有需要的朋友可以让他帮忙买书，请雪漠老师签名留念。有一次我就问他，为什么你总是给朋友带书呢？他说，因为朋友需要书啊。其实还有一个原因，就是他已经习惯跟朋友们分享好东西了。当这份心和行为成为一种品德时，别人就会非常相信他，也会非常愿意跟他合作。如果他办企业，就必然会做大。

老祖宗常说："吃亏是福。"要是老是让别人占便宜，老是把好东西分享给别人，那么一百个人跟你打过交道，就会有一百个人愿意继续跟你合作；相反，如果你老是占别人便宜，就不会有任何人愿意继续跟你合作。

"时时都设防，眼中多问题。内心呈灰色，事事总怀疑。"过于聪明的人有个习惯，就是时时提防别人，时时怀疑别人，总觉得别人可能另有所图，因此心里总是不踏实，总是看不到世界上的美好和阳光。

我从来不会提防别人，到任何一个地方开讲座或搞签售会时，我都会给读者们发名片，告诉读者们我的微信、电话等联系方式。据说，我是唯一一个这么做的作家。其实，不只是作家，很多人都会保护自己的隐私，没几个人会像我这样，不管对面是谁，都将自己的一切和盘托出，聪明人更不会这么做。有时候，我的真诚，也会有一些不好的后果。我在《结缘是一种冒险》中谈到，一些流言往往便是熟悉你的人所为，但我仍乐此不疲，因为我的真诚，也总能换来一些真诚。

当然，对人真诚只是我的习惯和品质，跟别人没有关系，我也不是为了换取别人的真诚，才对他们真诚的。我觉得，茫茫人海之中能和大家相遇，真的很不容易，既然这么不容易，为什么不对大家好一点、真诚一点呢？能够袒露自己的所有，完全真诚地对待别人，并且不计得失地善待别人，只求自己心中的爱有所安放，这本身就是一种自由和幸福。至于别人的回报，得到了固然好，得不到却也没啥，我已经得到了自己需要的东西。

记得有一次在上海搞活动，几个志愿者在活动场地附近派传单，我去现场的时候，刚好看见他们被路人拒绝，还受了一些冷眼。当时我很心疼他们，接下来的讲座中，我就说了这件事。后来，其中一个志愿者告诉我，虽然他听到我的话时很感动，但他并不觉得自己受到了侮辱，反而还挺开心的，因为他在分享自己觉得很好的东西，有人能接受，他就会觉得很开心，有人不能接受，他也觉得很正常，毕竟每个人都有自己的世界，每个人都有自己的生活，我们认为重要和宝贵的，可能别人并不在意。更重要的是，他活在自己的快乐里，这份快乐跟别人的回应和表情没有关系，只跟他自己的行为有关系。其实我也是这样，我只活在自己的满足里，这份满足是内心的完整所带来的，跟世界没有关系。换句话说，内心世界如果非常圆满，对外部世界一无所求，很多负面的能量也就进不来了。而很多人之所以提防、害怕和怀疑，就是因为他们的心不圆满，还需要外在的东西去填补或配合。这就是智者和聪明人的区别。

智者和聪明人还有一个区别，就是聪明人永远只去看别人的问题，不去管自己有没有问题，即使自己有问题，也会巧言令色地把责任推到别人身上。智者刚好相反，无论发生什么，他都只会在自己身上找问题，看自己有什么地方做得还不够好，然后积极地改正。所以，智者的世界永远是阳光正面的，永远散发着纯净清新的气息，聪明人的世界里却永远有一双窥视的眼睛，并且笼罩着一种由欲望、猜疑和仇恨构成的浑浊之气。待在这样的世界里，人会很不舒服，好像整个世界都是灰色的，看不到任何希望。所以，聪明而没有智慧的人，往往会活得非常痛苦，而且越聪明就越痛苦。既然这样，要聪明有何用？不如戒了聪明，享受每一个当下。

3. 简单不简单，此中藏大慧

念头多如沙，生活无情趣。
小事糊涂者，淡然少功利。
无烦亦无恼，心中无闲事。
人能清净时，光明可通神。
能以道为邻，得长生九重。

“念头多如沙，生活无情趣。小事糊涂者，淡然少功利。”聪明人的念头非常多，多得就像恒河里的沙子一样。为什么？因为聪明人很计较，总怕自己吃了亏，总是在动脑筋，于是越想越计较，越计较越想，最后杂念纷飞，难以自控。更可怕的是，计较的人看不到他的计较以外的世界，比如，他感受不到阳光的温暖，感受不到小野菊的可爱，感受不到微风的温柔，感受不到泥土的清香，感受不到细雨的诗意，总之，生活的情趣，在他心里是不存在的，他只能看到是是非非和自己的失落。这样活着有什么意思呢？所以，做人还是不要太计较，也不要有太强的功利心，要学会去享受活着本身，享受健康，享受当下所拥有的一切，享受大自然，享受心中的淡然放下，这样的生活才值得过，否则就活得太累了。

每次我去青岛，都有很多人告诉我哪里有非常好的房子，将来肯定会升值，虽然我相信他们，而且我也是这么认为的，但我还是不想在青岛买房。人活一辈子，不过是几十年的事情，再多些，也只是一百多年，听起来很长，其实眨眼就过去了。我住不了那么多房子，也不想花精力去炒房，我总觉得自己的钱已经够用了，现在花钱多的是翻译工程和建书院等，其他的，我花不了多少钱——只要有一张床，三套衣，一口饭，也就够了，就能活下去，我要这么多钱来做什么呢？当然，多点钱就能多做点事，但我仍然不想花那个心思，只要能把直播带货做好，我觉得就可以了。这些都是时代趋势，也是传播的全新途径，学一学没有坏处。

一位朋友听我这么说，很替我着急，不明白我为什么这么固执，轻轻松松就能十拿九稳地赚钱，为什么不赚？但我就是这种人，虽然能发现无数的商机，却仍然觉得做人要安守本分。既然我的本分是传播文化和写书，那么我的所思所为就会围绕这个本分，如果因为知道肯定会赚钱，就把钱都用来炒房，我就不是作家，也不是文化传播者，而变成商人了。所以，我既不研究股市，也不研究楼市，投资市场的一切，对我来说都很麻烦，我宁可淡泊一些，把时间、精力和金钱都放在我认为的大事上。小事上糊涂一点，不计较，那么大事也容易取得成功。

会做事的人都是这样，都会首先给自己定位，定好了自己这辈子要做什么，就好好地去做，把有所干扰的事情都舍掉。如果不能找到自己的定位，什么都想成功，那么他肯定什么都成功不了，而且会一辈子过得混乱痛苦。什么都想得到的人也是这样。所以，你要找到自己最乐意做的事，然后把它变成你的生活方式，把一切跟它无关的事都慢慢地放下，学会拒绝。记住，在每一个人的成长过程中，学会取舍都至关重要，因为生命经不起耗，如果让杂事、闲事充满自己的生命，就会一事无成。

“无烦亦无恼，心中无闲事。”这种状态就是难得糊涂。你什么都明白，但不管也不做，所以心中无烦恼也无功利，非常安然、淡然。

功利心很糟糕，一有功利心，关系就会变质，所以，无论跟谁交往，都不要有功利心，不要想着从别人那里得到什么，也不要想着让别人接受什么，更不要想着让别人做出什么改变，哪怕你纯粹是为了对方好，也不行，因为它仍然是一种企图和目的。如果说无功利的交往是一碗清水，功利心就是你不小心滴进去的那滴墨，只要不起眼的一小滴墨，就能糟蹋了一整碗水，所以，跟朋友交往的时候，就连一丁点儿的功利都不能有。

早年间，我也有过利他传播的功利心，希望自己的传播能有很好的效果，希望自己能改变一些人，后来陈亦新对我说，爸爸，你这样不对，不应该有功利心，传播的事情随缘就好，不要过于追求结果。我觉得他说得很对，就把利他传播的功利也打碎了。现在，面对任何人我都坦坦荡荡，没有一点执著和目的，而这种无功利的态度，也影响了我的很多取舍。所以，很多人都很信任我，愿意无条件地支持我做很多事情，也愿意照我说的去做，改变自己原有的价值取向，并且或多或少地发生了变化——在这些人中，变化最大、进步最快的，仍然是那些憨厚拙朴的人。

我们常说“朽木不可雕也”，那“朽木”，指的其实不是笨蛋，而是聪明人。聪明人太过执著于眼前的得失，看不到更大的世界和价值，所以往往是大事糊涂、小事精明，也往往会因为自作聪明而自作自受，最后让自己受害。人们总说“傻人有傻福”，就是这个原因。

“人能清净时，光明可通神。”生起清净心之后，心性的光明可以与神灵建立联系。如何生起清净心？让自己的心静下来，对任何事都不要计较，时时提醒自己回到当下，注重当下的事物，注重当下的心灵状态。久而久之，人就会产生定力，进入定境，而定境之中又会生起智慧。这就是“定能生慧”。任何人如果不能静下来，心中永远妄念纷飞，永远想东想西，就很难生起智慧。没有智慧，人就处于一种混沌愚痴的状态。

“能以道为邻，得长生九重。”如果成功地戒掉了聪明，让心返璞归真，就能接近大道，得以长生。

古人最重要的养生秘诀，就是不要太聪明，凡事都糊涂一些，不要计较。因为，计较心一旦消失，杂念就会慢慢消失，明明朗朗的智慧就会显发，身体也会变成宇宙能量的接收器。这时，你就进入了开悟境界，这种境界里只有大智慧，没有小聪明。

按照科学的说法，大脑分为左脑和右脑，过去，很多科学家都认为左右脑有明确的分工，但前些年有科学家提出了异议，认为左右脑并没有明确分工，一切跟大脑有关的活动，都需要左右脑共同参与。到底哪种说法才对呢？我不是这个领域的专家，自然不能妄下定论，不过就个人而言，我还是更相信左右脑有所分工的说法。因为，当一个人杂念纷飞的时候，他的左脑确实非常活跃，用专门的仪器就可以检测出来。这时，右脑的功能往往会受到抑制，只有在人的杂念渐渐平息，左脑的活动也消停下来时，右脑的功能才会显现出来。在我们惯常的认知之中，与聪明相关的逻辑思维能力由左脑管辖，与智慧相关的直感，则由右脑来管辖。因此，只有在右脑占主导地位时，智慧才可能显现。而智慧最初产生的时候，人往往处于平静无念的状态，左脑的功能也是受到抑制的，慢慢地，左脑的功能就会恢复，能够在右脑的主导下发挥作用。这时，就是佛家所说的“生起妙用”，最后左右脑浑然一体，人就会既有智慧又能表达。当然，这是一种简化的说法，省略了很多复杂的情况。

4. 生活难也易，本色非演技

智者心如镜，外相却拙朴。
非是其表演，大智无心机。

“智者心如镜，外相却拙朴。非是其表演，大智无心机。”智者的心就像镜子一样，对外界的事情明明了了，但丝毫不会受到干扰。外人不知道，还以为他只是一个寻常老汉，因为他的外表拙朴至极，没有一点大师或智者的样子，显得笨笨的，无论遇到什么事，都只是呵呵一笑，然后该干什么就干什么。但他不是在伪装自己，更不是在作秀，真实的他就是这样。其实，无论是谁，只要消除了所有的欲望，心灵自由到极点，都会呈现出这样的一种状态，因为他不需要讨好别人，也不需要看别人脸色，更不会去表演。智者知道，如果真实的自己不是某个样子，就算演得再好，得到了很多东西，也没有意义。会表演的是什么人？是聪明人，他们总想通过表演得到一些东西，却不知道这些东西很快就会失去。智者明白，所以智者不去追逐，该来的，就让它来，全然接纳；该走的，就让它走，坦然送别。他们活得像清风、太阳、月亮一样自然。

哪怕大自然里的一些东西在你看来不好看，你也会自然而然地接受它，比如泥泞地、癞蛤蟆等，为什么？因为它们是自然的一部分。相反，人造的东西，无论再怎么精美，你都会觉得有一种怪怪的感觉，好像哪里不对。最典型的例子就是蜡像馆里的那些蜡像。让那些蜡像有灵魂的，是人物的故事，是观者的想象，而不是蜡像的形象本身，因为它做得哪怕再像真人，也仍然是假的。相反，凡·高在转换画法之后的画作，没有一幅是写实的，他总会用失真的线条和色彩来表达心中的印象，但它们却是如此地协调，如此地令人感动。为什么？因为它们背后的情感是真实的，是完全袒露的，就像一个人掏出了自己的心，让你看到它的跳动。那血腥的场面也许扎眼，那滚烫的情感却让人震撼——当然，凡·高的画一点都不扎眼，每一幅都非常美好。天下最好的东西，就是天然去雕琢的。所谓的匠心，就是一种极力去除雕琢的态度，就像修道者的修心，“为学日益，为道日损。损之又损，以至于无为。无为而无不为”。

美国加利福尼亚大学的一位心理学教授研究了某校三十年前的一张毕业照，统计了照片上有多少人真心微笑，多少人皮笑肉不笑，多少人不笑，还对这些人进行了跟踪调查，发现微笑的人都过得很好，皮笑肉不笑的人则过得不太好，不笑的人也过得不好。那位教授得出的结论是，爱笑的人会身心健康、生活美满。他说得有道理，但我还有另一种观点：对于大部分大学生来说，毕业就相当于失业，如果一个人能不考虑这些，单纯地享受当下的快乐，就说明他没什么功利心，至少功利心不重。相反，那些皮笑肉不笑的人，在本该淳朴单纯的年纪，就已经学会了作假，步入社会面对诸多诱惑的时候会怎么样，就更不用说了，这跟那些不笑的人一样，都是功利心太重的表现。所以，无功利是一种吉祥，一个人如果能始终处于无功利的状态，人生就会充满吉祥，与人相处时也罢，做事时也罢，遇到的障碍和挫折就会少一些——或者说，他感受到的障碍和挫折就会少一些，不如意也会少一些。很多时候都是这样，当你不在乎外面的声音，只想做好自己的时候，就没有那么多东西让你不开心了；当你觉得很多东西都不如意，世界一片灰色时，就说明你的功利心太重了，凡事都计较得失，这样当然很难快乐。

关于微笑，有些心理学家还提出了一个观点：即便是假笑，也对人生有益，因此平日里可以训练自己微笑，久而久之，习惯成自然，命运就会随之改变。我理解他们的意思，因为微笑确实是一种吉祥的信号，一个人笑容满面还是愁容满面，给别人的感觉是完全不一样的，别人对他的态度自然也是完全不一样的。

上面的说法也许有道理，不过，能改变命运的是品格，而不是某个表情或者动作。微笑之所以吉祥，是因为它代表了友好和善意，当你对别人发自真心地微笑时，别人就会感受到你的友好。这种友好可以化解很多坏情绪，尤其是一些人刚进入某个团队时的忐忑不安。比如，一个年轻人刚入职某公司的某部门，本来心情很忐忑，不知道自己跟同事们合不合得来，谁知道刚进门，就发现部门里每个人都在爽朗地大笑，看到他进来时，更是人人都跟他热情地问好，他有问题时，大家也会热心地解答，甚至直接帮他解决。这样，用不了多久，他就会习惯这个新环境，并且很快地进入工作状态。相反，如果他走进办公室，发现每个人都朝他礼貌地微笑，但他却丝毫感觉不到这种笑容的温度，他就会觉得无所适从，很难真正地放松下来，融入这个团队。空姐也是这样，她们笑得很美，虽然她们的笑容是训练出来的，是一种职业需要，但是乘客看到她们的微笑时，会有一种受到尊重的感觉。这样，她们的快乐和朝气就会感染到乘客，让乘客觉得搭乘这次航班是一件开心的事情，旅途的疲惫也会一扫而空。

伪装是一件非常令人疲惫的事，假如可以选择的话，没人会愿意伪装自己，所有人都愿意释放天性，做真实的自己，但是，因为社会共识和个人对外界认可的期待，很多人都不得不伪装，让自己显得得体、大方、优雅。这本来也没错，但如果心不变——比如见识、格局、智慧等没有改变——只是模仿一种形式，人就会觉得自我受到了压抑，活得很累。很多人只有戴上面具才能做自己，就是因为这种心态。

不过，社会有时也确实不够包容，不能容纳各种各样的人，很多人本身并没有做错什么，仅仅是因为不符合大众的审美习惯，就受到了霸凌、歧视和各种挤压，这样当然会给那些比较独特的人带来压力，甚至会让其中的一些人压制自己的天性，以迎合世界的要求，扮演一个所有人都能接受的人。要是真心想改变自己，还是要学会反思，知道如何才能真正地完善自己。

文化很重要，文学和艺术也很重要，尤其在一个人年纪还小，还在建立世界观和价值观的时候；或是在他遇到挫折和打击，走到人生的十字路口，对原有的世界观和价值观产生怀疑，感到非常迷茫的时候；更是在他被生活打倒，陷入极度的沮丧、脆弱、无助甚至绝望的时候。类似的这些时刻，如果能听到一些正面积极的、开启智慧的声音，人的命运就会很不一样。所以，人的心灵力量，甚至包括品格的养成，都跟文化有很大的关系。任正非这样的企业家，只可能诞生在中国文化的土壤里；特朗普那样的总统，也只可能诞生在美国文化的土壤里——当然，美国文化也造就了很多了不起的人，但是，或许特朗普那样的商人，才是美国文化最典型的产物。所以，文化很重要，信奉什么样的文化决定了人的命运，也决定了民族和国家的命运，甚至决定了整个人类的命运。

5. 万能“咒语”：做好自己

不管世变化，只做好自己。
世界总是换，何必太焦虑。
拙朴应世间，万事随它去。
道行高深时，功德自圆满。
外相无霸气，调柔得无为。
窥破诸功利，眼拙藏大智。

“不管世变化，只做好自己。世界总是换，何必太焦虑。”聪明人总是盯着世界，因为他希望世界能认可他，给他权力、财富等一切他想要的东西。这时，他就必然会东张西望，察言观色。但智者不会这样，智者知道世界永远在变，自己不管多么在乎，都把握不了什么东西。所以，他什么都不求，更不会去巴结和攀缘，他甚至不去观察世界变了还是没变，因为世界一定会变，他只想在变幻的世界里做好自己，守住自己心中那个不变的东西，而不管善变的世界。聪明人之所以总是在动脑筋，想要抓住世界的变化，甚至阻挡世界的变化，就是因为他们不明白这个道理。他们以为努力一点就能控制变化，最后才知道一切都是徒劳无功。

所有的聪明人，在世界的变化面前都是无能为力的。就连移动、联通这样的企业都是这样——在过去的很多年里，他们一直认为彼此是最大的竞争对手，都想压倒对方，将其吞并。但微信突然横空出世，提供了免费的信息服务和语音、视频电话服务，一下子就抢走了移动和联通的很多业务。这时他们才知道，原来最大的竞争对手不是其他运营商，新科技、新服务的出现，会给他们带来无数意想不到的对手。所以，要追上世界的变化，汲取时代的营养，不断地完善自己，不去和对手竞争，只管做好自己，反而能立于不败之地。这也是一种“大巧若拙”。

“拙朴应世间，万事随它去。”智者之所以拙朴，是因为无求；他之所以无求，是因为他知道求来也无用，很快就会变化、失去。所以，智者懒得聪明，无论发生什么事，都哈哈一笑，随它自来自去，以一颗拙朴之心应对万物万象，不去执著，也不去追逐。我之所以不在乎别人怎么对我，或世界怎么对我，也是这个原因。无论别人怎么对我，都已经成为过去，消失得无影无踪了，纠结于过去了的事情毫无意义。所以，我既不辩论也不解释，永远以一颗孩童般单纯的心，拙朴地对待每一个人，真诚地交往，真诚地微笑，不造作也不伪饰，安然地对待每一次的相遇、相聚和离别。

“道行高深时，功德自圆满。外相无霸气，调柔得无为。”修道的功夫很深时，功德自然就圆满了，这时，他的身心会非常柔和，任何人跟他接触，都会觉得很舒服，不会觉得他身上有什么霸气，更不会觉得他咄咄逼人。

“窥破诸功利，眼拙藏大智。”智者窥破了功利的本质，知道功利到最后也得不到什么东西，因此智者无功利。因为心中无功利，凡事都不计较，智者的眼中就会透出一种拙朴之气，我们称之为“道相”。得道之人，一般都有道相。而本身就很拙朴真诚，既不计较也不谈是非，凡事都能与道相合的人，我们则称之为“道器”，也就是能够成道、能够得到终极成就的人。

历史上所有的成大业者都不是聪明人，都有点笨笨傻傻的味道，但他们不是智商不够，而是不愿走捷径，不愿使花招。按老子的说法，就是大智若愚，大巧若拙。比如我经常谈到的曾国藩，他就是笨拙的典型案例，他的每一步都走得很笨，但也正是因为很笨，所以他走得很踏实，根基也打得非常扎实，一步一步积累到最后，成功就如探囊取物。很聪明或喜欢耍小聪明的人，往往会是另一种命运。所以，老祖宗提倡“慧而不用”，也就是有智慧而不去卖弄。

拾壹 君子为何不辩？

大辩若讷。

最善于辩论的人，往往看起来有点笨嘴拙舌。

许多朋友见到我之前，口齿都非常伶俐，也特别善于写文章，见到我时，却一个个都大脑一片空白，所有问题都消失了，会写文章的也写不出来了。为什么？因为他们心里没有任何杂念，进入了一种超越语言的境界。如果这时他不但没有杂念，还能写出文章，那就一定是灵魂的流淌。相反，他用聪明和技巧写出来的文章，也许看起来很华丽，很厉害，但必然是远离灵魂的。

看起来非常聪明的人是很难有大出息的，因为他们很难踏踏实实、不走捷径地做一些事。这样的聪明，我们称之为“小聪明”，真正有智慧的人不会这样，他们看起来笨拙木讷，但心里对很多事情都洞若观火。比如，国内那些真正称得上大企业家的人，都显得非常老实质朴，非常敦厚低调。这种人才能把事业做得很大。

为什么君子很少跟别人辩论呢？因为君子知道对方的世界决定着他的眼光，很少有人能被一两句话颠覆整个世界，所以你很难说服别人。哪怕有时你看起来说服了某些人，但他们慢慢又会恢复原来的想法，你终究还是改变不了他们，能够改变他们的，只有他们自己，因为只有他们才能决定自己的心。所以，君子不辩，沉默是金。

当然，该说的时候也要说一下，但不要试图去说服别人。孔子说："可与言而不与之言，失人；不可与言而与之言，失言。"意思是，如果该说却不说，就失人了；如果不该说却说了，就失言了。那么，什么叫失人？就是错过了对方。我打个比方：假设我今天应该去演讲，那么如果我去了，有些不认识我的人就会认识我，也会通过实践我讲的东西，消除生活中的一些烦恼；如果我该去却没去，就错过了那些本该认识我、听我说一些道理的人，这时，我就失人了。孔子认为该说的话必须得说，否则就会失人，所以，如果有朋友犯了错，他一般都会规劝一下，但他只说一遍，如果对方不听，或听完之后不愿改正，他就会随顺朋友，不去辩论，转而去做其他该做的事，这就是不失言，也就是不在不该说话的时候说话。

老子更不会辩解，他只会微笑。为什么？因为他是君子，更是智者，他太明白世界的真相了。他知道每个人都有自己的世界，包括自己的孩子和老公（老婆）。老公（老婆）的世界不是你的世界，孩子的世界也不是你的世界，只有你自己的世界属于你，你也只能影响自己的世界。当你不能接纳孩子的世界，或老公（老婆）的世界时，你要么给他（她）自由，要么包容他（她），没有第三种选择。当然，你也可以跟他（她）吵架，但你仍然改变不了他（她），因此，你们会过得很痛苦，彼此都活得很累、很压抑，一段时间之后，两人都受不了了，就再一次面临上面所说的选择：要么给他（她）自由，要么包容他（她）。任何关系都是这样。所以，老子直接选择包容，不去辩论。

"大辩"的人之所以显得笨嘴拙舌，就是因为他不去辩论，但有时的不辩，恰好比辩更有力量。因此，释迦牟尼说"不可说，不可说，一说就错"，中国人的老祖宗也说"善辩是银，沉默是金"，而老子更是不断地强调沉默的重要，如"多言数穷，不如守中"，他反对善辩。

我经常提到一个关于"大辩若讷"的故事：南唐有个著名学者

叫徐铉，他能言善辩，口才极好，在历史上很有名。北宋攻打南唐的时候，南唐后主李煜将最后一丝希望寄托在徐铉身上，派他带着宝物去北宋进贡，希望他能劝服赵匡胤退兵，从此不再进犯南唐。赵匡胤愿意吗？他当然不愿意，当时，北宋大军已经打到李煜的家门口，眼看南唐就要陷落了，他怎么可能在这个时候退兵呢？但北宋当时并没有口才能够胜过徐铉的人，为了不丢人，赵匡胤就想出了一个巧计：让一个不识字的侍卫去对付徐铉。这个侍卫很木讷，话不多，徐铉看不出此人的斤两，于是一上来就口若悬河侃侃而谈，想给侍卫一个下马威，谁知道侍卫根本不跟他辩论，不管他说什么，侍卫都只是“嗯嗯”地回答。连续三天下来，徐铉实在撑不住，只好败兴而归，没过多久，北宋就攻陷了南唐，李后主和徐铉都成了阶下囚。但赵匡胤一辈子没有对李煜动过杀心，而是把他和小周后软禁在一所豪宅里，直到赵匡胤驾崩，李煜才被宋太宗赵光义赐死。所以，赵匡胤确实是皇帝里面不多见的一个仁厚之人，可即便是他这样一个人，也信奉“卧榻之侧岂容他人鼾睡”的道理，想要将周边所有的小国都铲除，合并入大宋。可见，在几千年的岁月中，建功立业一直是很多中国男人的毕生梦想。但是，随着时代的变化和文明的演变，中国文化开始提倡这样一种价值，就像我每天背诵的：“世界大同，文化共荣。天人合一，和谐共存。道行天下，敬天爱人。生命同体，和平共赢。”而奉行这种文化的中华民族，也会真正地成为一个了不起的民族。

当然，这些都是题外话了，我们继续讲“大辩若讷”。

关于“大辩若讷”，我还知道一个很有趣的故事：有个老太太遇上了一条恶狗，那条恶狗一直追着她狂吠，每每作势要扑，老太太就拿石头唬它，但用处不大，恶狗只是退后了一下，又会立马上前。老太太没办法，就爬到了一棵树上，任狗怎么吠她，她也不理。后来狗叫累了，就趴在地上休息，老太太就折了一根树枝扔它，狗一下就被激怒了，又开始“汪汪汪”地狂吠，老太太又不理它，任它自己狂叫，叫上一阵，它又累了，又趴下休息，老太太就继续扔树枝逗它，它又狂吠一阵。反反复复地折腾了大半天后，狗实在叫不动了，只好灰溜溜地离开，老太太这才下了树，高高兴兴地回家。从此之后，狗见了这个老太太就再也不叫了。注意，这个老太太就是智者，她知道自己不用跟狗斗，也不用跟狗凶，只要微笑地看着它狂叫就行，它叫累了，自己自然会走开。这种做法也属于“大辩若讷”，其中有一种朴素辩证法的味道。

简单地说，“大辩若讷”是一种智慧，它有无穷的体现形式，只要你心里不去在乎是非，不起辩解之心，能够静观眼前的景象，随缘做事，就是老子所说的“大辩若讷”。它的本质是不靠善辩来改变世界，靠自己的人格和内证来影响世界，当你能做到这一点时，就已经很了不起了。

拾贰｜清净根本要，外修良善行

躁胜寒，静胜热。清静为天下正。

“躁胜寒，静胜热。清静为天下正。”动能胜寒，静能胜热。清静能消除热恼执著，让心平复动荡，回到相对稳定的状态。四面动荡，中间相对稳定的那个状态，就是正。心安住于“正”时，无论世界和环境如何动荡，无论生起了怎样的情绪，它都不会受到影响。这是儒释道文化都在追求的境界。儒释道文化都非常重视清静。佛家讲“清净心”，特指那种干净无执的状态。儒家的“清静”，指的是一种安静恬淡的状态。所以，内在的修炼，无论儒家、佛家还是道家，目的都是让心进入一种不可撼动的宁静境界。

《大学》中说：“知止而后有定，定而后能静，静而后能安，安而后能虑，虑而后能得。”其中的“知止”，跟道家的“知止”有点像，指的也是戒除贪婪，学会知足，学会适可而止。所以，三家的训练方式虽然表述不同，形式也不同，但从本质上来说，都是走戒定慧的路子。当然，佛家除了戒定慧，也就是渐修后顿悟之外，还有一种顿悟后再渐修的方法，因为它认可智慧的传递性，认为智者可以通过自己的生物磁场等媒介，让完全对自己敞开心灵的人立刻知道什么是智慧境界，对方通过保任这种境界，慢慢地就能真正觉悟。

我们再来看《大学》，“知止而后有定”，能够适可而止，不去牵挂过多的物质诱惑时，心就能定下来；“定而后能静”，心定下来之后，就会慢慢变得越来越宁静；“静而后能安”，心静下来之后，人就会觉得非常安宁、安详，没有焦虑，没有烦恼，没有痛苦，整个人被一种舒适放松的感觉所包裹，就像放下一切烦恼，躺在家里那张软软的大床上那样，人们所期待的灵魂家园，其实就是这份安心；“安而后能虑”，心安时智慧就会产生——这里的“虑”不是分别心所造成的思虑，而是智慧的“虑”，是深思熟虑的虑，也就是一种安住于生命本体的智慧选择；“虑而后能得”，有智慧就能得到——不是得到某种物质、名声或地位，而是得到一种觉悟的境界。

上面是儒家修炼内心智慧的方法，在行为上儒家也有要求，如《旧唐书·孙思邈传》中说：“胆欲大而心欲小，智欲圆而行欲方。”意思是，胆量要大，但心思要细腻；智慧要圆融，但行为要端方。所谓“端方”，就是拙朴，可见儒家在追求圆融智慧的同时，也很反对行为的圆滑。又如《文昌帝君百字铭》中讲道：“暗中休放箭，巧处藏些呆。养性须修善，欺心枉吃斋。”这两句话的含义比较多，我分开解释。

“暗中休放箭”，不要算计别人。

“巧处藏些呆”，虽然对很多东西都洞若观火，但不要显露出来，也不要去深究和计较——有时候也要学会装傻。装傻是家庭和睦的秘密，也是幸福的秘密。太聪明的人，家庭关系往往处理不好，和家人之间容易斗来斗去，吵来吵去，所有人都不得安宁。所以，装傻的人是智者，示弱的人是智者，精明的人不是智者。老是窥破别人的心，让所有人都感到害怕，这是非常犯忌讳的。

“养性须修善”，修道者要多做善事，宽容地对待别人，把别人当成你的孩子。孩子偶尔骗你一下，你肯定不会生气，只会觉得他很可爱，很淘气。那么，如果你把别人也当成孩子，又怎么会因为别人骗你骂你而生气呢？有人骂我的时候，我总是觉得很好玩，就像看到一个小孩子在闹别扭一样，一点都不生气。况且，按老祖宗的说法，别人骂你是在为你消业障，为什么要生气呢？再者，很多人的骂，并不是想要伤害你，而是觉得你在某些方面还不够好，希望你能变得更好，虽然有些话可能比较刺耳，但心意是好的，是对你的另一种祝福，尤其是家人。家人一旦吵起架来，说出口的话往往会很难听，但他们不是想刺伤你，只是非常心急，这时，就算他们认为的好跟你追求的不一样，也要理解他们的心，包容他们的情绪，同时感恩他们。因为，不在乎你的人不可能为了你的事着急，如果他们为了你的事急得失态，就说明他们太在乎你了，你的命运对他们来说很重要。所以，我们要珍惜身边那些在乎自己的人，不要寒了他们的心，也要对别人多一点关怀和帮助。

“欺心枉吃斋”，如果不能包容，不能感恩，不能随喜，始终保持一颗是非对错之心，始终执著于别人对自己的亏欠，始终看不到别人的付出和善意，所谓的修道也好，修心也好，就是在自欺欺人，吃斋也变成了一种作秀，没有任何意义。过去把吃斋叫“心斋”，就是提倡从内心深处进行斋戒，不只是不吃某些食物，也要拒绝一些欲望、执著和分别心，从心底里知道自己该做什么，不该做什么。

拾叁 直趋大境界，破假窥真义

根据我的经验，重要内容必须反复强调，否则很多人都会很快忘掉，更不会在生活和工作中运用。所以，我特别为一些章节写了偈子，在总结和强调之余，也对重点内容进行了补充解读，希望能加深读者的印象。

下面，我结合偈子对本章进行深度讲解。

认识世界时，实为假象惑。
进而生错觉，判断遂失误。
世界有多层，多变更多姿。
认识若不足，判断有问题。
难以窥本体，分析易错位。
欲要明实相，由表而及里。
去伪当存真，穿透诸方式。
大心之境界，形象又抽象。
常规当超越，具有思辨力。
眼光与思维，胸怀与做事。
品格与德行，当有大格局。

大成最完美，阴阳成一如。
有生必有灭，看似有缺陷。
大盈最饱满，空间无边际。
犹如大宇宙，空荡容万物。
大直明大势，没有小心机。
直极有屈能，随顺诸事物。
大巧顺自然，完美亦自如。
不是人工痕，拙朴合天趣。
大辩合真理，巧言令色无。
善恶自分明，何须多言语。
大者在自然，无为是真理。
无为无不为，辩证看万物。
清净达于内，大者应外事。
无执成天然，清净心自正。

1. 纠结表象时，判断易失真

认识世界时，实为假象惑。
进而生错觉，判断遂失误。
世界有多层，多变更多姿。
认识若不足，判断有问题。
难以窥本体，分析易错位。
欲要明实相，由表而及里。
去伪当存真，穿透诸方式。

“认识世界时，实为假象惑。进而生错觉，判断遂失误。”每个人在接触世界的时候，都会产生一种属于自己的认知，但很多人的认知都只是错觉，并不是世界的真相，因为人们看到的大多是现象，而不是本质，因此容易对眼前的事物做出错误的判断。老子所说的“大愚若智”“大巧若拙”“大直若屈”等，讲的都是人们的错误判断。比如“大巧若拙”，大家都认为拙的，有时其实并不拙，反倒是一种大巧。大家之所以会觉得拙，是因为大家只看到了现象，没有看到真相——当然，这是哲学家的理解，得道者还会有另一种理解。

“世界有多层，多变更多姿。”世界有不同的层次，认识一个人也有不同的层次。第一层，初次见面，留下大概的印象；第二层，在相处中慢慢地对他有所了解，并且通过共事发现他的能力；第三层，通过一些异常的事件来发现他的德行……一层一层地解剖，一步一步地靠近，最后就有可能对他看得比较透彻。但一定要注意，每个人都不可能接近另一个人的本质，最多只能尽量站在他的角度去理解一些东西，或透过细节来建构一种尽量客观的解读，但仍然不可能接近他的本质，因为每个人只能看到自己的世界。所以，不要用自己的理解去衡量别人，更不要用固化的理解去衡量多变多姿的世界。一定要记住，一百个人看花会有一百种感受，一百个人看世界也是如此。林黛玉看到落花会流泪，我们却不会，为什么？因为我们跟林黛玉的感受不一样。因为没有她的感受，所以我们写不出《葬花吟》。心不一样，看到的世界就不一样，对世界的感知也不会一样。比如，张飞能读懂林黛玉吗？很可能读不懂。有句歇后语是“张飞绣花，大眼瞪小眼”，但张飞一旦绣花，是不是真会大眼瞪小眼，其实说不清，这只是后人对张飞的一种想象，没人知道张飞会不会铁汉柔情，粗中带细。

“认识若不足，判断有问题。难以窥本体，分析易错位。”当你收集的信息不够全面，对某个事物难以窥其本质时，判断和分析就容易出问题。

“欲要明实相，由表而及里。去伪当存真，穿透诸方式。”如果想知道世界或事物的本质，就不要分析现象，要让自己静下来，穿透现象去感受世界。

读我的作品时也是这样，不要考究语言，要好好地读进去，感知作者的心。当你能够感知到作者的心时，也就进入了作者的境界，那时，你就会明白作者真正想表达的东西。它可能更接近作者写作的本质，而语言和内容，不过是载体和表象。如果忽略了本质，只关注载体和表象，你就会陷入分析的误区，这时，你得出的结论以及你的收获，都有可能跟我真正想传达的东西出现错位——简言之，就是你无法理解我的写作，也无法进入我写作时的境界，不知道我到底想表达什么。文字背后的境界和灵魂，才是我的作品独一无二的地方。我的作品之所以能改变一些读者的生活，就是这个原因。

对于经典字面的意思，不同的人总会有不同的解读，运用马克思主义哲学来解读，或是运用黑格尔哲学、海德格尔哲学来解读，结论肯定会不一样。这时，谁的结论都对，但谁的结论都不是我真实的意图，我最本真的意图，藏在所有的文字和主义背后，是一个广阔无垠的、不能被一切的现象和概念所概括的世界。而进入它的钥匙，就是拒绝外面的世界，拒绝心内的喧嚣，让自己的心安定下来，用一颗真诚如赤子的心去阅读，去感受，去体验。这时，你就会接近我想表达的东西，老子名之为“道”。

2. 格局限制理解，独立源于超越

大心之境界，形象又抽象。
常规当超越，具有思辨力。

眼光与思维，胸怀与做事。

品格与德行，当有大格局。

“大心之境界，形象又抽象。”大心所呈现的境界中，既有你看得到的，也有你看不到，必须通过感知去接近的。什么是看得到的？纷繁万象都是你看得到的，而万象不离于道，所以万象都是道的形象化表达。那什么是看不到的？道的本体是看不到，也无法用语言和文字去表达的。所以，当一个人的境界达到一定的层次时，他的心灵境界也罢，思维规模也罢，就会与世俗背离，很难得到大众的理解。所谓的“高处不胜寒”“古来圣贤皆寂寞”，就是这个意思。

当年布鲁诺就是这样，他说的更接近真理，但人们很难理解，也很难接受，于是他就被烧死了。每一个超前于时代的人都是这样。当然，如果你超前得不算太多，只超前了一二十年，那么人们还是有可能会理解你、接纳你的，他们甚至有可能会把你当成先驱人物，大加推崇和赞扬。可一旦你超前了太多，就一定会被社会大众当成疯子，甚至遭到驱逐。所以，很多被当时的社会当成疯子的人，过上五十年，或一百年，就会得到另一种评价。

被誉为“计算机之父”和“人工智能之父”的图灵也有类似的经历，刚被政府请去破解德军密码的时候，他的理念一直得不到理解和支持，好几次都差点被迫中断研究，幸好他遇到了一个相信他，也懂得跟别人沟通的朋友，在朋友的帮助下，他得到了同事们的信任和支持，最后终于制作出世界上第一台计算机，成功破解了德军密码，帮助盟军获得了“二战”的胜利。但是，这位了不起的科学家后来却被英国政府定了罪，遭到了化学阉割，因为他是同性恋，而当时的社会容不下同性恋。从此，图灵过上了屈辱和副作用（所谓的化学阉割是一种荷尔蒙注射“疗法”，接受这种“治疗”之后，他的身体出现了诸多症状，痛苦不堪）双重折磨的悲惨日子，一年多后，他就吃下毒苹果自杀了。直到 2013 年，英国女王才颁布皇家赦免，由英国司法部长正式向世界宣布：图灵是一位了不起的科学家，1952 年对他的判决和处罚是不公正的。但这时，已经是六十年以后了，如果当时的社会能接受他，他能健康而有尊严地继续做研究，计算机领域和人工智能领域今天会是什么样子？说不清。不过，这样一个为人类做出巨大贡献的了不起的科学家，竟然因为一点偏见和歧视，就受到了侮辱性的惩罚，这绝对是人类文明史上抹不去的污点。

“常规当超越，具有思辨力。”所谓的常规，就是大家都认可的标准，以及社会大众对世界的理解。这些概念一直在控制着我们，逼着我们跟别人一样。如果你心甘情愿地想要平庸一辈子，你就可以不去超越，人云亦云就好。但如果你不甘心一辈子做庸人，就要超越这些概念，开启自己的智慧，让自己拥有独立的思辨能力。

孔夫子就是超越的典范，当时的中国礼崩乐坏，陷入了混乱，如果没有孔夫子等先哲们的努力，中国今天会是什么样子，没有人知道。但孔夫子们并不知道以后会怎么样，他们之所以能坚持，即使狼狈不堪、穷困潦倒也不放弃，只是因为他们有独立的思想，知道自己的坚持是值得的，当下和未来的世界一定会因此而受益。而事实也证明了他们是对的，虽然当时的世界不理解他们，但往后的两千年里，其文化一直在照耀着人类的时空。所以，我们不能被当下的世界所局限，一定要超越出来，让自己拥有思辨的能力和前瞻的眼光，并且要有一种很大的担当，愿意为了一个利益世界的梦想而背负一些东西，包括世界的不理解甚至挤压。因为，世界一直都在变化，一切都会很快过去，没有人能留得住当下。能够明白并做到这一点的人，才可能拥有未来，否则，即便现在很成功，过不了多久也会被淘汰。柯达胶卷就是最好的例子。柯达胶卷多好啊，过去有很多人都喜欢用柯达胶卷，我也很喜欢，但数码时代一旦来临，柯达胶卷的优势就消失了，最后，它不得不破产。现在流行的很多东西都是这样，不久的将来都会被淘汰。所以，无论想在哪个领域得到成功，都必须拥有前瞻性的眼光，并且要有一种打碎自己、求变创新的魄力，死守一隅，故步自封，未来就必然会被世界所抛弃。

“眼光与思维，胸怀与做事。品格与德行，当有大格局。”智者的眼光与思维，胸怀与做事，品格与品德，都超越了当下的常规，有一种大的格局。因为格局很大，关注的是人类、历史和世界，而不是一人、一时、一地，所以他才能大智若愚、大巧若拙。

比如基督教文化，耶稣创立基督教的时候，肯定不是为了唯我独尊，他是想给世界带来光明，让人间多一点善美和大爱，从他临死时的宽恕中，你可以清晰地看到他的这颗大心。但为什么有些所谓的基督徒，却不断在做相反的事情，给人类带来纷争和灾难呢？因为每个人的格局都不一样，如果他基于自己的格局，对一种了不起的文化断章取义，就有可能打着这种文化的旗号，做一些不符合文化内涵的事情。这时，他是不能代表这种文化的，也算不上这种文化真正的信仰者。

王阳明也是这样，他反对贪官，差一点被杀，后来被贬到一个未开化的偏远地区，当一个没啥权力的小官。掌权者认为，只要从文化和体制上打压他，隔断他与外界的联系，斩断他的生路，扼杀他东山再起的可能性，他就会被毁灭，但是他不仅没有被绝境所摧毁，反而“龙场悟道”，创立了阳明心学。所以，只要生命还在，还能从绝境中感悟人生，体验生命，绝境就不是绝境，反倒是修道的助缘，可以让心灵的光明焕发出来，消解一切的欲望和仇恨，让心归于本初清净，一片祥和安宁。这时，也就再无所求了。王阳明临死时，弟子们问他还有什么遗言，他说“此心光明，亦复何言”，就是这个原因。心的光明就是真正的智慧，有了智慧，一切问题都不再是问题。而我们之所以要闭关，隔绝万缘，隔绝诱惑，为的也是让心光焕发，驱散黑暗，让自己的心灵一片光明。

3. 大者重自然，无为亦无执

大成最完美，阴阳成一如。
有生必有灭，看似有缺陷。
大盈最饱满，空间无边际。
犹如大宇宙，空荡容万物。
大直明大势，没有小心机。
直极有屈能，随顺诸事物。
大巧顺自然，完美亦自如。
不是人工痕，拙朴合天趣。
大辩合真理，巧言令色无。
善恶自分明，何须多言语。
大者在自然，无为是真理。
无为无不为，辩证看万物。
清净达于内，大者应外事。
无执成天然，清净心自正。

“大成最完美，阴阳成一如。有生必有灭，看似有缺陷。”阴阳一如就是大成功，而且是最完美的成功。当然，这种完美也有显现上的缺陷，因为万事万物一直在发展变化，而且彼此之间是相互联系的，没有任何一个事物是静止、独立的，时代一变化，人心一变化，无论如何阴阳一如，显现上都会有生有灭，这是世界的运作规律。但不管时代如何变化，人们对大道的表述如何变化，大道都不会变化。所以，有些现象看起来是缺陷，但未必真的是缺陷，我们要辩证地看问题。

“大盈最饱满，空间无边际。”大盈是最饱满、最充实的状态，达到大盈状态的人，心灵饱满得就像熟透的谷穗，谷穗熟透之后总会低着头，大盈之人也是这样，非常低调，人们几乎察觉不到他的存在。而且，他的心灵空间非常广阔，就像天地宇宙一样，无边无际，浩瀚无垠，能够容纳万物，你却一点都看不出来——你能看出宇宙中充满了各种物质吗？恐怕不能吧？虽然宇宙中有各种星体，但你还是觉得它空荡荡的，因为它实在太大了。然而，科学家发现，宇宙中其实充满了暗物质和暗能量，也就是我们看不到的各种存在，我们看得到的物质，还没到宇宙中所有存在的百分之四。这就是真正的大盈，“大盈若冲”。

“犹如大宇宙，空荡容万物。”为什么大盈会“若冲”？因为大盈之人腾空了小我的一切，包括成见，用所有的心灵空间来接纳万物万象。如果他没有腾空自己的成见，会怎么样？他会戴上有色眼镜看世界，把跟自己不一样的世界完全屏蔽，所以，一有成见，事情就会变得非常麻烦。大盈之人没有成见，没有个人化的标准，心灵非常丰富博大，因此才能虚怀若谷，容纳万物。相反，有些人之所以会心胸狭隘，不能接受不一样的意见，就是因为他们有太多的成见，心灵已经被塞满了，别的东西自然装不进去。所以，要让自己的心大起来，不要让自己成为成见的垃圾桶。

“大直明大势，没有小心机。”始终守着道的智慧，就能窥破世界的发展走势，因此他懒得要弄小心机、小手段，宁愿顺势而为，做好自己该做的事情。我打个比方，磨盘上的小蚂蚁不管动多少小心机，磨盘都一样会转，所以，与其想尽办法让磨盘停止转动，不如顺应磨盘的转动，或跟着它走，或爬到它身上，让它带着自己走。大智者就是这样，永远会乘着时代的春风，而不会与历史规律作对。这就是“大直若屈”。

“直极有屈能，随顺诸事物。”一直守着终极目标不改变，就会拥有屈的智慧，知道该如何顺应时势。这时，他不但自己不会动小心思，还不会跟动小心思的人辩论，只管随顺对方。为什么？因为他知道必然会这样，所以，他做任何事都很圆融，不在局部的事件上跟人起冲突。这也是“大直若屈”。

所以，终极目标没有改变就是“大直”，达成结果的方法就是“若屈”。那么，为什么要“随顺诸事物”呢？因为事物只是现象，现象是很难改变本质的。智者明白这一点，因此智者不在现象上下功夫，不跟任何人斗来斗去、争辩来争辩去。他知道，这样做改变不了什么，只会把事情闹得一塌糊涂。他信奉“是非以不辩为解脱”。这同样是“大直若屈”。

“大巧顺自然，完美亦自如。不是人工痕，拙朴合天趣。”大巧之人懂得顺应自然，永远不会试图用人力去干预规律。面对机遇时，他们能够快速地把握；机遇未到时，他们就会耐心地等候。虽然他们的等待有时显得有些保守，被一些聪明人嘲笑，但到头来，能完美自如地做成事情，且能事半功倍者，总是这些顺势而为的人。比如，他们知道有些农作物必须春天播种，否则就很难成活，即使能够成活，长得也没有春天播种时那么好，因此他们总是顺应天意，不跟自然对抗，不去强求一个不可能实现的结果。这就是大巧。如果反其道而行之，非要对抗自然，就不是大巧之人。又比如，大巧之人要开船去东方时，总会等待洋流向东时再出发，这时，他就能顺流而下，毫不费力；算计之人却觉得这样太慢，总会想出很多方法，希望能尽快下水，尽快到达目的地，于是就不断跟规律斗争，斗到最后，筋疲力尽，却仍然没有实现目的。所以，顺势者必然会成功，逆势者肯定会失败。君子明势，因此会借势、顺势甚至造势，“因势利导”就是这个意思。有时，他们可能显得很笨，因为他们不会直接出击，而是一次次地迂回，但最后的胜利必然属于他们。算计的人则不然，他们觉得自己很聪明，懂得很多计策，就想靠个人的小心思和时代对抗、和规律对抗，最后无一例外地走向失败。他们就像那些挥舞着手臂想要挡住车子的螳螂，看起来气势汹汹，但不能成事，到头来，只会变成被时代车轮碾过的尘埃，消失在历史的时空之中。那么，君子如果遇到迎面冲来的车子会怎么做？他绝不会像螳螂那样挡道，他要么会侧过身子，让车子轰隆隆地开过去，要么会把握住机会，一下跳到车子上面，让车子把自己带去目的地。这也是“拙朴合天趣”。

“大辩合真理，巧言令色无。善恶自分明，何须多言语。”为什么最善于辩论的人看起来很木讷呢？因为他的行为跟真理是一体的，他不会巧言令色。所谓的巧言令色，就是过多地解释。巧言令色非常糟糕，因为它是一种对抗。智者不对抗，也不解释，无论对方给他什么，他都会接纳。这是一种胸怀。记住，凡事都不要解释，一解释，就说明你不是智者，是愚夫。

当然，智者不解释不是因为他不想得罪人，而是因为他明白“岂能尽如人意，但求无愧我心”的道理，再者，有些事说了也没用，改变不了什么，倒不如给对方一份好心情。所以，智者绝不会巧言令色。

巧言令色最恐怖的地方在于，一个人如果巧言令色，往往就会停止进步。他们总是在解释自己的正确，总是认为别人错了，误解了自己，这也是巧言令色。因为他们不承认自己有错。君子不会这样，君子永远承认自己有错，而且君子会每天“三省吾身”，也就是一天反省三次，看自己做错了什么事情，永远在自己身上找原因。人只有这样，才可能进步。所以，所有在外界找原因的人都是傻瓜，只有在自己身上找原因的人才是圣者。因为，无论你怎么找原因，世界还是世界，它不会因为你的找而改变，你的找，只会给自己带来烦恼。既然活在这个世界上，就要学会接纳它。

智者不会埋怨，他会“三省吾身”，看看自己有没有错，再看看自己是不是选错了，如果选错了，就重新选择。有些人一辈子选择错误，一辈子纠结不清，一辈子埋怨世界，慢慢就变成了一个不吉祥的人——你一定要明白，埋怨是最不吉祥的，吉祥的人是不会埋怨的，因为吉祥的人很快乐，也能给别人带来快乐。能给别人带来快乐，本身就是一种吉祥。所以，如果想知道某人吉不吉祥，你只要回忆一下，看他带来的是快乐、幸福、愉悦，还是刚好相反，就能得到答案。不吉祥的人，心里总是充满了埋怨，总是在抱怨，总是在谈论是非，总是弄得整个氛围愁云惨雾，让大家都觉得无路可走，这是非常可怕的。这样的人，就是不吉祥的。

“大者在自然”，什么是大？无边无际，没有局限，没有隔阂，没有狭隘，没有标准，是为大。世上什么最大？自然最大。道法自然，大道智慧体现于自然中的一事一物，自然无边无际，真理的载体亦无边无际。

“无为是真理”，何为无为？顺道即是无为，顺势即是无为，顺应自然即是无为。相反，逆道、逆势、逆自然，就不是无为。滚滚长江东逝水，顺流而下就是顺道、顺势、顺自然，也是无为。换言之，所有不跟真理和自然规律抗衡的，都是无为；所有跟真理和自然规律抗衡的，都不是无为。

袁世凯多了不起，一代枭雄，本来可以多做一点事情，只可惜他不懂得顺应时势，在封建帝制气数已尽的时候想当皇帝。当然，他是被小人煽动的，但是，如果结束帝制真的是他的理想，他真的跟孙中山一样心向共和，他这样的人物，怎么可能因为别人而改变信念？所以，他跟黄袍加身的赵匡胤一样，不过是顺水推舟地做了一件自己也想做的事，但赵匡胤顺的是时代之水，袁世凯顺的却是欲望之水。于是，他就被钉在历史的耻辱柱上，成了遗臭万年的“窃国大盗”。所以，智者懂得顺势自然，永远不会逆天道而行事。

“无为无不为，辩证看万物。”只要懂得顺势而为，做很多事都会成功，所以，要辩证地看事情，不要纠结于表象，或一时一地。

“清净达于内，大者应外事。无执成天然，清净心自正。”清净是一种心灵状态，内心清净，没有欲望和执著的时候，看待事物自然会有大的格局，也自然会做到老子所说的大直、大辩、大巧等。反之，如果心不清净，任你如何努力，都大不起来。比如，心里还有功利的时候，你会不由自主地盯着你想要的东西——想要房子的，就会盯着房子；想要金钱的，就会盯着金钱。你不会管顺不顺势，只关心自己什么时候才能得到这些东西。所以，功利心就像拴马桩拴住了野马一样，把你的心给拴住了，你得不到自由，也谈不上大格局。最典型的例子就是谈恋爱，当你盯着一个女孩子，总想得到她的芳心，让她做你女朋友时，你的世界就被她给框住了。人们总说：当你喜欢一个人的时候，就看不到其他的人和其他的事情了。对于恋爱中的男生女生来说，这句话很浪漫，但对于追求自由的人来说，这句话就非常恐怖了，因为它意味着自己的心彻底失去了自由，失去了一个博大宽广的世界。所以，执著于什么，就会被什么所控，只有破除所有执著，让自己再也不执著于任何东西时，你的心才是自由的，你才能看到无垠的宇宙和万事万物，这时，你才会知道自己的人生目标是什么，然后好好地为自己活一回。

综上所述，本章讲了圣人的几个特点：大成、大盈、大直、大巧、大辩，而它们所对应的若缺、若冲、若屈、若拙、若讷，则是相应的外在表现。简言之，就是格局越大，境界越大，外表上看起来就越不起眼。那些看起来很了不起、高人一等的人，往往并没有多么了不起，就像那些满身名牌，看起来特别时髦光鲜的人，其实不一定多么有钱一样。真正的富翁不需要彰显自己的财富，真正的成功人士也不需要彰显自己的成功，因为他们非常自信，不需要世界来抬举他们。只有那些实现了一点小成功，就再也上不去的人，才会把尊严寄托在外表上，唯恐别人不知道他有钱有身份。

我也有几件名牌衣服，因为有人觉得我没有好衣服，就给我送了几件。雷贻婷的母亲马铃仙也买了布给我做衣服，她做得很好，我经常穿。在我看来，自家做的衣服虽然没牌子，但穿起来比名牌衣服舒服。当然，别人送的名牌衣服我也穿，但我每次穿，别人都看不出来。一天，有人说，雪漠老师的生活很朴素，总是穿一些地摊货。这时，陈亦新就会告诉他们，你们错了，我爸爸穿的都是名牌，只不过他把名牌都穿成地摊货了。为什么我会把名牌穿成地摊货呢？因为我不在乎名不名牌，也不需要它给我增光添彩，没有一点穿着名牌的派头，没有派头的时候，名牌的光环就消失了，别人也就看不出它的价格了。所以，只有自己还不完善的时候，才会在乎外相和别人的认可，一旦心灵达成圆满，生命变得完美，他就不会再在意外在的一切了，因为他不需要告诉别人自己很优秀。

本章的重点之一，就是强调内证智慧的重要，同时告诉你，人的本质和外相有时是不一样的，不要追求外相，也不要注重外界对自己的评价，要注重自己的本质。如果你不注重本质，只在外相上下功夫，就会偏离大道。

我见过很多这样的人，他们被外在的东西吸引了，把所有精力都用来追逐外相，就把本质给丢掉了。所以，对每个人来说，最重要也最本质的，是自己的心，一定要在心上着力，不要在表象上着力。表象再完美，也跟生命没有必然的关系，很多看起来很完美、得到很高评价的人，其实活得并不开心轻松。所以，心比一切都重要，它决定着你的生命质量，也决定着你的格局、境界、梦想和命运，它就是你生命的本质所在。

第四十六章

足

【原文】

天下有道，却走马以粪；天下无道，戎马生于郊。

罪莫厚于甚欲，咎莫憯于欲得，祸莫大于不知足。

故知足之足，常足矣。

壹 冷静头脑，以和平为道

天下有道，却走马以粪；天下无道，戎马生于郊。罪莫厚于甚欲，咎莫憯于欲得，祸莫大于不知足。故知足之足，常足矣。

本章的内容非常重要，它既影响了西部文化，也显示了西部文化与浙江文化以及目前流行的诸多文化之间的区别。当然，本章的内容影响的不仅仅是西部文化，还有中国的很多文化，但很多文化都被外来文化所影响，跟过去不太一样了，而西部文化受外来文化的影响不大，对原初文化保存得较好，所以，我们学习西部文化，就是在学习最原汁原味的中国传统文化，这也是我侧重于传播西部文化的原因之一。

我们都知道，对中国人影响最大的文化是儒家文化，它一直是中国的主流文化，讲究正心、诚意、修身、齐家、治国、平天下，讲究经世致用，换句话说，它偏重于当下介入。以老庄为代表的道家文化，偏重于终极超越，它代表了中国文化的另一个方面。因此，在儒家文化占有主流话语权的两千多年里，道家文化仍然影响了无数的中国人，并且作为中国文化的三大根系之一，一直传承至今。但是，喜欢道家文化的人始终不及儒家文化爱好者这么多，而信奉并依照道家文化改变生活方式者，就更少了。

“天下有道，却走马以粪。”这句话的意思是，如果皇帝的治理合乎大道，就会天下太平，这时，战马的作用就变成给田地制造肥料了。古人经常用牛羊的粪便来当肥料，因此他们会把牛羊圈到一个地方，在那里喂它们吃草，让它们在那里集中排便。地上积累了很多粪便之后，人们就会撒上一层土，把粪便给盖住，然后牛羊继续排便，人们继续撒土。循环上几次之后，人们就把夹杂着一层层泥土的粪块铲出来，用榔头把它们敲得粉碎，然后运到农田里当肥料，这些肥料看起来很像蜂窝，因为层层叠叠的，有非常多的小孔。为什么要这么处理？因为牛羊的粪便不能直接做肥料，否则会烧苗，马粪也是一样，也必须经过适当的处理。

注意，为什么我把“走马以粪”翻译成天下太平呢？因为马在古代通常被用于打仗，骑兵是骑马打仗的，战车也是靠战马来拉的，老子所处的春秋战国时期，就会经常用到战车。古时候，优秀的骑兵一般会有两匹马，一匹是走马（不打仗时骑的马，有人认为，古人所说的“走兽”就指这种马），一匹是战马（打仗冲锋时骑的马），蒙古骑兵的马更多，每人有三四匹不等。据说，霍去病带领骑兵长途奔袭的时候，一个人配了好几匹马。

为什么走马一般不上战场？因为走马有专门的步子，像中国旅游标志马踏飞燕中的那马一样。那种步子很轻快，适合走远路，而且走马的耐力也比较好，但走马没有战马那种百米冲刺般的爆发力，不能一下就冲到敌人面前，所以一般不会被用于打仗。张飞骑的乌骓马就是战马，关云长骑的赤兔马也是战马。《三国演义》中有一个叫周仓的人物，他平时专门给关云长扛大刀，而且刚开始他没有马，只能跑步跟着关云长，后来关云长怜惜他，想找一匹千里马给他，却找不到，只找到了一匹九百里马，于是周仓就扛着大刀骑着这匹九百里马，等马走不动了之后，周仓再把马扛在肩上，同时扛着大刀，追着关云长的赤兔马一路往前跑。当然，这是传说里的故事，但大刀不放在战马背上，也许是真事，因为关云长的大刀非常重，如果把那么重的大刀让战马扛着，走得久了，马就会非常疲惫，爆发力也会受到影响。而且，只要马匹充足，士兵们就不会一直骑战马，会给战马休息的时间，自己骑走马。所以，走马和战马在一些骑兵部队里是分开的。

走马不用再跟随部队长途跋涉，被养在马圈里，专门造粪，说明天下已经没有战事，部队不用再出征，老百姓终于可以安安稳稳地生活了。这句话有点铸剑为犁的味道，表达了和平盛世的美好。

古代，朝廷一般都有专门的马场，军队里的马，都是朝廷的马场提供的。西部的山丹军马场、邓马营湖，过去都是朝廷养马的地方。我在长篇小说《猎原》中写到的猪肚井，原型就是三国时期的邓马场，人们称之为邓马营。早年，凉州到处都是马场，"凉州大马，横行天下"，讲的就是当年的景象。

那时节，凉州为中原输送了很多——据说有时甚至有上百万匹——很好的战马，为中原王朝做出了巨大的贡献。因为，如果没有足够的好马，中原王朝就没有足够的骑兵，这样是很难打胜仗的，刘邦当年败给匈奴，就有这个原因，所以，汉朝一直很重视养马。文帝、景帝时期颁布"马复令"，以免役的方式鼓励民间养马，并在中央和地方设立专管马政的机构，中央由太仆管理，地方由马丞负责，力求饲养更多的马匹以备军用。穷兵黩武的汉武帝对战马更是无比重视，他老是到处寻找"天马"（也就是上等良马，汗血宝马和乌孙马都被汉武帝誉为"天马"），史书上有很多关于汉武帝如何爱马的记载，其中最有名的，就是他为了得到汗血宝马两次出兵大宛——当然，这只是一个出兵的名头，汉武帝攻打大宛的真实原因，是大宛屡次袭杀汉使、抢走财物，冒犯国威，如果不能出兵攻破大宛，西域诸国就会轻视大汉，臣服于匈奴，日后必成大患——前后共折腾了近四年，终于打败大宛，得到了上等马数十匹和中下等马三千余匹，可到头来却发现，大宛马虽然速度很快，却体形纤细，负重能力不足，并不适用于中原军队的作战。于是，付出巨大代价得来的汗血宝马，最终还是在中原军队中渐渐消失了。

而且，虽然汉武帝想尽办法搜集好马，民间也在拼命地养马，但汉朝的战马还是不算太多，因为汉武帝当政时期战事频繁，对战马的消耗极大。当年，李陵之所以只带五千步兵攻打匈奴，就是因为没有足够的战马可以给他。不过，李陵确实很厉害，虽然他只有五千步兵，在浚稽山与八万匈奴兵对战时，却仍然射杀了对方上万人，一度逼得匈奴王想要撤兵，最后因为遭到叛徒出卖，箭也射完了，又不见援兵，实在没办法了，李陵才会诈降匈奴，想要留住性命伺机回国。可惜汉武帝生性多疑，他不管李陵到底是怎样的人，也不管多年来李陵的忠心，只凭一时愤怒和小人之言，就对为李陵说话的司马迁施以宫刑，还灭了李陵三族，这才让李陵心灰意懒，真正地投降匈奴。所以，很多人都以聪明为荣，却不明白聪明没有大用，很多时候，坏事的恰好就是自作聪明。汉武帝如果能拙朴一些，不要对李陵有不必要的猜度——他先是因为路博德的上书而猜疑李陵，撤销了派遣援军的诏令，后来又听信小人的一面之词，相信李陵在帮匈奴练兵——就不会失掉近在眼前的胜利，也不会损失那么多兵马和一员大将，更不会伤了那些忠臣的心。但是，汉武帝到底在不在乎忠臣的伤心呢？他知不知道自己对李陵夷灭三族是个错误？说不清。他的感受只有他自己才知道，两千多年过去了，一切早就成了谜，就连史书上的记载有几分是客观事实，有几分是史官的个人见解，我们也无从分辨。我们虽然可以根据他后来的行为大胆地想象，但那终究只是我们的想象，不一定是真相。而真相到底怎么样，其实也并不重要。对世界和历史来说，重要的不是汉武帝的情绪，而是他的行为和选择，因为，影响中国格局乃至世界格局的，是汉武帝的行为和选择。

再说李陵，李陵为什么能以少胜多，以五千步兵之力压制数万匈奴骑兵？因为汉朝的武器非常强大。自从刘邦战败后，汉朝除了致力于养马，也在改良武器方面下了很大的功夫。战国时期，中原就发明了一种弩，这种武器由弓箭改良而成，因为加入了机械力量，具有非常强大的远程杀伤力，比一般的弓箭射程更远，对使用者的臂力要求也不算太高。使用的时候，弩手只需要张开弩弦，以弩机扣住，再把弩箭放在弩臂上的矢道内，然后瞄准目标，扣动弩机，弩弦便会立刻回弹，将弩箭射出很远，其原理很像现在的手枪。有西方学者说，中国战国时期的弩，可以与近代的来复枪相媲美。

刘邦征匈奴时期，汉军就有了非常强大的武器。那为什么刘邦和李陵同样有弩，同样只有步兵，但刘邦战败，几乎丧命，李陵却可以重创匈奴？因为刘邦被冒顿单于设计包围，犯了轻敌的错误，李陵却从一开始就处于绝对劣势，一直很警惕。当然，此外还有很多原因，比如汉朝的国力。刘邦与匈奴作战时，汉朝的国力并不强大，中原连年征战，早已元气大伤，而李陵与匈奴作战时，汉朝已经休整了数十年，"文景之治"更是为汉朝打下了很好的基础，无论是经济上，还是军事上，实力都不能与刘邦时期同日而语。再者，刘邦的军事能力也不一定能比得上李陵。韩信说刘邦最多只能带十万兵，这不一定是他的傲慢，刘邦的军事能力也许真的很一般。

当然，这都是题外话了——但很多题外话并不是题外话，因为，在明眼人看来，每一个故事，无论历史还是当下，都散发着老子智慧的光芒。他们于是发出了感慨，觉得人真的应该学学老子，学学《道德经》，让自己有智慧，因为，很多事情只是一个念头的差别，而念头之所以有差别，正是因为有些人有智慧，有些人却错把聪明当成了智慧。比如，同样生活在春秋战国时期，有些人整天想着如何建功立业，老子却想着如何在逃避名利的同时，把止战的智慧传播出去。正是这一点不同，构成了两者截然不同的命运。

我们透过史书可以知道很多名字，很多故事，但有多少故事，多少名字，能真正对我们产生意义，影响我们的生命呢？不会太多。当然，司马迁的故事感动着我们，苏武的故事也感动着我们，嵇康的故事感动着我们，文天祥的故事感动着我们，但影响我们一生的，也许不是他们，而是老子、庄子、佛陀这样的人。想到这一点的时候，我有一点心酸，但另一方面我又是欣慰的，因为，能把人生的故事留在史书上，感动一代又一代人的英雄，其实并不在意自己的故事能够带来怎样的影响，他们只是这样活着，这样选择而已。这就是他们的崇高，一种平凡又不平凡的崇高。虽然他们不能像老庄那样，启发无数的人，也不能像佛陀那样，点亮无数的心灵，但他们永远代表了我们心中的星辰大海，永远温暖着我们的心灵。

我们再回到第四十六章。这一章是老子对中国文化最重要的贡献，因为，他把有没有战争设定为是否合道的判断标准，认为合道者不兴战事，和平共赢；不合道者总是打仗，总是伤人。这一思想对中国的影响非常大。

贰 盛世的背后

我们不能小看这一章的内容，它影响了中国两千多年，最典型的例子就是“文景之治”。不过，“文景之治”前，萧何就已经制定了一系列薄赋轻徭、与民休息的政策，确定了以黄老之术治国的主旨。吕后对此也是认可的，所以，刘邦去世，刘盈即位，吕后成为实际掌权人，直至后来萧何去世，曹参接任相国，也一直没有做出改革，而是沿用之前的政策，这就是成语“萧规曹随”的由来。

据说，曹参当年没有提过任何改革的建议，甚至没有对汉惠帝做过什么有建设意义的汇报，只是开除了一些巧言令色、追名逐利的官员，只留下了一些笨拙木讷的人，就连下属官员饮酒作乐，他也不加管制，反而参与其中。汉惠帝对此十分不解，就叫曹参的儿子去规劝他的父亲，但曹参不知道儿子是受皇帝所托，就把儿子打了一顿，叫他不要多管闲事。汉惠帝听说后直接叫来曹参，说他儿子是自己派去的，他不该把儿子揍一顿，然后又问了几个问题。曹参就问惠帝，您觉得您比高祖如何？汉惠帝说，我当然不能跟先帝相提并论。曹参又问，那我比萧何如何？汉惠帝说，你好像也不如萧相国。这时，曹参不但没有生气，反而对汉惠帝说，这就对了，既然您不如高祖，我不如萧何，我们为什么要改动已经确定且证明有效的政策呢？还是沿用旧政，让老百姓自由地发展生产吧。汉惠帝觉得很有道理。

不过，汉惠帝也有他的建树，比如废除挟书律，鼓励民间献书藏书、恢复旧典等，算得上是一个有理想的帝王，可惜他的个性中缺乏一种刚毅的力量，亲眼看到母亲吕后的狠毒之后就一蹶不振，从此借酒浇愁，结果损伤了身体，二十四岁就驾崩了，在位时间只有七年。

吕后能把过去的情敌做成人彘，可见她的狠毒，但明知儿子仁厚，却带着儿子去看人彘，这就不只是狠毒的问题了，说明权力已经把她异化了，让她违背了母亲疼爱儿子的天性。这也是“咎莫憯于欲得，祸莫大于不知足”。但她同时又是黄老之术的拥护者，在治国方面用的也是老子的无为而治，司马迁在《史记·吕太后本纪》中对她的评价是：“政不出房户，天下晏然。刑罚罕用，罪人是希。民务稼穑，衣食滋殖。”可见，她确实是一个很好的帝国管理者。从她的身上，不难看出很多统治者对老子智慧的态度——他们愿意用老子智慧来治国，也愿意学习老子的谋略，却不愿实证老子的大道智慧，这一点实在很可惜。

文帝景帝更是黄老之术的拥护者，他们都喜欢读《道德经》，他们沿用黄老之术来治国，几乎是理所当然的事情。但他们也跟吕后一样，在做人方面有自己的局限，尤其是汉景帝，他明知晁错提出削藩是对的，但七国之乱时，他还是采纳袁盎的建议，将晁错腰斩于东市。要知道腰斩不同于斩首，斩首马上就会死去，腰斩却会拖上很久才死，而且整个过程中人是很清醒的，所以，它虽然没有凌迟那么残忍，却也是一种非常残酷的刑罚。汉景帝不但能牺牲忠臣，让他成为炮灰，还对他使用腰斩这样的刑罚，这说明汉景帝是一个非常冷酷的人。但是在治国方面，他和汉文帝一样，也是一个明君，他们不但施行无为而治，在一些政策方面还能以身作则，比如生活节俭、春种时亲自下地耕作等。所以，他们在位的几十年中，老百姓的日子过得越来越好，国家也越来越稳定繁荣，经济更是蓬勃发展，国力日渐强大，一改刘邦建国时的民生凋敝，实现了中国进入帝国时代后的第一次盛世，史称“文景之治”。

汉景帝驾崩，汉武帝即位之后，情况就出现了逆转。雄才大略的汉武帝不甘于休养生息，喜欢积极进取的儒家学说。刚开始因为窦太后极力主张维持旧政，汉武帝只能继续以黄老之术治国，窦太后死后，汉武帝便马上推翻旧政，制定新政，并且开始穷兵黩武，不断拓展汉朝的版图。

虽然正史对汉武帝的功绩持肯定态度，但老百姓的悲惨是毋庸置疑的。按“天下有道，却走马以粪；天下无道，戎马生于郊”的标准来看，汉武帝的治国方针肯定是不合道的。不过，汉武帝晚年发现了自己的错误，写了“轮台罪己诏”，相当于向全国人民交了一份检讨书，虽然这份检讨书并没有反省自己所有的错误，但作为九五之尊，能做到这一点已经很不容易了。更何况他在写了“轮台罪己诏”之后，就再也没有发动过战争，可见他是真心忏悔的。注意，因为这份忏悔之心，汉武帝不管曾经多么穷兵黩武，做过多少错事，也称得上是一个了不起的君主。

唐代也有很多皇帝信奉老子学说，唐太宗甚至把老子视为自己的祖先（因为老子的真名叫李耳），所以，唐朝也出现了盛世，如“贞观之治”“开元盛世”等。其实，中国历史上所有的盛世，都必然符合“天下有道，却走马以粪；天下无道，戎马生于郊”的观点，就是说，只有统治者不打仗，也不欺负老百姓，让老百姓安安稳稳地自由发展，中国才有可能出现真正的盛世；假如连年征战，老百姓备受压迫和剥削，国家是很难繁荣富强的。

当然，老子的观点主要还是立足于中国国情的，如果俄罗斯人照搬黄老之术来治国，也许就不会出现盛世之象了。为什么？因为中国人的民族个性跟西方人不一样，中国老百姓很勤劳，很聪明，又有创造力，只要政府不折腾，让老百姓自己发展经济，他们就能把经济给搞起来。当然，如果政府不但不折腾，不干预，还给予一定的政策支持，比如汉朝的薄赋轻徭，中国老百姓就能发挥得更好。

老子为什么要在《道德经》中加入止战的内容？就是因为春秋战国时期的统治者太不知足，总想建立更大的功业，导致民不聊生，老百姓就像生活在地狱里一样。这对老子的触动非常大，因此他开始反思，最后把有没有战争设定为有道还是无道的标准。当然，西方智慧和东方智慧不一样，西方可能会有别的说法，但老子的标准符合全人类的利益，是一种普世的智慧，也是一种非常重要的思想，如果西方世界能真正地汲取其中的营养，辩证地运用在自身的治理之中，那么世界的景象，恐怕会比现在和谐美好得多，也繁荣得多。

现在是有些国家很好，有些国家却深陷战乱之苦，而战乱又带来了疾病、饥饿和贫穷，所以当地老百姓的生活可以说苦不堪言。我之前看过很多关于那些国家的新闻照片，很多画面都让我非常痛心，其中有一幅拍摄于 1982 年的照片，更是深深地震撼了我。那张照片里只有两只手——白色的大手托着黑色的小手，那只黑色的小手干瘪得就像一截枯黑的骨头，也像是科幻电影里外星人的手，你很难想象，它竟然是一个活着的乌干达小孩的手。连年战乱，没有尽头的饥荒，夺走的东西实在太多了。所以，战争真是人类释放贪欲最邪恶的一种方式。当你深深地明白战争的邪恶时，就会由衷地感叹老子的智慧。因为他明确地告诉世界，有道的统治者会守护和平，无道的统治者才会让国内战乱频发，民不聊生；有道的统治会带来富强、繁荣和盛世，无道的统治只可能带来灾难和衰落。所以，聪明的统治者懂得知足常乐，不会过分地贪求土地、财富、声势和人民，也不会发动野心勃勃的战争。

最早的时候，孔子也是这样，他追求仁，追求世界大同。注意，仁就是不折腾，不欺负，不发动战争，世界大同就是和平共赢。但后来的儒生学偏了，他们认为治国平天下就要建功立业，于是就开始推动战争，借战争实现个人价值。其实，孔夫子从来没有鼓励弟子去建功立业，他最得意的学生是颜回，是一个战胜自己的典范，他的学说不是用来战胜世界的，包括他所说的"治国平天下"，也不是用战争征服天下的意思，而是通过智慧的治理，让天下太平。

元代的张养浩在《山坡羊》中说道："峰峦如聚，波涛如怒，山河表里潼关路。望西都，意踌蹰。伤心秦汉经行处，宫阙万间都做了土。兴，百姓苦；亡，百姓苦。"他想说的是，自己走过了一条旧路，看到了很多熟悉又陌生的景物，也想起了一些相关的旧事，于是生起感慨，觉得国家或朝代兴起的时候，受苦的是百姓；国家或朝代灭亡的时候，受苦的也是百姓。为什么受苦的总是百姓？因为推动朝代更替、国家兴亡的，总是战争。类似的思想，其实都是老子思想的延伸，所以，老子的思想直接影响了中国文化，包括中国主流文化。

叁 当老子思想处于下风时

老子思想处于下风，不被人重视的时候，整个环境会怎么样？比如，法家思想如果占上风，就会出现秦始皇那样的人，他会灭掉六国，焚书坑儒，不让民众有反抗的可能——当然，正史将秦始皇统一六国作为一项功绩，从历史的角度看，统一也确实有其好处，如果没有秦始皇当初的统一，也许就没有后来的中国。但中国之所以能形成现今的局面，靠的并不是战争，而是和平发展。

当时秦国打仗是以人头记战功的，你拿到多少人头，就可以换多少战功。他们砍下人头之后，会把人头上的头发绑在马上——要是步兵，还得自个儿背人头——杀的人越多，马上挂着的人头就越多，每个人都看得见。比如，战局开始之前，上头告诉士兵们这次要杀六千人，每个士兵要砍五个人头，那么战局结束之后，活着的士兵就必须在马上挂五个人头。你想一想，五个人头挂在马上，随着马的奔跑一路跳动，那场面有多恐怖？很多人只知道秦始皇很厉害、秦军是虎狼之师，也总是赞美秦始皇这样的人，说他雄才大略，是千古一帝，却不知道这种厉害背后的真相。如果知道真相，他们会做何感想呢？总之，秦始皇指挥着虎狼之师，在腥风血雨中统一了中国，建立了一个庞大的国度，把六国的财富都聚集到咸阳，然后建立了阿房宫。当时修建的阿房宫据说有八百里——当然，这也许不是真实的数字，古人之所以使用这个数字，也许只是为了凸显阿房宫的雄伟壮观。看过杜牧《阿房宫赋》的人都知道，当时的阿房宫确实雄伟辉煌，它象征着秦始皇的功业，但它后来也像秦始皇的功业一样，很快就消失在历史的风沙之中了。所以，“了不起”的皇帝们总是相信野心，以为野心会让他们得到很多东西，却不明白能够得到的也会很快失去，终究不会属于他们，而他们自己也会很快变成历史的尘埃，消失于世界的舞台，即便在史书上留下名字，也没有太大的意义，很快还是会被人忘记。

总之，法家、儒家和道家总是交替上台。中国古代的统治者很聪明，他们发现了文化的巨大影响力，于是，有些统治者就将治国方针调整为外儒内法，也就是表面看起来是儒家，内里还是法家。为什么要以儒家为表？因为儒家文化比较端正，以儒家为表，容易凝聚人心、教化人心，而法家类似于儒家走偏后出现的产物，比较极端。

秦始皇建立帝国的时候，满以为它会千秋万世，谁知道秦朝在秦二世的时候就灭亡了。他自己也极力地想要长生，想要永久地享有富贵权势，却也只活到四十多岁，就死在了半路上。这一切他都没有想到。如果能想到，他恐怕就不会劳民伤财地建造阿房宫了。《增广贤文》中有一句话说得很形象：“良田万顷，日食一升；大厦千间，夜眠八尺。”拥有的田地再多再好，每天也只吃一升粮；房子再多再大，晚上也只睡八尺地——其实这里还少说了一句话，那就是“得到一切，死后让人”。哪怕你天下第一，整个世界都被你抢到手，你一旦死掉，它们也就不是你的了。注意，吕后和汉文帝、汉景帝之所以选择以黄老之术治国，与民休息，除了国力空虚，民生凋敝，再也承受不了更多的战争之外，也是因为秦始皇的命运让他们有了反思。毕竟，那么庞大的一个帝国，说灭亡就灭亡了，这对统治者的冲击是很大的。所以，每一次推翻暴政之后，统治者都会用道家文化来治世，这时，老子思想就会占上风，老百姓就会迎来一个很好的时代。这也是老子的崇高之处。

古往今来，老子思想影响了很多哲学家和思想家，包括西方的哲学家和思想家，比如海德格尔和托尔斯泰等人。托尔斯泰是老子的“粉丝”，他非常认真地研究过《道德经》，特别推崇老子，他的短篇小说《一个人需要多少土地》，就是典型的老子思想的形象化表述。小说中写道：有个农民最开始没有自己的土地，很想拥有自己的土地，好养家糊口，后来终于得到了一块不大的土地，生活也得到了很大的改善，从佃户变成了小地主，但他并不满足，当他听说别处有更好的土地时，马上变卖田产，在那个地方买了地，举家迁了过去。但很快，他又觉得不满足了，想拥有更多的土地。这时，有人告诉他某首领拥有很多土地，而且很便宜，自己只用一千卢布就买了五百多公顷土地，他一听就动心了，于是就带着礼物去找那个首领，说自己想买地。首领告诉他，你在日落前无论能圈多少地，我都可以一千卢布卖给你，但你必须日落前返回，否则不但得不到任何土地，还要给我一千卢布。这个农民很开心，第二天一大早就带着仆人坐了牛车去找那个首领，首领一行人带着他们去了一个小山丘，然后告诉了他们圈地的方法，农民就拿着铁锹、水和面包出发了。他走过了很多很好的土地，但总是觉得不够，总是觉得前面的地也很好，他也需要，于是就一直走，走到太阳快下山了，才飞速地往回赶。他跑啊跑啊，无论多累都不敢停下，为了能跑得快一点，他把外套、水和铁锹等物件都给扔了，好不容易才在日落前一刻回到首领面前，但是，就在达成交易的那一刻，他却吐血死去了。这个故事有一点契诃夫小说的味道，有点讽刺，但更多的是悲悯，尤其是结尾的那一句：“帕霍姆最后需要的土地只有从头到脚六英尺那么一小块。”这个主人公到死都不知道，原来自己需要的土地就只有这么一点。现在有很多房地产开发商也是这样，他们盖了很多房子，却始终觉得别的地皮也很好，还想盖更多的房子，一旦灾难来临，或者盖好的房子卖不出去，他们就可能会一无所有。那些买房的人也是这样，他们不管买了多少房子，都会觉得别的房子也很好，很想自己也能拥有，更希望将来这些房子能升值，让自己赚大钱，可一旦经济动荡，房价下跌，或没人买他的房子，他就会一无所有，甚至负债累累。所以，何必这么不知足呢？那个叫帕霍姆的农民本来可以生活得很好，衣食无忧，但他偏偏不能知足，到了最后，他觉得自己实在赶不上了，那一千卢布要白白给人家了，才觉得自己不该这么贪心，可如果他真的赶到了，而且没有被累死，得到了他圈下的所有土地，那么他以后肯定还会期待更多的土地，他的追求是不会终止的，直到死亡。

肆 神灵也满足不了的『渔夫老婆』

俄国诗人普希金写过一个童话故事，叫《渔夫与金鱼的故事》，童话里有一对年老贫穷的渔夫夫妇，丈夫又老实又懦弱，是个妻管严，妻子很厉害，脾气很大。有一天，老渔夫出海打鱼时打到了一条金鱼，他正觉得纳闷，不知道金鱼怎么会在海里，谁想金鱼却开口说话了。它说："老人家，你放了我吧，如果你肯放了我，我会满足你所有的愿望。"老实的渔夫却拒绝了，说他什么也不需要，然后祝福了金鱼几句，就把它给放了。回家之后，老渔夫迫不及待地把这次奇遇告诉了妻子，结果妻子一听就火冒三丈，骂老渔夫是个傻瓜，还说："这么好的机会，你怎么能不提要求呢？哪怕只要一个木盆也好啊，我们那个木盆都破得不成样子了！"注意，妻子这时开始提要求了，虽然她要的只是一个木盆，并不过分，但只要向人张口要东西，就失去尊严了。然而老渔夫很怕妻子，不敢不听她的话，只能磨磨蹭蹭地走到海边，开始呼唤金鱼。没多久，海面有了动静，金鱼乘着浪花出现了。它问老人需要什么，老人说："行行好吧，鱼娘娘，我家的老太婆太糟糕了，她非叫我跟你要一个新木盆。”金鱼说：“不要紧的，你回去就会看到新木盆了。”老渔夫回家一看，老太婆身旁果然放着一个新木盆，还挺漂亮的。但老太婆一点高兴的样子都没有，仍然黑着脸，一见老渔夫回来，又破口大骂说：“你这个老不死的，怎么能真的只要一个新木盆呢？哪怕要一栋新房子也行啊，我们住的这个破泥棚都破成什么样了，你看不见吗？还不赶紧去！”于是老渔夫又一脸为难地来到海边，呼唤金鱼，金鱼再一次满足了他的要求，但老太婆还是不满意，又逼着老渔夫去提要求，而且一次比一次过分，先是叫金鱼让她做贵妇人，然后叫金鱼让她做女王，最后甚至想当海上女霸王，还要金鱼做她的丫鬟，供她使唤。金鱼听完这个要求之后，什么都没有说，只是摆了摆尾巴，转身潜进了大海里，之后再也没有出来过。老渔夫等不到金鱼的答复，只好惴惴不安地去找老太婆。快到的时候，他远远一看，却发现皇宫没有了，卫兵没有了，华贵的一切都没有了，穿着一身破衣服的老太婆坐在小泥棚门口发呆，身边还搁着那个破木盆。

这个故事流传很广，寓意也很深刻，非常符合老子的观点。

老子思想对西部文化的影响也很深，西部的很多民歌里都有这种智慧，我在中篇小说《长烟落日处》里，记录过一首西部民歌的其中一段唱词：“终日奔波为充饥，有了吃的便想衣；衣食两样都具备，又嫌庄房少供基；庄房天地都齐备，房中又无美貌妻；娶了娇妻生了子，又嫌没有骏马骑；槽头有了高马匹，又想高官把人欺……”这段唱词非常朴素，但充满了老子智慧。“终日奔波为充饥，有了吃的便想衣”，最初是为了吃饱肚子而终日劳碌，但肚子一旦吃饱，就会变得不满足，开始想要穿上好衣服，而且最好能是名牌。“衣食两样都具备，又嫌庄房少供基”，吃穿都不缺了，又嫌自己住得不够好，家里没有供先人的地方。“庄房天地都齐备，房中又无美貌妻”，有了很好的房子，可以供奉祖先天地了，又觉得自己还缺一个美貌的妻子。“娶了娇妻生了子，又嫌没有骏马骑”，有了美貌的老婆，生了乖巧的孩子，却还是觉得不满足，嫌自己没有高头大马可骑。“槽头有了高马匹，又想高官把人欺”，家里有了高头大马，又想当官欺负一下别人，不想老是被别人欺负——你发现了没有，用这段唱词来形容现代人的状态，好像也挺恰当，一点都不违和，可见，即便过去了几千年，人也还是不会改变，让人快乐愤怒、让人陷入灾难祸患，或让人进步向上的，还是那些东西，这就是老子智慧能穿越千年岁月，照亮今日之时代人心的原因。

很凑巧的是，前些年，我看到一本名叫《解人颐》的格言书，此书编于明清之间，收录了很多流传于民间的文字和唱词，种类不一，或教化人心，或令人捧腹大笑，其中有一段话跟上面的唱词很像，却不完全一样，不知道是不是收集者也听过这首民歌，然后做了一些修补，我也给读者分享一下：“终日奔波只为饥，方才一饱便思衣。衣食两般皆具足，又想娇容美貌妻。娶得美妻生下子，恨无田地少根基。买到田园多广阔，出入无船少马骑。槽头扣了骡和马，叹无官职被人欺。县丞主簿还嫌小，又要朝中挂紫衣。若要世人心里足，除是南柯一梦西。”前面说到当官，那是不是能当官就满足了呢？当然不是，当了县官还会想当州官，当了州官又想当宰相，当了宰相就想当皇帝，当了皇帝还想当上帝……所以，人类的欲望是永无止境的，只有在梦做到一半就死掉时，人才可能觉得满足。比如韩信，他当初在项羽手下没有发挥的机会，后来到了刘邦手下可以发挥了，还得到了刘邦的重用，这已经比过去好多了，但他不满足，竟然乘人之危要挟刘邦，逼着刘邦立他为王，这成了他后来被杀的种子。

所以，很多帝王虽有“狡兔死，走狗烹。飞鸟尽，良弓藏”的心理，但会不会付诸行动，除了取决于帝王本身的人格之外，也跟功臣的应对之道有关系。最好的应对之道当然是像张良、范蠡那样，离开是非之地，做更值得做的事，但假如做不到，也至少不要学韩信、许攸，要学会节制自己的欲望，把眼光放在能留得住的事情上面，不要无休无止地追逐留不住的欲望。

前段时间，很多朋友都在为我出谋划策，想要让我拥有一个更大的事业，有时，我也会觉得他们说得有道理，我可以尝试一下，但每当动了这个念头，我就会想到死亡。为什么？因为我知道自己将来一定会死。有生必有死，我们可以尽量地延长生命，让自己的时间能尽量地多一些，多做一点自己想做的事，但我们改变不了死亡的结局。因此，我总会追问自己：再过几年我就六十岁了，人生还剩下多少年？是二十年、三十年，还是四十年？精力非常旺盛、身体也能自控的时间又有多久？是二十年，还是三十年？我值不值得花费黄金般的生命，去打拼那个更大的事业？这么做有什么意义？而且，就算我真的去尝试了，也做出了一些成绩，它最后也不会属于我。与其这样，我更想做一些对我来说更有意义，也不会给别人带来麻烦的事情，为世界贡献一种别人贡献不了的东西。所以，即使有无数的机会在商业上走得更远，得到更大的成功，我也总是知止，知足而长乐。

从某种程度上说，这也是老子思想带给我的智慧。为什么？因为它告诉我，“咎莫憯于欲得，祸莫大于不知足”。很多时候，前进一步就能拥有很多财富，但与此同时，你也会增加很多麻烦，有时还会增加很多风险。你可以想一想是不是这样。

我打个比方，以前住在小房间里很简单，房租便宜很多，也不用收拾太多地方，而且房间小的时候，就不用买那么多杂物，减少了很多物累。而且，住在小房子里多温馨啊，如果搬到大别墅里，光是搞卫生就会累死你。如果你不想累，就要请钟点工，这时你就要面试很多人，或是试用很多人，去找到那个你觉得又老实、又负责任、又细心的人。所以，找钟点工或保姆也是很麻烦的事情，如果没找好，麻烦就会更多。如果房子更多，有两个以上，甚至有四五个，那就更麻烦了，因为你一年住不上几次，肯定要租出去，但租出去之前你必须装修，还要交物业费。租出去之后，如果租户不省心，把你的房子搞得非常糟糕，甚至在你的房子里做一些不法的勾当，你就会更加麻烦。如果你不想麻烦，就要请人管理房子，定期搞卫生，这又是另一种麻烦。总之，得到的越多，麻烦就越多，天下没有白吃的午餐。所以，当我听说有个温州企业家得了肝癌还买了五百套别墅时，我就非常感慨，因为他明明知道自己带不走这些别墅，却还是要买，不舍得把钱用来做其他更有意义的事。但他也不是个例，他代表了一个庞大的群体——被欲望化的环境腌透，完全失掉个人判断力，完全失掉精神追求的一个群体。

我无数次地赞扬这个时代，认为这个时代给了我们很多做事的条件、工具和平台，现在想要做成一件事，比起玄奘时代要容易多了。玄奘从印度来回一趟，几乎用掉了二十年，我们坐飞机几个小时就可以到印度，如果不算在印度学习的时间，那么来回就不超过一天，更不用像他当初那样，九死一生，差点被当成供品祭祀天神。我们甚至有可能不用去印度，因为只要在网上联系到相关的人，对方就可以把我们需要的资料发过来。现在，我们都是通过网络跟国外的翻译家联络的，非常方便。这个时代的许多条件，是玄奘那个时代想都不敢想的。但这个时代所提供的便利、平台和工具，也相应地加重了人心的欲望。就像我前面所说的，世界上从来就没有免费的午餐，得到某种东西，就必然会付出某种代价。时代的便利带来了喧嚣，带来了诱惑，带来了迷失，也带来了欲望的膨胀。从那个明知得了癌症还要大量买房的企业家身上，我们就可以看出当代人的欲望已经膨胀到多么恐怖的地步。其实，他完全可以退一步，从企业管理等红尘事务中抽身出来，把剩余的时间用来享受跟亲人在一起的温馨，享受大自然的和谐与美好，看看星星，看看月亮，享受一份从容和诗意，但他的眼里没有这些，他只能看到自己的欲望和焦虑。我想，他也许并没有真正意识到什么是死亡。因为，如果一个人真的发现了死亡，明白了生命的真相，他就会明白自己该怎么取舍，该做什么。所以，我们每一个人都应该多想想死亡，不要总是觉得生命还有很长。

过去的生命永不再来，没必要用它来换一些留不住的东西，比如那些别墅。那些别墅是什么？是一些砖头水泥等建材。这些东西不仅生不带来死不带走，你活着时它们也不一定会一直属于你，因为你只有七十年的使用权。国家一旦有建设需要，就会给你安排另一个地方，或给你一笔钱，然后把你的房子推倒重建——它们固然有可能会升值，但再多的财富都只是数字，跟你有关系的，只有你需要和用掉的那部分。难道你能把财富当食物，吃下去吗？别说银行存款你吃不下去，金条你肯定也吃不下去。所以，现在很多富翁动辄资产几十亿元甚至上百亿元，其实都只是一个数字，除了带来一些情绪之外，没有太大的作用。当然，人如果得了大病，这些钱就有意义了，因为它们可以帮你看病，但金钱买不来生命，我们还是没必要用生命去换取财富，更没必要把仅余的生命用来敛财。

生命太宝贵了，用它来满足一些很快就会消失的贪欲，实在太浪费了。生命应该用来做什么呢？应该用来铸就灵魂，用来让自己实现一种质的飞跃，从一个没有智慧、没有慈悲的人，变成一个既有智慧又有慈悲的人，并且能够不受欲望和环境的支配，独立于世，贡献世界。那财富又是用来做什么的呢？一是用来满足生存的基本需求，二是用来贡献社会。

今天我还和朋友们谈到了胡雪岩，胡雪岩的故事多好啊，他一生轰轰烈烈，虽然最后留下的只有胡庆余堂，没有别的，包括财富，但温暖我们至今的恰好不是别的，而是他贡献社会的行为和精神。

我也经常谈到左宗棠的侯府，他当年花了那么多心血，把侯府修得那么好，却终究没能留给他的子孙——越是豪华，越是处在黄金地段，越是风水宝地，就越是容易引起别人的贪欲，也越是容易为其主人招来嫉妒。有时的嫉妒只会让他们失去房子，但有时的嫉妒却会让他们失去性命。

汉武帝当年惩治了很多豪强地主，虽说是为了强干弱枝，但说到底，还是因为他们占有过多的财富，又不懂得回馈社会、贡献社会，让汉武帝觉得他们很扎眼，不能不收拾他们。相反，如果他们虽然有钱，却能贡献社会，让老百姓活得很开心、很安稳、少了很多怨言，社会因此变得更加稳定和谐，少了很多暗涌，皇帝怎么会觉得他们扎眼呢？所以，那些将财富用于服务社会、贡献社会的企业家很聪明，他们知道财富来源于社会，就该回馈于社会，这种认知会给他们带来无穷的善缘，很多人都会被他们吸引，跟他们一起做事，这时，他们的事业也会越来越大。

伍 无我无贪时，和光照大千

针对本章内容，我也写了一首偈子，下面以偈子为线索进行讲解。

天下有道时，铸剑而成犁。
放马归山林，开天更辟地。
暮观月亮升，朝观太阳起。
四季有风光，触目皆诗意。
四大能调和，延年成大福。
天下无道时，戎马生于郊。
枕戈以待旦，斩竹成武器。
家家有死者，腥风并血雨。
乱世之英雄，罪恶之刑徒。
战火烧天边，爆声碎尸体。
穷兵黩武时，人间是地狱。
祸之起因处，是人大贪执。
无我错有我，没人想到死。
秦王并六合，建宫八百里。

谁料二世亡，楚人成一炬。
我为一骗局，四大并念头。
执身而生贪，烧心八苦集。
大贪无节制，放纵诸情欲。
欲得而不得，嗔火遂烧兮。
战争源于贪，烦恼亦因痴。
知足而常足，发展有节制。
修道亦知足，斩却诸贪欲。
文息开心田，温养成常事。
知足住当下，得陇不望蜀。
常耕心之田，无求而慎独。
庭前相对月，今日重新举。
打破赵州关，特地寻言语。

1. 天下有道时，处处好风景

天下有道时，铸剑而成犁。
放马归山林，开天更辟地。
暮观月亮升，朝观太阳起。
四季有风光，触目皆诗意。
四大能调和，延年成大福。

“天下有道时，铸剑而成犁。放马归山林，开天更辟地。”统治者有道的时候，天下没有战争，武器被熔掉做成了耕地的犁，战马和走马都被放归山林，天地间一派和平繁荣的景象。

注意，“铸剑为犁”是一个非常好的成语，它就是老子所说的

"天下有道，却走马以粪"。因为，铸剑为犁、走马以粪说明天下已经没有战事了，杀人的剑成了活人的犁，运输战士和战争物资的走马，也被用来造粪肥田。这些都是和平年代非常美好的标志，意味着老百姓生活得很好，很平安。

"暮观月亮升，朝观太阳起。四季有风光，触目皆诗意。"社会稳定繁荣的时候，老百姓会怎么样？会活得非常安心。这时，他们就有了享受生活的心情，能够从容地活着。傍晚看着月亮升起，早上看着太阳升起，欣赏四季所独有的风光，享受无处不在的诗意。谈过恋爱的朋友都知道，与恋人并肩行走在月色里的感觉非常美妙。当然，不谈恋爱，自己享受月光也很美。远离城市的灯光，在皎洁的月光下漫步于小路上，那份诗意，那份自由，是无法用言语来表达的。

十多年前，我第一次坐飞机出国。当时是去罗马尼亚参加文化节，一直坐了十几个小时的飞机。很多人一上飞机就睡觉了，但我没睡，因为我不想错过沿途的风景，也想抓紧时间写点东西。那次很幸运，我分到了一个靠窗的位置，稍一扭头，就能看到窗外那奇形怪状、无边无际的云海。云海的美，让我一次次惊叹不已，我总想把这种美告诉别人，让别人也去看一看，但我四处张望，却看不到一个能分享的人，因为大家都睡着了，包括很多作家。到了黑海上空的时候，我透过云海的缝隙，看到了蔚蓝的大海，那种景象就像童话一样美好。我瞬间被震撼了，也马上产生了一个念头：这么美的景色，朋友们看不到太可惜了，我起码要叫醒一个人，让他能看一看。但我该叫醒谁呢？那一刻，我想到了一个女作家，因为她坐在跟我同排的另一个靠窗座位上，于是我降低音量喊了她一声——我本想走过去叫她的，但身边的乘客正在睡觉，我不想打扰别人——结果很多人都被我吵醒了，尤其是我身边的人，他们看起来就像遇到恐怖分子一样惊慌，可能是被我吓了一跳。我道了歉，就过去把女作家给叫醒，告诉她这会儿的黑海美极了，叫她赶紧看一看。但她只是稍微看了一眼，就继续睡觉了，其他人也是一样。这个细节虽然很小，却让我非常感慨。

为什么美好的风景不能打动他们？因为他们的心是满的，装了很多世俗的思虑，已经装不下大自然的诗意，对美好的风景也失去了兴趣。好不容易从疲惫不堪的陆地生活中暂时抽离，他们只想好好地休息一下，不想再理会任何事情。所以，感受美好需要清空心灵。如果心里装满各种执著和思虑，人就很难感受到生活中的美好。有些人一回到家只想看电视、打游戏，什么话都不愿说，什么事也不愿做，就是因为心里的事情太多了，人觉得很累。这时，他不但会忽略生活中的美，还会忽略身边人的感受，包括自己的老婆孩子和亲朋好友，有时，他们甚至会忽略自己的感受。久而久之，他们就会觉得生活很乏味，人生很乏味，连快乐是什么感觉都不记得了。我有个学生的哥哥就是这样，不过，他后来差点遭遇了死亡，就把很多思虑给放下了，非常珍惜跟家里人在一起的每分每秒，人也快乐多了，还长胖了许多。所以，我们不要忘了“四季有风光，触目皆诗意”，要学会后退一步，换个角度看风景，让自己的心灵和身体都休息一下。

“四大能调和，延年成大福。”“四大”是地、水、火、风四大元素，传统说法认为，人的身体是由地、水、火、风这四种元素构成的。其中，“地”代表骨骼，也就是固体的物质；“水”代表唾液，也包含血液、淋巴液等体液；“火”代表温度；“风”代表呼吸，也包含各种循环系统。四大元素就像汽车的各个部件，如果它们都能承担好各自的任务，不要打架，就是四大调和，这时，人就会延年益寿。长寿，在人类看来就是一种很大的福气。

那么，怎样才能让四大调和呢？其实很简单，只要像上面所说的，退一步，不要争斗，清空自己的心灵，让自己的心有足够的空间容纳生活的快乐和诗意，就自然能达到四大调和的境界。相反，如果你不能从容地退一步，整天忙于追名逐利，你就有可能会体力透支，身心疲惫，甚至英年早逝。我经常谈到浙江一个年轻的企业家，他很厉害，三十多岁就拥有了以自己的名字命名的大厦，只可惜他太有魄力太肯拼了，整天忙着赚钱，常常来不及吃饭，随便吃个方便面就当一顿饭，最后体力严重透支，劳累过度去世了。

我们不要学他，因为生命只有一次，要是想活得快乐一点，幸福一点，能感受到生活中的诗意，就要改变自己，拥有老子那种看破的智慧。在这个欲望膨胀、焦虑不安的时代，老子这种看破的智慧实在太重要了。

2. 天下无道时，人间成地狱

天下无道时，戎马生于郊。
枕戈以待旦，斩竹成武器。
家家有死者，腥风并血雨。
乱世之英雄，罪恶之刑徒。
战火烧天边，爆声碎尸体。
穷兵黩武时，人间是地狱。

“天下无道时，戎马生于郊。”这句话不用解释，前面说了很多。

“枕戈以待旦”，戈是古代的一种武器，“枕戈以待旦”是枕着武器等待天亮。为什么要枕着武器？因为正在打仗，敌人随时有可能杀进来。

不过，这种痛苦有时并不是战争带来的，即使在和平年代，也会出现这样的情况。比如，很多现代人常说商场如战场，这样说的人，心里往往就是“枕戈以待旦”的，因为他们总是害怕对手会抢走自己的客户，总是害怕自己会被市场淘汰，总是想用某种方式来保护自己。就连一些非常知名的企业，也会以某种手段去限制客户购买竞争对手的产品。在某些很有代表性的安全软件提供的下载库里，你也永远不会看到跟它形成竞争关系的软件。所以，从某种程度上来说，竞争所带来的惴惴不安，几乎是整个时代的焦虑。但真正的大商人不会这样想，他们从来不觉得做生意是上战场，在他们眼中，做生意就是交朋友、为客户服务，所以，他们不去看别人怎么样，只管做好自己。这样的人，是不会“枕戈以待旦”的，他们活得非常踏实。

有些创建行业联盟、行业协会的人就有这种胸怀，他们不把同行当敌人，有时还会跟同行共享资源，共同争取行业的利益，共同为客户提供更好的服务。这时，他们就能带动整个行业的发展，而他们自己，也会有很好的发展。当他们的心量更大，不只希望自己所在的行业能发展得很好，还能主动承担一份更大的责任，比如民族的责任、文化的责任甚至人类的责任时，他们就会成为大商人。我们一定要明白，最大的商人一定是朋友遍天下，而不是敌人遍天下的。把商场当战场的人永远是小商人，因为他把朋友都当成了对手，这样的人很难把事业做大。真正能把事业做大的人，一定是信奉“仁者无敌”的，因为他不与任何人为敌，永远只想成就对方，不去争夺对方的利益，自然谁都愿意帮他，他的事业也可以做得很大。

“斩竹成武器”，古代打仗的时候没有兵器怎么办？没有兵器，就砍竹竿做旗帜，削尖木棒做刀枪。这种兵器当然很简陋，没有太大的攻击力和防御力，刀一砍，立刻就断了，但即便如此，老百姓还是要起义。为什么？因为统治者压迫得太厉害，老百姓太苦了，实在忍受不了了。陈胜、吴广揭竿起义时就是这样，秦始皇对老百姓的压迫已经很厉害了，全国两千多万人，有二三百万人被抓去做苦役，徭役、赋税、刑罚、兵役等都很严苛，老百姓已经不堪重负了，结果秦二世当政后更是变本加厉，老百姓已经被逼得没有活路了，大家都觉得，与其白白死于苦役、压迫和刑罚，不如死得有意义一点。这时，一旦有人带头造反，他们就会奋起响应。

但为什么他们要揭竿起义，不能自己造兵器反抗呢？因为没有原材料。秦始皇担心有人会暗地里造武器，就下令没收了全天下的兵器、铁器和青铜器，一起送到咸阳，铸成了十二金人——注意，在古代中国，马、盐、茶、铁都受到了国家的严格管制，因为铁器可以造兵器，马可以用于打仗，茶和盐可以用来跟少数民族的人换马。当然，盐被管制还有另一个原因，就是增加国家税收，因为贩盐的利润非常大。所以，古代中国的很多管制，一般都有两个原因，一是税收，二是压制百姓预防暴乱，而且越是施行暴政的时期，管制就会越严格。但反过来说，越是管制严格，就越是接近暴动的临界点，因为倒行逆施必然会带来反抗的情绪，一旦这种情绪被压抑到极点，就容易失去控制，正如一间房子里充满煤气时，只要很小的一点火星，就能把房子给引爆。所以，天下无道，以至于"枕戈以待旦"时，老百姓哪怕"斩竹成武器"，也会造反，不管统治者怎么压制都没有用。这就叫气数已尽，就是一种统治已经恶到了极限，所有人都恨不得它早点灭亡。这样的统治，怎么可能不灭亡？所以，任何一个王朝只要没有坏到无可救药，都不会轻易灭亡，但假如它已经腐朽到无可救药了，你再怎么努力想救它，想延续它的寿命，都会很难，因为你不能逆天而行。所以，任何一个朝代想要绵延下去，都必须合道，依靠暴力和强权是没有用的。

所谓的合道，就是对老百姓好，不要折腾老百姓，更不要欺负老百姓。只要你对老百姓好，老百姓就没有推翻你的理由，反而会拥护你，你根本不需要监视他们。这跟企业的延续是一个道理，任何一个企业想要成为百年企业，都要首先把自己给做好：有好的文化，给员工创造一个好的环境，让员工有一种参与感，觉得企业的事就是自己的事，而不仅仅是在给企业打工。“文景之治”为什么很好？就是因为每个老百姓都在竭尽所能地把自己做好。只要他们的生活过得越来越好，国家就会越来越好。所以，太想让自己的统治能够天长地久也罢，太想让世界知道自己很了不起也罢，往往都不能得偿所愿。真正能长治久安的国家，其统治者往往不会执著地想要巩固自己的统治，也不需要让世界知道自己很了不起，只想让老百姓过得更好。所以，仁心，道心，就是真正的国运。

“家家有死者，腥风并血雨。乱世之英雄，罪恶之刑徒。”天下无道时，家家户户都会有人死于战争，整个时代血雨腥风，到处都是死亡的味道。所以，所谓的乱世英雄，在我看来就是罪恶的暴徒、人类的罪人，因为所有的乱世英雄都提倡屠杀，而屠杀本身就是罪恶的。

“战火烧天边，爆声碎尸体。穷兵黩武时，人间是地狱。”战火烧红了半个天空，爆炸声伴随着惨叫声此起彼伏，被炸碎的尸体跟石块尘土一起飞溅开来，整个场面令人不忍直视——这样的景象，其实就是地狱，人间地狱。

比起很多战火连天的国家，我们国家真是太好了。现在，我们不用承受战争之苦，能够追求自己的梦想，传播自己喜欢的文化，这是多么幸福和难得的事情啊！世界上的很多国家，时不时就会被恐怖分子袭击，出现爆炸事件、人肉炸弹。

无道者必然会招来暴力，有道者必然会赢得和平，这是亘古不变的真理。

3. “我”为大误会，执迷必生贪

祸之起因处，是人大贪执。
无我错有我，没人想到死。
秦王并六合，建宫八百里。
谁料二世亡，楚人成一炬。
我为一骗局，四大并念头。

“祸之起因处，是人大贪执。”灾难的起因，是人的贪执。

这就是老子说的“咎莫憯于欲得，祸莫大于不知足”，统治者如果不顾老百姓的死活，只想满足自己的私欲，就会非常恐怖，因为他有可能会发动战争。

在这一章里，我经常强调和平的重要，为什么？因为和平实在太可贵了。我们生活在和平年代，可能很多人不太清楚和平有多珍贵，但你可以想象一下，如果你在战乱的叙利亚，不知道什么时候就有一颗炮弹砸到你家里来，你还没反应过来，父母就被炸得粉碎，你也失去了手脚，身体陷在剧痛之中，这是什么感觉？叙利亚人就是这种感觉，失去和平就是这种感觉。那里有很多孩子都失去了父母，也有很多父母失去了孩子，还有很多孩子失去了健全的身体，从此再也不能自由地行走和奔跑了，有些人的梦想，到这里就不得不结束了。

其实，战争电影我们看过太多了，大家都应该知道战争的残忍，但还是会有一些人忘掉这种残忍，去提倡战争。这并不是真的爱国，真正的爱国，是保护我们目前所享有的和平，将和平年代不断地延长，尽可能地让我们的子孙后代也生活在和平中，不要遭受战乱之苦。所以，和平就像一朵娇嫩的花，也像是一个初生的婴儿，需要我们非常用心地去呵护，不能用罪恶的声音去伤害它。

好战的罪恶是如何产生的呢？是由贪执催生的。那贪执又是如何产生的呢？是由佛家所说的无明，也就是无知、愚昧催生的。“无我错有我，没人想到死”就是一种愚昧，它的意思是，我们的生命和存在都不会永恒，世界上不会有永恒的我们，但很多人不明白这一点，总会以“我”的得失为标准，去衡量和追逐很多东西，很少有人能意识到自己的归宿是死亡，而且死神随时都会降临。

“秦王并六合，建宫八百里。谁料二世亡，楚人成一炬。”秦始皇灭掉六个国家之后，修建了八百里阿房宫，希望王朝能千秋万代，光耀世界，谁料秦朝只传到二世就亡了，阿房宫也被楚霸王一把火烧了，秦始皇肯定想不到会有这样的结局。他更想不到自己四十多岁就会死掉。如果他知道结局是这样，又怎么会劳民伤财地建一些没有意义的东西，想把全世界的财富都抓在自己手里呢？当然，也有一些人很执著，即便知道自己很快就要死了，也要在死前过一把瘾，这另当别论，大部分人在意识到死亡的时候，想法都会改变，因为他们发现了人生的真相。

当然，每个人一旦当上皇帝，都有可能变得像秦始皇一样，很少有人愿意把江山财富分享给别人，除非他是范蠡那样的人，有一种寻常人没有的智慧，能洞察真相。但如果他是范蠡那样的人，也就不会费尽心思地去当皇帝了。所以，这是个悖论。事实上，每个人都跟秦始皇一样，都有各自的贪心，只是秦始皇贪得大一些，很多人贪得小一些而已。比如，刘邦之所以要打仗，虽说跟秦朝的暴虐统治有关，但更多的还是因为他想建功立业，他很早就开始羡慕秦始皇，觉得大丈夫就该像秦始皇那样威风凛凛。但那个时代接受这种目的，觉得有能力的人就该有这种野心，而且他还能吸引萧何、张良那样的人去帮他。所以，文化对人的影响非常深，大部分人的价值体系都是文化熏陶的结果。因为这种熏陶，人们会集体忽略一种显而易见的是非判断。

当然，追名逐利不是那个时代的特征，而是人性自带的特征，整个人类都是这样，无论什么年代，无论什么地区，都一样。即使人类文明发展到今天，追名逐利的行为还是受到广泛认可的。

其他追名逐利的行为也一样，虽然它们只会给自己带来痛苦，让自己产生纠结，一般不会伤害别人，但有时的贪欲过多，也同样会伤害别人，因为人们会为了满足贪欲做一些不合道的事情，给别人带来巨大的痛苦，破坏整个行业的环境，甚至破坏整个社会环境，比如制造毒大米、地沟油、毒奶粉等，究其根本，都是因为贪心，也都是因为他们不知道“咎莫憯于欲得，祸莫大于不知足”。

“我为一骗局，四大并念头。”贪婪的人为什么痛苦？因为不知道“我”只是假象和骗局——除了真心之外，很多东西都只是执著、习惯和情绪，并没有所谓的真我。那“我”是什么？佛家认为是“四大并念头”，也就是骨肉、血液、温度、呼吸等各种元素和念头的集合；科学家则认为是蛋白质、脂肪、氨基酸、碳水化合物等微量元素和念头的集合。总的来说，就是某几种元素和念头共同构成了“我”的假象，实际上并不存在所谓的“我”。元素在不断变化，念头也在不断变化，人与人的念头还会纠缠在一起，人与人也会纠缠在一起，形成无数的关系，再催生出无数的念头。这诸多的念头和纠缠，让我们产生了幻觉，认为这是“我的”，那是“我的”，但并没有什么真正是“我的”，那些善变的念头也不是“我的”，更不是“我”。量子物理学家还发现，人体只是一团能量，物体和念头也是一样，并没有什么是真实存在的。那么，依托量子而产生的念头及肉体一旦消失，所谓的“我”也会消失。既然“我”都不存在了，还有什么是“我的”？什么都不是“我的”。

4. 灵光闪耀时，祸心如雪融

执身而生贪，烧心八苦集。
大贪无节制，放纵诸情欲。
欲得而不得，嗔火遂烧兮。
战争源于贪，烦恼亦因痴。
知足而常足，发展有节制。
修道亦知足，斩却诸贪欲。
文息开心田，温养成常事。
知足住当下，得陇不望蜀。
常耕心之田，无求而慎独。
庭前相对月，今日重新举。
打破赵州关，特地寻言语。

“执身而生贪”，执著于身体，执著于“我”，就会生出强烈的贪念。

我经常提到的和珅就是典型的“执身而生贪”，他依仗乾隆帝的宠幸得到了很大的权力，本来就权势滔天，就算他不贪污，日子也可以过得很好，可他偏偏要贪污，而且贪得非常过分，据说相当于贪了大清十五年的税收，嘉庆帝怎么可能放过他？何况他曾经建议乾隆改立太子，几乎让嘉庆做不成皇帝。嘉庆没有将他凌迟，而是让他在家里自杀，已经很给他面子了。所以，和珅虽然很聪明，却不是明白人，他忘掉了自己终究会死，一旦死去，所有财富都会更换主人，根本就不值得他冒这么大风险去贪污。当然，也有人说那个时代就是这样，很多大官都在贪污，再加上和珅的权势那么大，一度被称为“二皇帝”，他更不会害怕。但和珅的权势是乾隆皇帝给的，乾隆皇帝一旦驾崩，嘉庆帝执政，贪污就会成为嘉庆收拾他的理由。这一点，精明如他不可能想不到，唯一的解释，就是他“执身而生贪”，明知不可为而忍不住为之。最后，他的财产就毫无意外地进了清朝的国库。总之，每一个自以为拥有财富的人，都不过是一个保险箱，时间一到，里面的东西就会被转移到另一个保险箱里，谁都不可能永远拥有。

本质上看，人类所有的活动都是这样。包括很多战胜自然的活动，也都是绿洲在搬家。几千年来，中国西部的绿洲一直在搬家，忽而搬到上游，忽而搬到下游，但无论怎么搬，都还是在地球上。为什么？因为地球的资源就这么多，只能养活一定数量的植物，这儿搞开发砍掉一些，那儿搞环保建设就会多种出一些，能种出多少，还是地球上的资源总量决定的，人改变不了。

财富的流动人也改变不了，它的规则就是由一个人传给下一个人，就像玩丢手绢游戏。只是，做丢手绢游戏的时候，谁都不希望手绢在自己手上停留太久，做财富的游戏时，却人人都想抓住财富不放，恨不得自己永远不要失去，可惜，无论怎么“恨不得”，它都始终会流走，就像流水不会为任何人停留。所以，当下所拥有的财富看起来再多，也不过是个泡沫，总会破灭的，一旦破灭，对个人来说，就什么都没有了，而对世界来说，却没什么变化。

所以，看起来我们让某些东西增加了，但本质上我们并没有增加任何东西，我们只不过是把它从一个地方挪到了另一个地方，或者说，把另一个地方的某种东西挪到了这个地方，让这个地方的存量显得多了一些，整体来看，并没有什么变化。人类的所有活动，都像是在运营着一种搬运游戏。这个搬运游戏又分为好几个部分，其中，能让人感到幸福的，就是好游戏，符合老子所说的道；会让人感到痛苦的，就是坏游戏，不符合老子所说的道。沉迷于游戏，把游戏中的角色当成真实的自我，就叫“有我”；明白这只是一个游戏，本质上跟骗局没什么两样，就叫“无我”。无我者，就是智者。

我们必须明白，很多东西看起来属于“我”，其实都是社会的。有些企业家到死才明白这个道理，不得不被死亡夺走一切；有些企业家健康时就明白这个道理，主动地奉献了一切。这两种选择的结果是一样的，但精神却完全不同，人的感受和价值也完全不同。比如，有些企业家解决了自己和家人的衣食住行，也解决了孩子的教育问题之后，就把所有的财富和经营都用来奉献社会——解决社会问题，增加国家税收，增加就业机会，繁荣地方经济，这样的人，就是了不起的企业家，他的行为是正面的，也是合道的。他在财富和经营的游戏里给出了最好的答案，也创造了最大的价值，不但自己玩得很开心，也让所有跟他有关的人都玩得很开心、很幸福，并且衣食无忧，这就是这个游戏最好的玩法。而这种玩法，也把这个游戏变得非常美好。但是，即便在玩这个游戏的时候，他也仍然不能执著。

执著是什么？执著就是折腾。无论你再怎么折腾，很多东西都会很快过去。你想一想，秦始皇费了那么大的功夫，想要保住自己的江山和生命，他保住了没有？大清王朝有过好几位厉害的皇帝，还不是越来越腐朽，最后终于覆灭，几千年的帝制也随之灭亡。那么，一个人，或一个企业，又能保住什么呢？所以，不如不要折腾，趁自己还能做事，多做一些利益社会的事情。

生命也是这样，不能折腾，你越是折腾，就越是得不到你想要的结果。最典型的就是秦始皇，他那么怕死，那么想永远享受天大的权势和财富，于是不断地折腾来折腾去，把国家折腾得千疮百孔，把老百姓折腾得痛苦不堪，却不仅没有得到自己想要的长生，还四十多岁就死掉了。如果他不折腾，像汉文帝或汉景帝那样治国，真正地造福百姓，让百姓过上安稳和平的日子，他自己也静静地活着，活得安稳一点，他和他建立的帝国还会这么短寿吗？肯定不会。唐太宗虽然在治国方面比秦始皇要好很多，开创了“贞观之治”，让老百姓过上了好日子，但他晚年时期同样很怕死，同样老是折腾，折腾到最后，五十岁出头就死了。所以，越是怕死，反而会死得越早，还不如不要折腾，顺应自然。

生命是什么？生命只是幻觉，能存在，也能消失，任何人都是这样。皇帝既然能轻易地夺走别人的性命，就该知道自己的性命有一天也会结束，跟战场上那么多亡魂没有任何区别。因为生命是平等的，所有人都活在无常的规律之中，有生必有灭，有始必有终，如果他们放不下自己苦心建立的江山，执意地想要改变这个结局，把幻觉变成自己可以把握的存在，也就只能“烧心八苦集”了。

什么是“烧心八苦集”？就是心灵在欲望之火中燃烧，受尽了人生八苦的折磨。人生八苦，佛家认为是生、老、病、死、求不得、爱别离、怨憎会、五阴炽盛。凡是心中有所执著，不能放下贪欲的人，必然会受到这八种痛苦的折磨，没有例外。

很多有钱人之所以比穷人还痛苦，就是这个原因——他们明知自己会死，却怎么都放不下产业和财富，即使在生命走到后半段的时候，心里还抱着一丝侥幸，希望生命能长一点，更长一点，让自己能继续拥有一切。因此他们也会像秦始皇们一样怕死，一样忍不住折腾。他们打一些莫名其妙的针，为了长寿不顾一切。最后能不能真的延年益寿，我不知道，可以肯定的是，这个世界上没有可以长生的人，所有人的寿命都是有上限的。既然是不可改变、必然发生的，为什么不能接受，非要执著地想去改变呢？当然，他们肯定不知道原因，要是说得清原因，他们也就不会犯错了。执著是远离理性、远离智慧、远离清醒的一种存在，它天然地带了一种悲情色彩，会把每一个被它迷惑的人都带进悲剧里面。

《圣经》中说：“有钱人进天堂就像骆驼穿过针眼一样困难。”

讲的就是一种执著于财富所导致的悲剧。金钱可以让你拥有很多东西，也可以让你实现很多物质上的愿望，还可以让你做成很多了不起的事情，但拥有金钱会让人害怕失去，这种焦虑对人的折磨，远远超过了金钱带来的便利。比如，某人在银行里存了很多钱，但他觉得银行利息不如投资利润，而且有贬值的风险，就投资了很多基金股票，想要分散风险，刚开始也确实多赚了很多钱，但后来基金和股价都开始下跌，他不但把赚来的钱都赔掉了，连本金也亏了不少。为了能赚回自己赔掉的钱，他就继续投资，结果越是投资，越是赔钱，而越是赔钱，他就越是放不下，想要把失去的钱给赚回来，终于彻底陷入了恶性循环，人也越来越焦虑痛苦。所以，得不到的想得到，得到了的怕失去，这就是我们痛苦的原因。

其实，财富跟生命一样，最终都不会属于自己，无论你再怎么设计都没用。不如想一想，怎么用好这笔钱，怎么让它发挥最大的作用，这样你才算是没有白白辛苦一场。

“大贪无节制，放纵诸情欲。”之所以贪欲这么大，是因为做人没有节制，不懂得约束自己，如果在贪念起来的时候能够自省、警觉、自律，贪欲就不会一步步扩大，也不会给自己带来诸多的痛苦。所以，做人一定要学会节制，明白自己什么时候该进，什么时候该停，什么时候该退，不能放纵自己的欲望，包括情欲。放纵情欲者，必然会承受痛苦。

“欲得而不得，嗔火遂烧兮。”想要得到却得不到，就容易失去理智，怒火中烧。

“战争源于贪，烦恼亦因痴。”人之所以会发动战争，是因为有贪心；之所以会产生贪心等烦恼，则是因为不明白世界的真相，陷入了错觉和幻想。

“知足而常足，发展有节制。”在一时一事上知足是没有用的，必须在任何时刻、任何事情上都能知足，所以，要让知足成为自己的生活方式，这样才会一直很快乐，一直没有烦恼。即便要发展，也必须有所节制，不能破坏环境，不能损害健康，也不能伤害他人，而且必须以利益社会为出发点，这时，才是最好的发展。

“修道亦知足，斩却诸贪欲。”什么是修道？老子所说的“损之又损，以至于无为。无为而无不为”就是修道。简言之，战胜贪欲，斩除贪心，用真心应对一切，就是修道。修道的基础，就是学会知足，这也是一种个人修养。

“文息开心田，温养成常事。”调整自己的呼吸，让呼吸变得平稳、从容、安详、绵长，不要粗重，不要急促，也不要用力。就这样慢慢地一呼一吸，在倾听呼吸的同时，用眼、耳、鼻、舌、身、意感知世界，心就会慢慢地静下来，回到当下，而当下的智慧也会随之开启。然后，就守候着这种呼吸，让它变成一种生命习惯，让心时常处于一种宁静安详的状态之中。

“知足住当下，得陇不望蜀。”当你真正能安住于当下时，心自然就会觉得非常满足。这时，你就要保持这种状态，享受当下所拥有的一切，不要贪婪其外的事物。

“常耕心之田，无求而慎独。”即使没人监督你，你一个人待着，也要保持这种状态，不要放纵自己生起欲望，要像农民耕田一样，耕种和守候你的觉悟。

“庭前相对月，今日重新举。打破赵州关，特地寻言语。”久而久之，安住当下的状态就会成为你的生命常态、生活方式，这时，你就可以积极地做一些事情，而不会陷入贪欲。因为你的心光自然会照彻大千，让你窥破一切的虚幻而不执著，却又能珍惜当下所有的显现，让生命和智慧产生作用。

第四十七章

收

【原文】

不出于户，以知天下；不窥于牖，以知天道。其出弥远者，其知弥鲜。是以圣人不行而知，不见而名，弗为而成。

壹 两种预见，两种结局

不出于户，以知天下；不窥于牖，以知天道。其出弥远者，其知弥鲜。是以圣人不行而知，不见而名，弗为而成。

本章的意思很简单，我们先用白话文翻译一下。

“户”指的是单扇门。过去跟现在不一样，大门一般有左右两扇，关门用的不是锁，而是一根很粗的木条，我们叫门闩。两扇门的内侧都有插门闩的地方（类似于门鼻儿，但是木头的），彼此对应，把门闩插进去，就可以把门给挡住，别人从外面没法开门，出去时，再把门闩拔出来。过去，大一点的房子用的都是这种门，我们老家叫书房。而且这种门可以卸下来。当年，红军到老乡家里住的时候，会把门板给卸下来，铺在地上当床，所以，红军最初的“三大纪律六项注意”中就有“上门板”一项，提醒大家一定要把卸下来的门板给装回去。

“不出于户，以知天下。”就算不专门出门去看，也知道天下都在发生什么事。

“窥”是偷着通过小孔或缝隙往外看，这样看东西肯定有局限，很难看到事物的全貌。“管中窥豹”就是这个意思。

“牖”是窗户。“不窥于牖，以知天道”的意思是，即使不打开窗子往外看，智者也知道天地万物自然宇宙如何运作。

足不出户，两眼也不观窗外事，却能洞悉外面所发生的一切，这看起来有点奇怪，但是在老子的时代，确实有很多人都能做到这一点。因为，对当时的中国读书人来说，读河图洛书和《周易》相当于一种基本功，有些读书读得很好的人，就懂得一些现在看来非常神奇，很多学者可能会报以怀疑的技能，比如占卜等。有学者在谈到为玄奘算命的外道时，曾说过相面、算命之术都是骗人的，使用者只是通过其他渠道知道了一些事情，再把这些事情作为算命或相面的结果说出来，或采取一些巧妙的话术糊弄对方，让对方用自己的想象补全很多内容。其实不全是这样的，我们的老祖宗确实通过对宇宙万物的观察，得到了一些洞悉事物规律的智慧，可以解读一些常人不可见的生命密码。

当然，我们还可以从修心的角度来理解这两句话。那么它们的意思就是：圣人的心总是安住在自己的境界里，不会过于关注外界的动态，但即便如此，他也能从一花一草、一人一事中窥得天机，知道事物未来的发展趋势。佛家称之为观因缘。

“其出弥远者，其知弥鲜。”走得越远，知道的现象就越多，但是对真理和真相的了解却越少。为什么？因为心跑到外面去了，自己迷失了。

“是以圣人不行而知，不见而名，弗为而成。”所以，圣人不用亲自经历也能明白事理，不用亲眼看见也能洞悉规律，不用刻意强为也能事事成功。

既然如此，为什么古人又说“读万卷书不如行万里路”“见多识广”呢？这两种观点有没有构成冲突？其实没有。为什么？因为它们针对的层面不一样。老子说的是智慧层面的事情，“见多识广”则停留在知识积累的层面，层面不同，标准就不同，不能进行比较。说得具体一点就是：如果你的目的是积累知识，那么你就可以多跑几个地方，增长自己的见闻，充实自己的知识库；但如果你追求真理和智慧，并且已经开始修道，你就应该像老子说的那样，管住自己的心，不要让自己从真心的状态中出来，被外界的诸多变化所吸引，这样一来，你就会慢慢进入本章所说的境界，也自然会明白老子的所指。这一点，每个人只要踏踏实实地修心，都能做到。

当然，一个人就算不修道，只要学识达到了一定程度，明白世间万物的发展规律和人性的规律，也可以做到“不出于户，以知天下”。《吕氏春秋·察今》中的“见瓶水之冰而知天下之寒，鱼鳖之藏也”，就有一点“不出于户，以知天下”的味道。它的意思是，看见瓶子里的水结冰了，就知道天气已经很冷了，鱼鳖都会藏起来。根据自然规律推断外界的变化，就属于“不出于户，以知天下”。主持编撰这本书的吕不韦很有意思，他也算得上是一个“不出于户，以知天下”的人，秦始皇能当上皇帝，就跟吕不韦的“不出于户，以知天下”有很大的关系——当年，秦始皇的父亲公子异人被作为人质送到赵国，遇到了当时还在做生意的吕不韦，吕不韦一眼就看出此人不一般，不惜花费重金为他疏通关系，并亲自做说客，说服当时受到太子安国君宠幸的华阳夫人，让她在安国君即位后帮忙立异人为太子，又说服赵王放人，后来出现变故，他就再一次拿出重金疏通，让异人回到秦国，这才有了异人后来的登基和嬴政的即位，就连嬴政的母亲，原本也是吕不韦家里的歌姬。所以，如果没有吕不韦最初的“不出于户，以知天下”，嬴政也许就不会出生，更不可能成为秦始皇。

再比如，刘邦的孙子刘安集结门下食客，收集史料写了一本叫《淮南子》的书，这本书写得很好，成语“一叶知秋”的出处就是《淮南子·说山训》的“见一叶落而知岁之将暮”，意思是见到一片枯叶就知道秋天来了，冬天也快到了，这一年快要走到尽头了。这句话也有“不出于户，以知天下”的味道。那刘安能“不窥于牖，以知天道”吗？我觉得不能，因为他明知西汉气数未尽，也知道汉武帝没有丧尽人心，却出于一己私心，总是希望汉武帝的江山能败，后来更是积极谋划，等待时机，时刻想把汉武帝的江山给抢过来，谏臣一次次劝他，提醒他不能逆天行事，他却始终听不进去，最后终于阴谋败露，不得不自杀。这就是典型的“其出弥远者，其知弥鲜”，当然也是“咎莫憯于欲得，祸莫大于不知足”。更令人遗憾的是，汉武帝其实对刘安很好，也很敬重，平时给刘安写信，总会请文臣看过再发出；每当刘安有新作呈交汉武帝，汉武帝也总是赞赏有加甚至会私藏；有人提出要重罚刘安时，汉武帝一次次驳回，最后将他赦免轻罚，而当时，刘安确实有反心，并且已经谋划多时……为什么汉武帝如此善待刘安，刘安却始终不能珍惜和感恩？因为“烧心八苦集”，也因为“其出弥远者，其知弥鲜”，所以，通过学问可以做到“不出于户，以知天下”，却很难做到“不窥于牖，以知天道”，更难——甚至不可能——做到“弗为而成”。但假如不但有学问，还在人格或智慧上有真实的修行，那么结果就会不太一样。

朱元璋写过一首诗，专门表达自己对江南翁的羡慕，诗中说道：“百僚未起朕先起，百僚已睡朕未睡。不如江南富足翁，日高丈五犹拥被。”意思是，我每天都过得很辛苦，百官还没上朝我就上朝了，百官已经睡了我却还在批阅奏折，我活得还不如江南的那些富翁啊，他们每天都活得非常滋润，太阳升起老高了，还盖着被子呼呼大睡。在一般人看来，这是一首很普通的诗，但一个叫万二的商人听到之后却大惊失色，他知道江南的富户们很快就要大难临头了，于是果断地变卖家产，带着家人逃出了江南，搬到了另一个地方。后来不出三年，江南的富户们果然全都遭了殃，杀头的杀头，充军的充军，财产也都被充了公，只有万二一家能幸免于难。

为什么万二单凭一首诗，就能意识到朱元璋已经动了杀机？因为万二知道羡慕背后是嫉妒和仇恨。当一个皇帝专门作诗表达自己对富翁的羡慕时，这个皇帝其实已经不只是羡慕了，他的羡慕很可能已经发展为嫉妒和仇恨，这是很恐怖的事情。因为皇帝有生杀大权，他想让谁死，随便安个罪名就能把对方给杀掉，老百姓根本不能反抗。所以，你一定要知道，羡慕不是什么好东西，有时羡慕心一起，祸心和灾难就会接踵而至。

能从一首诗中嗅到杀机，就是“不出于户，以知天下；不窥于牖，以知天道”，而万二不仅仅是嗅到杀机，还能立刻散掉所有财富，带着一家人离乡背井，到别处去生活，这说明他能随时放下一切，是个真正的智者。其他富翁就算听说了万二的猜想，恐怕也不能像他这样洒脱果断，因为一般人很难为了不知真假的猜测而放弃一切，去另一个地方重新开始。这就是智者和知者的区别。

还有一个关于年羹尧的故事也很典型：年羹尧平定青海立了大功，从此声势显赫。但他仁德不足，所以得势后变得非常骄纵，就连在皇帝面前都不知收敛。后来有个叫蒋衡的秀才来投奔他，他就让这个秀才待在他的身边，当他的幕僚。因为蒋衡表现出色，很受年羹尧赏识，有一天，年羹尧就对蒋衡说：“下科状元当属君。”蒋衡一听就知道年羹尧不祥，当晚就对同宿的书生说：“年公的权势过大，仁德又不足，为人过于骄奢霸道，连科举考试这样的事都能说了算，他的祸患恐怕不远了，你还是跟我一起离开吧，免得受到牵连。”他说得很对，任何一个皇帝都不可能容忍手下人这么有权势，所以功高盖主是很危险的。但是那个书生智慧不够，不信蒋衡的话，不想轻易放弃眼前的荣华富贵，还是选择留下，于是蒋衡就没再劝他，第二天直接假装有病，请求告辞还乡。年羹尧想要送他一千两银子，他也没有接受，因为他知道这笔赏赐金额过大，会被记录在册，年羹尧一旦被抄家，就会牵连到他，后来年羹尧改送一百两，他才收下。第二年，年羹尧果然被雍正皇帝一再贬职，贬到后来，就从一个大将军变成了看门人，再后来，又被雍正皇帝给处死了，所有跟他有关的人都受到了牵连，只有蒋衡逃过一劫。

注意，蒋衡单凭年羹尧的一句话，就能准确判断出年羹尧未来的命运，并且毫不犹豫地放下名利、地位和人情，坚决离开，这说明他是一个智者。智者知天下、知天道，永远不跟规律、人性和时势抗衡，即便积极做事，也不会刻意地想要达成某个结果，因此能够“弗为而成”，也能在一些灾难发生前全身而退。没有智慧的人一般做不到这一点，他们往往会在顺境时得意忘形，肆意地使用权力，获取利益，于是就种下了灾祸的种子。无论古今，都是这样。上面提到的年羹尧就是典型的例子。

贰 不能轻易说出的玄机

前面说过，“不出于户，以知天下”还有一种解释，就是智者可以通过传统文化的方法知道世界的现状、变化和未来。这些方法学者们未必认同，但确实能起作用，中国历史上有很多这样的例子。

比如，邵雍看到南方来的鸟，他就叹了口气，说地气已经南移了，南方的读书人可能要占据朝堂了。后来果然王安石拜相。这个故事看起来很奇怪，一般人根本不可能把鸟跟朝堂势力联想到一起，但它们就是有关系，说明宇宙万物之间也许有着某种神秘的联系，我们只是读不懂它们之间的密码而已。而中国人的老祖宗很厉害，通过观察星象及天地空间变化等方法，创造了河图洛书和《周易》等，将宇宙的密码都记录在其中，可惜因为内容过于复杂，一般人很难得其精髓，它们也就很难得到广泛的传播。

《皇极经世书》《渔樵问对》也是这类著作中的经典，它们的作者就是北宋著名的理学家、易学家邵雍，他精通术数。据说，有一天邵雍到一个梅园去赏梅，看到两只麻雀站在树枝上吵架，后来还掉了下来，他觉得这个情景很奇怪，就根据年月日和时辰起了一卦，竟算出不久之后这个地方会来一个女孩，那个女孩会爬到麻雀所在的树上偷梅花，还会被园丁发现，园丁不知道这是谁家的女儿，会大叫一声，女孩会受到惊吓，从树上摔下来，还会把大腿给摔伤。而且，邵雍不只是算出了这一连串的剧情，甚至连每个人的形态和动作都知道。于是他把卜卦的结果写了下来，交给朋友，请朋友来做证，看他到底算得对不对。结果怎么样？结果，没过几天，梅花园里果然来了一个偷梅花的女孩，她真的悄悄爬上了那棵梅花树，并且在园丁大叫一声的时候摔了下来，把大腿给摔伤了。整个剧情、人物跟邵雍的预测严丝合缝，没有一点出入。据说，这就是《梅花易数》的由来。

再比如，大家都知道成语“画地为牢”，据说它源于周文王时代的一种刑罚——当时没有牢房，如果有人犯了法，官府就会在地上画一个圈，叫他站进去，不准出来。至于他们不出来的原因，人们一般认为是当时的老百姓品格高尚，但历史上还有另一种说法，就是周文王会打卦，他叫谁在圈里乖乖地待上三天，谁就必须照做，因为逃走也没用，周文王在王宫里打上一卦，就知道他逃到什么方位去了，然后派兵捉人，往往能十拿九稳。所以，不是犯人不会逃出去，而是犯人不敢逃出去，知道逃了也没用。据说，在远古时代的中国，有很多人都会这种技能，就像现代人都会用网络查询信息、用 GPS 定位路线一样，很有意思。在他们眼中，世界就像一个巨大的蜘蛛网——苍蝇落在蛛网上时，整张网都会震动，而世界的信息脉络在他们看来也是这样。所以，当南方的文官势力向北方蔓延的时候，南方的鸟儿也会飞到北方去；两只麻雀从梅花树上掉下来的时候，爬上这棵树的小女孩也会摔下来，把大腿给摔伤。这就是信息的相连和互通。因此，智者根据一个小小的线索，就可以推算出天下大势。

邵雍的《皇极经世书》就是这方面的经典，它的主要内容是运用易理推究宇宙起源、自然演化和社会历史变迁，按照它的推法，可以从混沌初开推到一阳初动，再到人类慢慢因为一阳初动而诞生，然后第一年发生什么事，第二年发生什么事，第三年发生什么事……一直推到宋朝，还可以继续往下推，看未来的世界会怎么发展，但非常难懂。从宋朝到现在，一千多年过去了，据说能注解它的也就十个人左右。注意，《推背图》和《烧饼歌》也是以这种形式演算的，根据很多历史传说来看，它们也许确实推算得非常准确，但我们不谈准不准的问题，我之所以在这里分享这些历史传说，主要是为了告诉读者，中国古代有这样的一种思维，足不出户也能知天下，知宇宙。

不过，足不出户也能知天下、知宇宙，有时也会给自己带来灾难。比如，西汉易学家焦延寿——他有一本著作叫《焦氏易林》，非常有名，有兴趣可以看一下——有个弟子叫京房，这个京房善于占卜，能准确推断出什么地方要发生灾异，后来都应验了。后来，京房创立了京氏易学，给易学带来了一种变化，也给自己带来了麻烦。因为他总用易学来干政，引起了皇帝的忌惮。焦延寿当初也说过，他这个弟子必然会被皇帝给杀掉。为什么？因为，身边有个无所不知的人本来就让皇帝很不自在了，再加上这个人有很大的话语权，又喜欢说三道四，皇帝更是会觉得很不舒服。最后，汉元帝果然像后来曹操杀杨修那样，把京房给杀了。所以，“不出于户，以知天下”的同时必须“好察非明，能察能不察谓之明”（出自《菜根谭》），否则就容易给自己带来灾祸。

我以前专门讲过“好察非明，能察能不察谓之明”，对京房这样的聪明人来说，这种智慧非常重要。它告诉我们，善于洞察一切不一定就是智慧，真正的智者虽然什么都知道，但往往会知而不言，慧而不用。《列子·说符》中也有“察见渊鱼者不祥，智料隐匿者有殃”的说法，意思是，能看到深渊里的鱼的人是不吉祥的，善于发现别人刻意隐藏的秘密者也一定会遭殃。所以，我们不要做这种随意显露的智者，在很多事情上都要“难得糊涂”。

在中国历史上，这类智者的命运一直都很坎坷，几乎无论在哪一个朝代，他们都会被打压。尤其在宋太宗统治时期，很多这类的书都被当地官府烧掉了，很多术士也被发配充军，从那之后，中国的术数学就受到了很大的打击。

当然，术数层面的“不出于户，以知天下”是一种知识和技能，真正的智者注重的是大道，而不是知识和技能，老子在这里想说的恐怕也不是术，而是一种哲学思想，甚至是一种大道的智慧。因为真止的智者不管天下如何变化，只管自己有没有做好，他知道，他的天下不在外面，在他自己的心里。所以，我也不打算在术数的层面讲得太多、太深，我的目的还是展示一种思维和文化，让大家知道中国传统文化还有这样的一角，希望大家在读这些故事的时候，也能更加注重它们在文化意义上的启迪。《周易》也是这样，虽然其中有很多术数、算卦方面的内容，但随着孔子五十岁后对《周易》的研究，那些内容都被赋予了哲学方面的含义，而《周易》也被提升为中华民族的文化经典，以中华哲学的面貌登上历史舞台。

叁 足不出户而能知天下的民族

真正的智者也会观察世界，但他不会在乎世界，他只在乎自己眼中的世界，也只想创造自己眼中的世界，因为他接纳世界上一切的变化，也允许所有人相信自己眼中的世界。当他们创造的这个世界得到无数人的认可时，他们就成了释迦牟尼、耶稣、老子。但他们的世界仍然是不一样的。那么，谁的世界最正确？都正确。因为他们都在用自己的思维理解世界，解释世界，甚至改变世界、创造世界。在他们的世界中，他们所认为的一切都是合理的。

比如，古代的哲学家、宗教家、思想家更多的是在解释世界，马克思则认为解释世界还不够，重点是如何改变世界。真正的智者却不想改变世界，只想改变自己的心，因为他知道自己的心一旦改变，世界也就变了。这也是“不出于户，以知天下”。就是说，他不需要盯着天下，只需要把自己的心修好，因为一切都不离他的心，他的心就是他的天下，他可以创造属于自己的那个世界。他出生，那个世界就开始，他死亡，那个世界就结束，但他也可以写作，将自己创造的世界保留在文字里，用这个世界去影响别人，让别人也能创造出自己的世界，那么他的世界就可以超越死亡、超越肉体，相对永恒地留在世界上，这就是另一种不朽。

创造世界是最高级别的“不出于户，以知天下”，次一等，就是前面所说的，通过术数做到“不出于户，以知天下”。《周易》中说：“始作八卦，以通神明之德，以类万物之情。”八卦中，先去相，然后阴阳，然后生四象，然后再变成八卦，变成六十四卦，然后变爻，一变爻就会变得更多，有三百八十四爻，通过这些可能性，就可以感知世界上的变化。

邵雍这个人很有意思，关于他的故事非常多。据说他的身体很弱，怕风，死时六十多岁。他在一生中写下了很多非常有价值的书，除了《皇极经世书》《梅花易数》和《邵子神数》之外，《河洛真数》《伊川击壤集》和《铁板神数》据说也是他写的。这些著作对后世的影响都非常大，但没有被收录在《邵雍全集》里，所谓的《邵雍全集》，实际上只收录了《皇极经世书》《伊川击壤集》等一部分邵雍著作。

在中国历史上，邵雍不是作为术士存在的，他是“北宋五子”（北宋最有名的五位哲学家）之一，死后被作为圣人供到孔庙里。孔庙里供奉的人大都有官方背景，但他是平民。当然，如果他愿意的话也能做官，朝廷请过他好几回，还专门下诏通知他上任，但他最后都拒绝了。这也说明了他的一种智慧。

邵雍对中国文化——尤其是民间文化——影响非常大，而且他追求的不只是术，还有“知”，也就是一个人最根本的智慧素养。有了这种素养，人就能应对不同的局面和形势，做到所谓的“一通百通”。所以，他的追求还是以文化为主的。诸葛亮跟他不一样，虽然照书中的说法，诸葛亮也会掐指一算，但他并没有算出六出祁山、九伐中原的失败——也可能是算出来了，但是他明知不可为而为之。

刘伯温、张良、诸葛亮等人都会术数，但他们的选择都跟邵雍不一样。张良好一些，他选择了退隐，不恋权位；刘伯温临死时留下了遗言，希望子女不要学术数，也不要当官；最执著的就是诸葛亮，他到死仍留下嘱托，希望他的接班人能继续北伐中原。

一定要明白，术士的思维很有意思，一般人觉得不起眼的一些现象，在他们看来，也许就是非常重要的线索，沿着这些线索，他们就能演算出某些事物未来的运势。比如，明朝还没灭亡的时候，他们就借崇祯、崇祯的女儿还有一些大臣的出生年月进行推算，并且对一些有代表性的老百姓进行分析，然后发现了明朝灭亡的迹象，而且能精确到什么时候发生什么事。这就是中国人的思维。这种思维听起来非常神秘，其表现形式也显得非常神秘，一般人难以捉摸。比如，最早的时候，人们会用一种专门用于占卜的草来占卜——据说，找来一把这种草，通过特殊的方法把它分成几部分，就能得到卦象，通过卦象就能窃得天机——还会用麻钱或羊的肩胛骨来占卜。我在长篇小说《西夏咒》中也提到过这种占卜法，我说，蒙古人只要烧羊的肩胛骨，就能知道自己要找的人在哪里。

我很多年前去过内蒙古，不知道现在当地人的蒙古包还上不上锁，我去的时候是不上锁的，他们只要在门口拴一根草，别人就不会进去。但他们允许那些迷路了、又饿又渴的旅人进去，也允许那些人用蒙古包里的食材和工具做饭吃，但那些人不能动主人压在枕头底下的钱，一旦动了，蒙古包的主人就会通过辨踪——我在《大漠祭》里讲过辨踪，沙漠里的猎人都是通过辨踪来打狐子的，有经验的猎人，往往能一找一个准——找到他，把他给逮住，好好地惩罚一顿。如果刮风下雪把他的行踪给盖住了，该怎么办？这时，主人就会烧羊肩胛骨，烧之前，他们会默念一段咒语，与神灵建立联系，请神灵帮他们找到小偷，然后开始烧，烧完之后，他们会观察肩胛骨的裂纹，通过裂纹，就能知道小偷往哪个方向跑了，骑着马追上去，就会把人给逮住。据说，烧羊肩胛骨还能预测某种行为的吉凶。准不准我不评判，我只想告诉大家，中国过去有这样一种传统思维，精通者不是太多，但古时候的很多中国人接受这种思维。当你拥有这种思维，并且懂得这种术数的时候，确实能足不出户就通晓天下之事。中国文化一直追求不出门，把心收回来，内观，这一点和后来提倡的“行万里路”是不一样的。

过去，朝廷还有一种望气术，叫“天子望气术”，目的是发现能动摇统治的人，然后及早地斩断这种可能。如何发现？当时朝廷设有钦天监，他们的主要职责是观察天象，据说地面的气和天上的星象是互相呼应的，某个地方出现天子气时，星象也会有相应的显示，因此观察天象就会知道哪里有异动，然后他们就会马上去那个地方，破坏当地的气场。

什么叫“天子气”？就是一种能量场，这种能量场的出现，意味着这个地方将来会诞生一个“准天子”。这个人的能量场很强，将来会形成一定的影响力和号召力，能推翻当前统治，建立一个新的朝代。过去，西部到处都有这种故事。

我考察过西部一个叫查家坟的地方，那里非常美，据说，清朝末年凉州流传过一个童谣：“查家的君，李家的臣，胡家的姑娘要正宫。”这个童谣出现的时候，每天都有一只狗在查家的坟头上拉屎，查家的坟头上堆满了狗粪，臭气熏天，查家人很生气，于是偷偷地守在坟头附近，一发现这只狗，就把它给打死了，从此坟头就干净了。但这只狗其实是来保护他们的，因为它在坟头上拉屎，天子气才没有冲到天上，皇帝才没有发现这个异象。狗一死，坟头的天子气就直冲九天，星象就开始变化。钦天监一发现这个变化，立刻告诉了皇帝，皇帝就派人来斩龙脉——所谓的龙脉，就是能出皇帝的一种风水，据说破坏了这个风水，这个地方就出不了皇帝了。于是，朝廷派来的术士找到查家坟的龙脉所在，然后指定龙脖子的地方，叫士兵们在这个地方大搞破坏。怪的是，无论他们白天斩得多么彻底，晚上龙脉都会复原，他们怎么斩都斩不断。后来，有个斩坟的人忘了拿铁锨，晚上想起来，就过去取，刚好听到坟头上有人说："哼！龙脉是他们能斩断的吗？除非撒上红谷子糠黑狗血，不然他们怎么斩都斩不断！"这人回去之后，马上禀报了这件事。第二天，他们就找来红谷子糠黑狗血（红色谷子的外壳拌上黑狗的血），一边撒，一边挖，挖到一半，突然见到一根很粗的芦芽——注意，一般水多的地方才会有芦芽，龙脉就是地底的水路——他们就把那根芦芽给斩断了，芦芽被斩断的瞬间，切口处突然喷出了一股血，那股血一直喷到凉州城南面牛家花园的井里，后来牛家就出了两江总督牛鉴。而查家，则因为龙脉被斩断，终究还是没能出个皇帝。这个故事，我也写进了《长烟落日处》。

注意，这是凉州的一个传说，到底是不是史实，我不能断定，但至少可以说明当时的一些社会背景。比如，当时的老百姓很认可这种思维，而当时的皇帝也特别在乎"天子气"，专门设了钦天监来观察星象，并且以这种方式来杜绝未来的隐患。从这一点上，就可以看出皇帝对术数的重视和认可，也正是因为皇帝对术数的重视和认可，当时的一些书受到了朝廷的严格控制，比如《奇门遁甲》《太乙》等。朝廷不允许老百姓学这类东西，只允许老百姓学六壬，而且只能用它来算人事、婚姻、发财之类，不能算国家大事，否则，朝廷一旦发现就会收拾你。如果你学得很好，泄露了天机，造成影响，朝廷就会杀你。

不过，就算政府严格监管，中国人还是很喜欢术的智慧，江湖上流传的多是这些东西。当然，中国人，尤其是古人，也追求大智慧，追求老子的道，但大部分中国人最喜欢的还是术方面的智慧，直到今天仍然如此。我跟朋友聊起术数方面的故事时，朋友总会很感兴趣，然后问我什么时候才能教他，但我并不打算教他，我只想告诉他中国还有这样的一种思维和文化。我不关注术数，也不需要预测些什么。就像我在长篇小说《野狐岭》中所说的，我在乎的不是知命，而是自主命运，我相信命运是可以由自己来选择的。所以，小时候跟二舅舅学了一些道家术数之后，就踏踏实实地修证佛家所说的根本智慧。很多学了八字的人，也不过是到街上摆摊，帮人算个命什么的，我这辈子不是来给人算命的，我是来告诉大家如何造命的。所以，术数虽然很厉害，代表了中国传统文化中非常重要的一个部分，但我不提倡学生们深入学习，我觉得了解一下就行。

你还要明白，当一个人拥有大心的时候，他的眼中是没有小人的，他看到一切都觉得非常吉祥，他到什么地方，或是被埋在什么地方，什么地方就会成为圣地，不需要刻意地追求风水之类的东西。所以，让自己成为圣人，有圣人的心量，有圣人的行为，有圣人的智慧，就已经很好了。

肆 有为之知与无为之知

在中国文化中，术的智慧一般有三类：一是《周易》，阴阳八卦，古人借它来断吉凶，知祸福，预测天下。《梅花易数》用的是八卦系统。二是天干地支系统，四柱预测学等都属于干支系统，所谓的干支系统，就是用天干地支的时间段的信息来推测吉凶。过去，奇门遁甲中有天、地、人、神四盘，可以根据天体运行和时空的能量转换来推测吉凶，如果要测某年某月某日的吉凶，盘一转，马上就可以看出来，据说很灵。三是抽签之类的感应系统。

直到今天，很多地方仍有抽签的习惯，但不一定是常见的那种竹签，比如在岭南的一些地方，抽签者用的就是两块普通的木头。他们会拿着两块木头随手一丢，看它们是正是反，然后根据它们的正反情况来推测吉凶。当然，想用这种方法测出准确的结果，必须制心一处，洗心净思，如果你口中问这个，心里却想着那个，你抽出来的签可能就不那么准了。

“不出于户，以知天下”的“知”，除了智者的无为之知外，也指这三种有为之术得来的智慧。

很多中国人都有一种不出门见天道的欲望，想要足不出户便通晓天下，这是中国文化很有意思的一个特点，也是因为这个特点，中国人的思维跟西方人截然不同。西方哲学家关心的是思想和科学，他们不在乎术数，也不想通过术数去推断天机，但中国古代哲学家在这方面却有浓厚的兴趣。

古时候，读《周易》几乎是中国古代读书人的基本功，最优秀的那批读书人更是如此，他们都喜欢研究易理，喜欢科学的人反倒不多，所以中国古代的科技水平一直上不去。当然，中国文化在术数方面的水平很高，中国人通过术数，可以进入一个博大神秘的世界，那个世界里充满了各种信息，就像突然打开了一扇通往宇宙中心的大门。通过这扇门走出去，走得越远，看到的奇妙风景就越多，于是你就很想走远一点，再走远一点。因此，很多人一旦学进去，就会越来越着迷，越来越想往深里研究，研究到最后，就出不来了。那种欲罢不能的迷醉，能让一个优秀的读书人变成江湖术士。我年轻时就体验过那种强大的吸引力，所以我二十多岁就毅然决然地做了个决定：不能再看这方面的书或资料。佛家也是这样，坚决禁止佛弟子搞算命、预测之类的名堂，只强调变心变命。

中国历史上有很多通过内修而知外的高人，《亢仓子·全道》说："神全之人，不虑而通，不谋而当，精照无外，志凝宇宙，德若天地然。"这个"神全之人"，指的就是内修而知外的人。《亢仓子·全道》认为，这种人的精神活力非常圆满，不用思虑，便可知晓一切，用我常说的话来解释，就是虽然没有念头，却有无穷的智慧，而且，他们不需要谋划，便可以把任何事都做得非常妥当。在他们心中，一切都与心同体，都在心内，心外没有任何陌生和遥远的事物。他们的情志跟宇宙是一体的，包括道德，与天地也为一体。

这种境界，我在三十多岁就体验过，之后也有过无数次这样的经验。我说不清那是一种怎样的体验，但是，当我在那种境界中的时候，无论遇到什么样的事情，心里都会自然而然地出现答案，不需要思量。后来开讲座时也是这样，朋友们无论问我什么问题，我都能立刻回答。这就是心物一体、人天合一的智慧。它类似于直觉，又比直觉多了一种东西——老子如果活着，就会明白我在说什么，就像我也明白他在《道德经》里想说什么。他和我一样，也是每逢有人提问，便能随性作答，就像古钟一旦被敲响，就会发出悠远通透的声音。每一个踏踏实实进行传统训练的人，最终都会这样，这就是无为之知。

《管子·心术下》说："专于意，一于心，耳目端，知远之证……故曰：思之，思之不得，鬼神教之。非鬼神之力也，其精气之极也。"注意，这是一种训练方法，它的意思是，将某个意识或意念集中于一点，让自己归于一心，你的耳目跟心就可以完全达成一体，这时，就能做到我们所说的不行而知，也就是不出户便可知天下。而且，这时的知不是想出来的，而是宇宙中某种神秘的存在告诉你的，但你不是依托它的力量，而是让自己的精气神达到圆满状态，让自己的生命饱满到极限，然后与它建立连接，才能从它那里得到宇宙万物的信息，感知天地世界的变化。这些原理，在《庄子·应帝王》里都有，你可以认真地看一下。

熟读中国古代经典之后，你一定会为老祖宗的智慧所惊叹，大道的智慧自不用说，那是浩瀚无垠的大海，足以让你遨游一生、实践一生，足以改变你生命的本质和人生的轨迹，足以让整个民族、整个国家繁荣有序地发展，让所有百姓幸福安康地活着。总之，大道看似无形，其用却是无穷无尽的，是真正的"小而无内，大而无外"，因为无一物出于大道之外，也无一物不能承载大道之用。大道的智慧，就是天地间最高的智慧，也是宇宙中最高级别的密码。此外最让人惊叹的，就是术数的智慧，很难想象，如果没有人教授，河图洛书和《周易》等内容，我们的老祖宗是怎么知道的？那种博大和深奥，一般人不要说发现不了、写不出来，甚至就连读，都未必能懂，哪怕懂了一部分，也很难真正地得其精髓。那么，到底是谁教他们的？——肯定不是印度佛教，因为《管子》《庄子》

《道德经》出来的时候，佛教还没有传入中国，所以，这些智慧都是老祖宗自己的所得。或许他们也像佛陀那样，苦修了若干年，有一天，坐在一棵树下，突然间灵光一现，许多往日里忽隐忽现、难以把握的灵感连接成一线，整个体系就通了，智慧也通了。但这些灵感，这个接通一切的契机，又是谁给他们的呢？当然，佛陀在菩提树下的悟道也很有意思。所以，或许我们所有人的学习，不论儒释道，都是在寻找一个入口，一旦找到入口，宇宙的脉络就会展现在我们面前，天地万物如何运作，日月升落背后的动力，星象与大地万物的关系，全在电光火石间展现，就像有人趁你不注意，把一块记忆芯片植入你的大脑，他的智慧突然变成了你的智慧，他所知道的一切，你都能够尽数知晓。这种连通，充满了神秘色彩，但或许也是符合科学原理的，只是，它符合的是未来的科学原理，而不是今天的科学原理，因为科学还没有发展到那个层次。也许在某一天，一位科学家也能接通这个宇宙网络，突然实现了智慧的传输，宇宙密码与他本有的知识相合，他的大脑中就出现了一个用科学来解释万物的体系——这只是我的想象，但也不是不可能发生的。

全真七子之一的马钰在《马丹阳道行碑》中说："心不驰则性定，形不劳则精全，神不扰则丹全，然后灭情于虚，守神于极，不出户庭而妙道得矣。"意思是，心不动荡，你的自性就会像静水一样安定下来；身体不过度劳累，不过度奔波，你的精气就会非常圆满（"全"是圆满、饱满的意思）；念头不扰乱心，你的内丹就会完成。所以，要让情感和杂念归于虚空、放空、放松，守住无为之法，让自己无执于每一个当下，并且安心地居于静室，不要往外跑，久而久之，就可以得天道——注意，这又是老子的"不出于户，以知天下"。所以，足不出户而知天下、明天道，是中国文化的普遍追求。

伍 『走出去』与『收回来』

那我们还要不要行万里路，让自己见多识广？要，而且非常必要。

你一定要明白，智慧和知识是不一样的，智慧更注重本体的开发，需要把心收回来，踏实地训练，而知识则更注重积累，需要把眼光投入世界。不关注外面的世界，静静地待在静室里训练内心行不行？不行，就算你训练得再好，知识也不会凭空出现。只要你想贡献社会，而不是只想自己偷着乐，就一定要积累知识。有丰富的知识储备，才能在这个时代传播古老的智慧文化。司马迁为什么能写出《史记》？就是因为他年轻时游览了很多地方，能“究天人之际，通古今之变，成一家之言”。如果没有那个游览的过程，他肯定做不到这一点。简言之，知识是从外面来的，需要你走出去；智慧是心内的训练，需要你把心收回来，制心一处。不管哪个时代的传播，都需要在收心的基础上走出去，增长见识。

那么，如何走出去？我的经验是读书和外出考察或采访。

我们有个志愿者叫刘莉莉，她分享自己的育儿经验时，专门谈到了阅读。她说，自己没有很多时间行万里路，就用读书的形式来行万里路。最早的时候，我也是这样——“大漠三部曲”出版之前，我没有到过西部以外的世界，但我读了很多书，无论是中国文学还是世界文学，我都有涉猎，此外还读了很多大文化方面的著作，所以我的眼光才能超越家乡，超越自己生活的小环境，超越自己的职业，投入广阔无垠的世界，写出“大漠三部曲”那样的书。作品永远都是心灵的呈现，心里有多少东西，作品里只会更少，绝对不会更多，因为每个人都只能看到自己的世界。

不过，如果只是读书的话，我不可能建立一个这样的世界，我之所以能拓宽心灵世界，最主要的原因还是智慧训练。因为经历了严格的训练，我才能消解自己和别人之间的隔阂，理解很多以前不能理解的东西，接纳很多以前觉得非常丑陋、不能接纳的东西，从中发现人性的原罪对人的伤害，产生一种悲悯，否则，我就只会看到自己的得失和喜恶，我的眼光不可能超越身边的一小片天空，真正地看到一个广阔的世界。

我的作品包罗万象，什么样的细节都有，不乏人性的丑陋和罪恶，但为什么人们读到的仍然是诗意、悲悯和光明，而不是厌恶甚至仇恨呢？因为我心里没有这些东西。所以，我的世界吸引了各种各样的人，他们走向了我，也进入了我的世界，于是我的世界就变得更大了。而他们也因为受到我的影响，开始读书和训练智慧，慢慢地改变了自己的世界。所以，最好的教化就是以身作则，用行为和心量去感染别人，让别人也能产生向往，为自己创造一个更美的心灵世界。

除了读书之外，我也一直很重视采访和考察。在我的创作中，这是必不可少的一部分，我总会认真地准备和聆听，尽量多挖掘一些素材。所以，二三十岁的时候，我就走遍了整个凉州大地，采访了各行各业的人，其中有我熟悉的人，也有我陌生的人，有男人，也有女人，有年轻人，也有中老年人，只要他们具有一定的代表性，并且愿意跟我聊聊天，讲一讲他们的人生故事，我就会采访他们。但即便在积累知识的时候，我也没有放松过向内的观照，因为我知道，走进世界的乱象中时，假如没有足够的自控力，或是没有清醒的警觉，就会迅速被纷繁的现象给卷进去，丢掉自己的心。

对于个人的成长来说，智慧训练比知识的积累更重要。而且，如果没有足够的智慧，你就算横穿整个地球，把世界游了个遍，也不一定能积累很多知识。

有一次去西部考察，我带上了家人和几个志愿者，一个半月的行程，让我写出了《匈奴的子孙》《山神的箭堆》和《带你去远行》三本游记，每本都有三四十万字，而同行的人却没有写出太多的文章。陈亦新写得最多，明子和雷贻婷也写了几篇，虽然他们都写得很好，但不多。其他人几乎没有写。这说明我们的收获是不一样的。去北美考察时也是这样，四十多天的游历，足够我写出四十多万字的《堂吉诃德在北美》，而同行者中，只有陈亦新写了几篇文章，其他人没有写。为什么？因为我们的心态不一样。有人可能觉得那是一次旅游，有人可能觉得那是一种朝圣，有人可能觉得那是在增长见识，有人可能在体验各种各样的群体和文化，但我是以堂吉诃德的救世之心来考察北美的，所以，走过每一块土地时，我都有一种不一样的思考和感悟，也会比别人看得更深、更多。当然，这也跟我们的智慧境界不一样有关。我在游历北美的时候，是安住在智慧本体中观察世界的，但同行者不一定能做到这一点。很多时候，他们都会被外面的风景吸引，忘掉对自心的观照，也忘了对智慧境界的保任，所以才会感受不到太多的东西。他们心中的北美，和我感受到的北美是不一样的，他们心中的天下，跟我心中的天下也是不一样的。

感受力也好，洞察力也好，都是在“不出于户，以知天下”的训练中得来的，所以，我感受到的世界，陈亦新不一定能感受得到，同行的那几位朋友也不一定能感受得到。如果他们想要感受到我心中的世界，就必须经过严格的训练，让自己的心能专注于一处，同时生起一份观照和祈请之心。我们办雪漠创意写作班最主要的目的，就是通过理、事、证三个角度，教大家如何训练，如何激活自己的智慧力、想象力、感知力和观察力等能力，并且带着大家一起做训练。等他们学会训练方法之后，就可以回家实践，慢慢地，就能为自己创造一个跟功利焦躁的环境不太一样的世界，甚至可以用这个世界来影响别人，让别人的世界里也能充满鸟语和花香。

我们所认为的很多问题，包括很多烦恼，都是专注力不够引起的，只要进行专注力训练，让自己不再杂念纷飞，能安心地做好眼前的事情，那些所谓的烦恼和忧虑就不会出现。包括孩子不听话，你叫他好好读书、好好写字，他偏偏跟你对着干，刚坐下来一会儿，马上又跑去玩了。有时，这是因为孩子天生爱玩，但有时也是因为专注力不够，没有接受过系统的训练。所以，要早一点让孩子进行这方面的训练，这样他们就会一生受益。

专注力的训练方法很多，打坐、正念冥想都行，打太极拳也行，还有一些孩子通过下围棋等爱好来训练自己也很好，只要能把心收回来，专心致志地做一件事，同时提起警觉来观照自己的内心，就会起作用。如果孩子有敬仰的对象，而这个人又是一个智者，那么家长就要教会孩子，在专注的同时，心里还要保持一种向往和呼唤，希望自己能变得像自己向往的对象一样。这时，专注力训练就不仅仅会让孩子拥有专注力和定力，还会让他的人格升华，开启他的智慧。我们有个志愿者叫杨素丽，她的儿子就喜欢下围棋，而且围棋下得很好，在市里的比赛中拿了第一名还是第二名，非常厉害。因为经历过围棋的训练，这个孩子的定力很好，专注力也很强，即使在不下围棋的时候，身上也有一种静气，做什么都能定得下来。这一点很重要。朱熹之所以让弟子们半天学习半天打坐，就是这个原因。

陆 专注而善学，时代大工匠

一定要让孩子从小就学会静心，如果他从小就开始做一种训练，等到长大之后，他的专注力和定力就会非常稳定，在成长过程中也会更懂得选择，能有意识地拒绝一些“污染源”，专注在自己一辈子的梦想里，体系化地为实现梦想而做准备。你也许不知道，我虽然出生在西部的一个小村里，学习条件不如城里孩子，但我十几岁就知道自己要干什么，于是一直在着意地培养自己，储备成长所需的营养，包括文学营养，也包括文化营养，当然更包括智慧营养。所以，小时候没什么好书可读的我，却比很多城里孩子读了更多的好书，学养也更加扎实和全面。现在的孩子跟我小时候不一样，条件非常好，想看什么书都行，因此，假如在很小的时候就知道自己想做什么，立下坚定的志向，长大之后就一定能成为一个了不起的人，为世界做出很大的贡献——当然，在这个过程中，家长一定要以身作则，对一个很小的孩子来说，没有别的教育比以身作则更好了，当家长能够坚持某种训练的时候，孩子可能也能坚持下去，形成一种生活方式；如果家长找各种借口半途而废，孩子也会学他的样子，用借口去面对一切，那么他这辈子就会是个庸人。

至于训练自己静心的方法，因为不是本书的重点，所以我讲得比较简单，有兴趣的朋友可以去看《佛陀的智慧》，那套书有三本，比较长，但很值得看，绝对不会让读者浪费时间。因为，它是我对《金刚经》的体系化讲解，讲得很深，也很全面，专门教大家如何进行无为之知的训练，如何做到“不出于户，以知天下；不窥于牖，以知天道”和“弗为而成”。要是工作很忙，也可以看看《空空之外》，里面也有很多对治妄念和训练专注力的方法。

除了专注力训练之外，家长还要教会孩子如何约束自己。对孩子来说，约束自己是最难的，如果一个孩子从小就能自律、自省、自强，他长大后就一定会很了不起。

约束自己，佛家称之为“戒”，也就是制定一些必须遵守的规则，明确地告诉自己什么能做，什么不能做，然后严格地监督自己，让自己确实能做到，并且养成习惯，形成生活方式。比如，从陈清如三岁起，我就有意地培养她，给她制定了一些行为规范，她必须在每天早上起床后背一段经典，录成视频发给我看，如果她能遵守，我就给她发红包，如果她不能遵守，我就不给她发红包，每天如此。刚开始，我还要催一下她，后来，不用我催，她自己就能遵守得很好，因为她已经形成了稳定的习惯。

对孩子一定要有这样的训练，他听话时一定要给他一点好处或奖励，让他觉得这么做很好。人类训练小动物时就是这样，比如，要想让猴子愿意翻跟斗，就要在它翻跟头时给它吃的，几次之后，它就会形成一种条件反射，觉得翻跟斗很开心。动物园的驯兽师都是这样做的，人们训练家里的宠物时也是这样做的。为什么？因为小孩子和小动物都很调皮，想要让他们听话很不容易，但他们都有欲望，可以先借欲望吸引他们的注意，让他们形成某种认知和习惯，然后再慢慢地转化他们。这种方法，佛家称之为“先以欲勾牵，后令入佛智”，佛经上就有记载。比如，佛陀看到小孩子在井台上玩，知道他很危险，很容易掉下去，就握住拳头，告诉孩子自己手里有一颗糖，叫孩子自己过来拿，这时，孩子就会乖乖地爬过来，离开原先那个危险的处境。如果佛陀直接告诉孩子这样很危险，叫他离开那里，孩子会怎么样？孩子会不理他，继续玩。所以，对待不听话的孩子，就要用他最喜欢的东西来训练他，慢慢地把他引到正路上来。不要说小孩子了，大人也是这样，我培养志愿者的读书习惯时，也会用做游戏输了要送书，赢了可以得书的方法来熏染他们，这样他们就会爱上书，慢慢地也会爱上读书。所以，我身边的人很少有不爱读书的。

记住，人是动物，肯定会好吃懒做、贪婪愚昧，所以，教导人们向上，就要在贪、嗔、痴上下功夫，借贪、嗔、痴的工具把人们引向正路，这样会比用道理去教化简单很多。

还要记住，无论大人还是孩子，过于行万里路，不观照内心，都会变得非常散乱。这时，智慧消失了，定力消失了，人也会走向平庸。所以，如果没有对智慧境界的守候，见闻太多反而会让人静不下来。读书也一样，读书过多时，人就会变成知识的储藏室，一旦储藏室满了，放不下了，他就会对一般的知识产生排斥，因为他对很多知识都很熟悉，比谁都了解，这时，读书就不能让他静心了。但不要紧，他仍然可以通过专注力训练让自己静下来，把心收回来。当他守住内心的宁静，再去看很多他觉得过于熟悉、提不起兴趣的书时，或许就会有另一种感觉，也会得到不一样的营养，尤其是那些真正的好书。所以，只要真心想追寻真理和安心，就任何时候都来得及。

当然，真正的读书人都是因为爱而读书的，积累知识只是它的副作用。如果你把副作用当成主要目的，读书就会变得非常痛苦，越读你就会越焦虑，因为你不可能记住那么多信息。所以，不要功利地读书，享受读书的快乐和求知的快乐就好，其他东西很快就过去了，追逐也没用。追着追着，你就会丢掉自己的心，这又是另一种“其出弥远者，其知弥鲜”。

人之所以会“其出弥远者，其知弥鲜”，还有一个理由就是接收的信息过多，难以分辨，于是陷入了混乱。世界上充满了各种各样的人，不同的人有不同的心思，不同的利益，想要追求不同的公平，于是各种各样的念头、欲望、情绪和执著，就导致了各种乱象的产生，此起彼伏，生生不息。如果看不透这些乱象的本质，人的心灵就会受到干扰，甚至受到污染，产生很多新的欲望、执著和念头。再加上获取信息的便利和各种信息的泛滥，人更是会受到极大的干扰，因此产生迷惑，变得浮躁。老是看手机的人不想读书，也读不进去，就是因为心灵过于浮躁，老是看电视的人也是这样。很多人都是这样，包括我，也有过这种感觉。浮躁的人什么都不想做，整天只想娱乐、上网和睡觉，所以老年痴呆症患者越来越多。我们的下一代人可能会更麻烦，老年痴呆症有可能不再局限于老年群体，还会有很多人得眼疾。这都是信息过剩造成的影响。当然，眼睛的问题也源于不良的用眼习惯。

总而言之，人的智慧本体还没有被激活，人在智慧上还没有觉醒的时候，就容易“其出弥远者，其知弥鲜”。缺乏智慧的观照，缺乏对真心的守候，人就会被外界的事物所牵引，走得越远，见得越多，心就会越乱。这就是老子所说的“驰骋畋猎令人心发狂”。相反，心中有定盘星的人，走多远都在自己家里，也就不会“其知弥鲜”了。心中有定盘星，就是智慧本体已经被激活，人在智慧上觉醒了，也能安住于对真理的认知，把心给定住。这靠的就是我上面所说的专注力训练。

据说日本人特别注重工匠精神，工匠精神是什么？就是专注。专注于一事，每一个细节都打磨得尽善尽美，就像过去莫高窟的工匠们绘制壁画、雕刻佛像一样。因为这种精神，日本有很多百年企业——据说超过一百年的有两万多个，超过两百年的也有两三千个。那西方有超过百年的企业吗？有，而且很多，尤其是德国。据说德国有八百三十七家企业超过了两百年历史，很了不起。

中国历史上经常会出现一种现象：过去修好的建筑，新上台的人不但自己不用，还会把它给毁掉，通过毁掉它，来发泄自己的一种情绪，也想在老百姓心中把这个东西完全打碎。最典型的就是项羽烧阿房宫，那么雄伟壮观的宫殿，耗费了那么多人力物力和财力，项羽一把火就给烧了，因为他恨秦始皇，这种仇恨把他的理智彻底给掩盖了，这时，他是想不到老百姓的。这也是前面所说的“烧心八苦集”。秦始皇也是一样，他修阿房宫、修秦始皇陵、杀百姓、焚书坑儒的时候，也丝毫没有想过百姓，没有想过文化的传承，他也“烧心八苦集”，什么都看不到了。当然，日本历史上也有这样的经历，德川家康灭掉丰臣家族的时候，就把丰臣秀吉建的大阪城给焚毁了，没有焚毁的部分，也被他们全都埋进了土里，然后他们重新建了一座带有德川家风格的大阪城，我们今天看到的大阪城，其实已经不是最初的大阪城了，但日本的很多传统文化，他们那种单一甚至单调的工匠精神，还有对传统文化的坚守，都很有意思，值得我们学习。

很多时候，工匠虽然社会地位不高，收入也不高，但他们的精神境界却有可能比很多人都要高，因为他们能沉得下来，不会被浮躁的时代所同化，也不会被花花绿绿的欲望所诱惑，这已经很不容易了，说明他们是有智慧的。虽然他们的智慧可能没有达到本体智慧的层次，但也非常难得。我有一套书叫《大师的秘密》，讲的是古印度八十四位大成就者的故事。那些成就者中有国王、有富翁、有重臣，也有很多手工业制作者，并且是最底层的工匠，但恰好因为他们的生活方式很单一，让他们能静得下心做一些事情，所以他们就做到了有智慧、知天下。

我们其实也该这样，但又不能仅仅这样，还要在根本智慧的指导下，尽量多汲取一些必要的营养，让知识为自己所用，同时又不被知识所裹挟——一定要记住，向外学习的时候不能丢掉根本智，如果没有根本智慧的指引，盲目或被动地被知识和信息所裹挟，便会偏离大道。

柒 智者无功利，不事有为功

掌握术数者过去被认为是高人，但他们必须借助五行八卦、天干地支等方式来知晓天下。真正的圣人不需要这些工具，他心如明镜，朗照万物，不需要刻意地观察和洞察，自然对一切了然于心。所以，老子说“不窥于牖，以知天道”，这才是老子提倡的境界，也就是无为而无不为。

无为而无不为，就是“不行而知，不见而名，弗为而成”，一切自然达成，不需要着意做任何事，就像镜子永远不会思考眼前人在想什么。但镜子不想，是因为它不是活物，圣人不想，则是因为他“照见五蕴皆空”，即看到一切，明了一切，却也明白一切都在变化，很快就会过去，不值得在乎，甚至不值得花时间去想，所以，他允许一切发生，也允许一切结束，无论来去，他都不在乎。

这种智慧不是学来的，而是向内求来的，老子只能告诉你怎样不对，但怎样才对，你需要自己按照方法去训练，自己去观照内心、开启智慧。训练到一定程度时，你的本体智慧就会被激活，那些看似抽象的内容就会变得具体，但它仍然是不可表述，只可意会的，所以佛陀才说“不可说，不可说，一说就错”。但老子还是一遍遍地表述，一遍遍地强调，那字里行间，都是一个老人悲悯的心。

在大道智慧的观察下，你就会明白，神通需要条件，而智慧是无条件的，是生命本具的。

简单地说，神通和智慧是两条路子，前者的目的是改变世界，达成自己的目的；后者的目的是向心内求道，最后达到心就是大道、大道就是心的境界，也就是老子所说的合道、得道。这时，他们自然会无所不知，甚至会拥有一些神通，但他们仍然不会去用，如果用了，就说明他们的心变了，有了功利。圣人不用神通给自己谋利，也是这个道理。

圣人是“不行而知，不见而名，弗为而成”的，就是说圣人没有功利心。没有功利心，很多事情才能一直做下去，即使“明知不可为”，也会一如既往地随缘“而为之”。所有的放弃，都是因为心里有功利，如果没有功利，你就不会失望，如果你不觉得失望，又有什么好放弃的？所以，不要有功利，一切顺其自然就好。

成功也是这样，虽然我经常提起成功，但事实上我并不执著于成功，我知道成功像喝彩一样，只是一场梦——也许你人还在台上，掌声就已经停了，刚才为你鼓掌的人已经开始自顾自地聊天。这就是喝彩的真相。所以，有些东西不值得执著，执著也没用，不如全心全意地做好自己。

做好自己，就是提升自己的综合实力，当你把自己做好时，你就有了很强的综合实力，这也是竞争力之一，而且是一种非常扎实的竞争力。比如，有些孩子读书时可能很一般，成绩始终排在中间，不上也不下，但他将来仍然有可能会成为跨国公司的董事长，带领一帮博士、博士后、教授一起做事。所以，要帮助孩子发现他最喜欢做的事情，同时还要帮助他们建立完善的人格，这些才是决定人生成败的关键因素。能当大官的人，成绩可能不是特别好，但他的组织能力很强，联络能力也很强，情商很高，人际交往很好，这些才是他取胜的原因。所以，家长要注意培养孩子的综合实力，不要把孩子关在补习班里，让他的生活里只剩语数英。

在这个时代，成功更多靠的是情商和人际关系，而不是学习成绩。学习成绩之所以重要，是因为它能让孩子上个好学校；好学校之所以重要，是因为孩子的成长需要很好的老师和环境。一离开校门，成绩只是一串数字，不用过于在乎。真正的“学霸”，也不是学习成绩很好的人，而是善于学习，在任何领域都能钻进去，学得很深很透，甚至能够灵活运用的人。

《西游记》里的唐僧最优秀的不是学习能力，而是他的人格和智慧。除了偶尔对孙悟空念一念紧箍咒外，唐僧对任何人都很好。孙悟空的能力很强，但他没有唐僧那样的智慧和胸怀，只能跟着唐僧老老实实地向前走，否则一辈子都是个泼猴，最多闹闹天宫，到不了西天，也成不了佛。所以，要在综合实力上下功夫，尤其是人格和智慧。

所谓的情商，就是人格，当你的心很软时，自然会对任何人都很好，不忍心伤害任何人。唐僧之所以对所有人都很好，甚至对妖精也很好，就是因为他的心好，总会同情任何人，理解任何人，不管对方是什么人、跟自己有什么关系，他都会这样。所以，智慧到了，放下了自己时，很多东西自然就会变成那样，不用你刻意去做任何事。这就是“圣人不行而知，不见而名，弗为而成”。

圣人从来都不渴望成功，他们通晓天下事，也知道怎样可以成功，但他们不会这么做，尤其不愿去打天下。老子就是这样，他宁愿躲在图书馆里，躲不住了，就出关，躲到关外去。庄子也是这样，他宁愿编草鞋度日，或是做个小吏混口饭吃，甚至到处借粮，也不愿为相。为什么？因为进入官场就会非常忙碌，如果身体过于忙碌，心就会静不下来，没法拥有无为的智慧，那么他就宁愿不做官，哪怕要扎紧裤腰带过日子也不在乎。

我说过，很多东西都是由生活方式决定的，智者有智者的生活方式，官员有官员的生活方式，官员如果过上智者的生活，就有可能会证得智慧，变成智者；智者如果当官，过上官员的生活，就会失去智者的生活，或许还会失去智者的心境。

这就是有为和无为的区别，无为的智者绝不会做这种事，因为他们不在乎个人利益。有为的高人却不一定。因为，有为的高人可以做到“不行而知，不见而名”，却做不到“弗为而成”。

什么是“弗为而成”？就是随缘做事，不管结果如何，最后却往往能如愿以偿。孔子说“天何言哉”，意思是天从不说话，更不会夸夸其谈，但万物自然会生长，这也是无为而成。有为的高人之所以做不到这一点，是因为他们依赖术数等工具，有所凭依就有所执著，有所执著就不能进入无为的境界，凡事都容易强求结果。比如，如果术士想让万物生长，就会动用术数，他们也许能达成愿望，却会因违反自然规律而招来不祥。这类人，更不可能“弗为而成”。圣人之所以能做到“弗为而成”，是因为他们顺应自然，顺应时运，永远不会逆天行事，比如，他们可以做一些事情推波助澜，却不会强迫冬花在春天开放。这就是术士和圣人的区别。

以这样的标准来看，老子是圣人，因为他是无为的。他虽然去了函谷关，让尹喜有机会见到他，但若是尹喜不求道，老子也会笑一笑离开。不过，老子“不行而知，不见而名”，自然知道尹喜的求道之心。而明白时势，懂得借势，也能顺势，是圣人能“弗为而成”的原因。所以，老子虽然无为，他留下的《道德经》却影响了世界，很多哲学家、文艺家都在研究《道德经》，即便人们不能完全读懂，不能真正入道修行，老子的哲学也依然会给他们带来启迪，让他们的生活发生不同程度的改变。所以，老子无为，却影响最大，这就是真正的智者。真正的智者有一种无相无为的超越精神，他们不需要凭借任何东西，也不需要苦苦地追求，就能做成一些了不起的事。

庄子也是这样，非常了不起。《庄子》的境界不输于《道德经》。有兴趣的话，你可以先看看《逍遥游》，《逍遥游》跟《道德经》不一样，《道德经》直接讲理、讲证、表述境界，而《逍遥游》则充满了故事。如果按传播学原理来看的话，《逍遥游》可能会更适合现代人的阅读。

《逍遥游》中的第一个故事很多人都听过。庄子说，远古时代有一种很大的鱼叫鲲，它足足有几千里长，后来它变成了一只叫鹏的巨鸟，展开翅膀也有几千里宽。鹏迁徙到南冥去的时候，必须借助大海的力量，因为它必须激起三千里高的水花，才能产生足够强劲的上升气流，托着它飞上九万里的高空，让它乘着六月的风离开。这么大的鸟，轻轻一扇翅膀就能飞很远，它是不是很厉害？很多人都会觉得它很厉害，但庄子说它不厉害。为什么？因为它必须击水三千才能飞得起来，换句话说，它的厉害是依托大海来实现的，没有海，它就是虎落平阳被犬欺，英雄无用武之地。

地中海的那些邮轮也是这样，我们去欧洲时坐过地中海邮轮，它很大，客舱足足有十七层楼高，可以容纳几万人，就像一个社区。但因为它的排水量太大，必须有足够深的海水来支撑。如果遇上飓风海啸，它也会很危险。总之，它的强大需要太多的条件，稍微有一项不满足，它就不再强大了。

同样道理，列子能御风飞行，能像风筝一样，乘着风在天上飞，庄子却认为这样也不算强大，因为没有风列子就飞不起来。注意，世间法意义上的高人都是这样，都需要有所依托，如果没有依托，他们就立马不高明了，所以他们不是圣人。圣人是不需要依靠的，不管外界怎么样，不管他有没有能够赖以支撑的东西，他都是那样——快乐，安详，坦然，自在，无畏，无条件地超越，并且对世界充满爱，这才是真正的高明。所以，不要依托任何东西。历史上无数的高人依托于政治集团，刚开始看起来很厉害，很高明，但最后怎么样？最后都变成了妖僧妖道，身败名裂。

刘伯温也很高明，据说能神机妙算，但他没算出最后要他命的会是朱元璋。也许这件事对他的冲击很大，他发现术数修得再好也没有意义，因此他叮嘱儿子，叫他们一定不要学术数，不要重蹈他的覆辙。可惜他明白得有点晚了，假如他能早点明白，也许就能像张良那样退隐。诸葛亮厉害得不像个凡人，但他对很多事无可奈何，他苦苦操劳了一辈子，却“出师未捷身先死”，就连好不容易建立的蜀汉，在他死后最终也被曹魏给灭了。所以，他的故事充满了传奇色彩，也充满了悲剧性。

很多我们所认为——甚至历史所公认——的高人都是这样，一辈子执著地想要改变世界，但无论他们怎么执著、怎么奋斗，世界都是那样，于是他们就活成了一个悲剧。所以，圣人永远不去改变世界，他只管安住在自己的世界里，不执著于任何事，对待世界时就像太阳照耀万物，只管照亮，不去强迫和干预。

所以，任何时代都不需要神通，需要的是智慧和行为。中华民族文化中最有普世价值的内容，就是圣人的智慧，圣人的智慧铸就了中华文化的独特价值。

第四十八章

损

【原文】

为学日益，为道日损。损之又损，以至于无为。无为而无不为。取天下常以无事，及其有事，不足以取天下。

壹 扫净心头执，不为而成事

为学日益，为道日损。损之又损，以至于无为。无为而无不为。

“为学日益”，“为学”是获取知识，积累经验（包括社会经验），学习你不知道的东西，侧重于术，即如何应对世界。

追求学问需要每日积累，不积累无以成学问。我们说“读万卷书，行万里路”，强调的就是要养成积累知识的习惯。比如学英语，你必须一个单词一个单词地积累，每天诵读，形成习惯，不能说学上几天就不学了，觉得烦。这样是不可能学好英语的。想要精通英语，必须付出足够的时间，积累一定的单词量，否则肯定学不好。所以，追求学问是一件很麻烦的事情。不过，这个世界上任何事都很麻烦，活着本身就很麻烦，想要不麻烦，只有一个办法，就是躲到山洞里去，不跟人接触，也不工作，靠采野果野菜过日子。如果不想过这种日子，就必须忍受活着带来的一切麻烦。同样，如果希望自己能有丰富的学养，就必须忍受积累知识的麻烦。不过，很多事情麻不麻烦在于你的心，如果你能把心调整过来，多麻烦的事情都会变得不麻烦，因为那也是一种快乐——求知的快乐，学习的快乐，成长的快乐。

智慧的顿悟也是这样。虽然智慧的顿悟很快，但是对很多人来说，在顿悟之前，要经历很长时间的寻觅，要读书，要找善知识，找到善知识之后还要建立信心，万事俱备了，才会顿悟。所以，顿悟不麻烦，但是要让自己具备顿悟的一切因缘，却不一定简单。

当然，对上根之人来说，顿悟很简单，他们在人生中已有了足够的感悟，把很多东西都放下了，又遇到了他们一见面就很有信心的善知识，于是他们的心灵就像干柴遇到火苗，一下就被点燃了。这个过程确实不麻烦。但是，即便智慧上顿悟了，也仍然要在事情上渐修，让顿悟的智慧能贯彻自己的一生，贯彻在每一件事、每一句话、每一个心念之中，这同样是一个无比麻烦的事情。很多人在渐修的过程中坚持不下去，就会放弃。但实际上，再麻烦，也不过是一种生活，换一个心态，去享受生活中所有的过程，不要在乎结果，不要在乎速度，不也挺好吗？

比如，我常说我享受写作的快乐，但这种生活方式在别人眼中可能又是一种麻烦——每天早上起来，洗漱，禅修，写作。写到中午，吃完饭就去锻炼，锻炼完再休息一下，又继续写作或读书，一直到晚上。这就是我的生活方式。在很多人看来，这种生活一点都不浪漫。我就是这样日复一日、年复一年地享受着人生。

追求学问也是这样，只要找到追求学问的理由，人就能坚持下去，把麻烦变成另一种精神上的浪漫。当然，久而久之，这种浪漫你也不在乎了，因为它成了你的习惯。不管浪不浪漫，你都会呼吸，都要吃饭，都要睡觉，学习最后也会变得跟它们一样。我现在就是这样，心里连浪不浪漫都没有，已经形成了一种本能。跟朋友们聚在一起时，除了会分享一些东西给他们，我也会习惯性地跟他们聊一些他们擅长的事情，这对我来说，也是在学习和积累。养成学习的习惯之后，生活中的任何一个点滴，都会变成你的营养。这时，学习就不麻烦了。所以，麻烦是人生的基础，所有的成长和美好，都要经历一个麻烦的过程，才能享受到成长的快乐。

“为道日损”，“为道”是追求道、修道，侧重于慧，即大道的本体。修道跟学习相反，它是一个做减法的过程，但同样需要每天坚持，甚至需要在每分每秒中坚持，把它变成一种生命本能。对个体修养来说，这一点非常必要。

“损之又损，以至于无为。”如何做减法呢？首先要发现自身的贪、嗔、痴、慢、妒、疑等，然后把它们给扫走，不要让它们蒙蔽自己、掌控自己的心。这些东西越来越少时，你的心灵就会越来越干净，越来越接近道的境界，最后，你的本体智慧就会苏醒。所以，在求道的过程中，干扰越少越好，执著、贪婪、仇恨等负能量也越少越好。所谓的修心，就是这么个修法。

不用担心“为学日增”会影响“为道日损”，因为前者积累的是知识，而不是贪、嗔、痴，后者扫去的不是知识，而是贪、嗔、痴，两者针对的对象不同，本来就不存在冲突。即使在积累知识的过程中，难免会接触到一些情绪、偏见和执著，也没关系，扫走它们，不偏不倚地留下知识就好。我就是这样，我每次问大家一些东西，都会学到新的知识，扩充我原有的知识体系，但学的过程不会影响智慧的本体，问完就问完了，那个问的过程也好，得到的知识也好，都被我忘掉了。

对一切我都是这样，不会放在心里。到过我房间的人就会发现，我的房间里放了各种小吃，而且到处都是。为什么？因为我总会随手把小吃放在一个地方，然后就忘掉了，直到它们被人发现之前，我的世界里是没有它们的。当然，有时我也会发现它们，但机会很小，因为我只会在想吃东西的时候看上一眼，这一眼能看到的，就会被我发现，这一眼没看到的，就会继续留在我的世界之外。志愿者帮我打扫房间的时候，总会从各个角落发现一些坏掉的食物，每当这时，他们就会提醒我不要不舍得吃，于是我就会告诉他们：“我不是不舍得吃，是它们进不了我的心。所以你们看到了，要及时地吃掉，不要浪费了。”为道就是这样，不能把任何事情放在心上。如果你的心里总有牵挂，本体智慧就不可能开启，这时，不管你念上多少遍咒子，心也改变不了，看到不舒服的还是会生气，甚至产生仇恨，而自己却不能自知，更不能自控，这就是没有好好地观照自己的心，“其出弥远者，其知弥鲜”了。为了避免“其出弥远者，其知弥鲜”，最好的方法就是“为道日损”“损之又损，以至于无为”，当然，也是“不如守中”，守住本体智慧不动摇，将多余的牵挂都扫走。一次扫不掉，就扫两次；两次扫不掉，就扫三次；三次再扫不掉，就扫四次……一直扫到贪、嗔、痴、慢、妒、疑都不能驻留在自己心里，自己心里只有当下的明白，就对了。

什么叫“扫”？就是斩断连绵不断的念头，毅然决然地回到当下，不要继续想下去。为什么生活中一些小小的事情都能让两夫妻离婚？就是因为彼此都不能回到当下，让一些负面的情绪停在心里过久，发酵成了仇恨，彼此成了仇人。仇恨很可怕，一旦你的心里住进了仇恨，多软的心都会变得很硬，这时，你看谁都会不顺眼，从谁的身上都看不出值得欣赏的东西。但真正的训练者往往会及时自省，发现自己走进了误区，然后抽身出来，重新回到修行的正轨上去。而貌似修行却不想真正修行的人，以及不懂如何修行的人，则会把世俗的标准作为产生情绪甚至仇恨的理由，让自己越陷越深。有些人不但不自省，不改变自己，还会挑拨别人跟自己一起不自省，一起仇恨别人。

很多时候，有些人喜欢研究佛理，或在形式上做出一些努力，但回到生活之中，他们却会忘掉反省自己。一旦反省自己，他们又会被眼前的困难给吓倒，觉得自己跨越不了，战胜不了人性的障碍。我告诉他们，人性中的污垢确实很难洗掉，因为它就像体液渗透在细胞之中那样，渗透在我们的所有行为心念之中，你必须不断地洗，不断地反省自己，不断地清扫。假如你能坚持下去，就一定能战胜自己，除非你放弃了。

我的很多读者对我很好，为什么？就是因为他们从我的书中知道了方法，明白了道理，改变了自己的生活方式和思维方式，享受到了放下的快乐和安宁。

所以，我的世界里永远只有当下最重要的事情，其他的一切，只要离开了当下，离开了我的眼前，就会从我的世界里消失——不是彻底消失，我也会想起，只是不会在心里留下牵挂而已——甚至包括好书。这就是日损，把一切的贪、嗔、痴、慢、妒、疑都扫掉，心里不留任何牵挂，永远专注于当下在做的事情，不要让任何事干扰自己，更不要自己干扰自己。你想一想，如果能做到这一点，自己能多做多少事情？

“以至于无为”，扫到最后，心里就一点执著都没有了，这时就达到了无为的境界。

“无为而无不为。”虽然心里没有执著，但还是会做事，而且不管做什么事都不会在乎结果。不在乎结果，只管积极尽心地去做，就是无为；因为不在乎结果，所以永远不会放弃，因为制心一处有本体智慧的照耀，所以凡事都能找到症结所在，并且能够顺势造势，自然做什么都能成功。

有一个关于李广的故事很有意思：李广善于射箭，有一天他夜里出去巡视，忽然发现远处有一只“大老虎”，他立刻如临大敌，屏息凝神一箭射了过去，但是他明明射中了那只“大老虎”，它却并不惨叫，也不倒地。他觉得很奇怪，就小心翼翼地走过去，一看，却忍不住笑了出来——原来那不是什么“大老虎”，只是一块大石头，他的箭深深地射进了石头里，怎么拔都拔不出来。他觉得很惊讶，因为他不相信自己有这样的臂力。于是，他又朝着石头射出了几箭，但没有一支箭能射进石头里。为什么？因为之前他全神贯注，精神高度集中，于是就得到了大力；后来他有了杂念，于是就能量涣散，臂力又恢复了平常的水平。这就是“精诚所至，金石为开”——虔诚专注在当下的事情之中，那么不管多大的困难都能解决。

以前有一个报道也是这样：有个母亲看到自己的孩子被压在汽车下面，想都没想就冲上去，一下把汽车抬了起来，把孩子救了出来。但孩子脱险之后，她的力量就恢复了平常的水平，再也不能抬起汽车了。所以，这也是专注的力量。那个母亲在想都没想的时候，恰好进入了制心一处的境界。可见，制心一处的力量是非常强大的，它能让人超越一般状态下的自己。

贰 无事共安乐，有事生纠纷

取天下常以无事，及其有事，不足以取天下。

“取天下常以无事”，什么是“取”？让某个存在进入你的生命，让自己的心跟它相遇，就是“取”。当然，“取”也可以理解为“得到”，那么“取天下”就是得到天下的意思。统治者一般会这么理解。但我觉得老子不是这个意思，他想说的，应该还是如何修道，因此，将“取天下”理解为应对天下事，让天下事进入自己的生命，与天下事相遇，或许更为合适。《金刚经》说“不取于相，如如不动”，这个“取”，跟这里的“取”有些相似，都有相遇的意思，但“不取于相”的“取”偏重于执著，而这里的“取”则偏重于相遇、与眼前的世界发生关系。

“无事”是什么意思？就是不要故意找事，也不要有意且执著地想要达成什么事，要顺其自然。否则，事情就会变得非常麻烦。一到年末，就有很多朋友问我明年的打算，但我很难回答。朋友问我，什么时候到他的城市去开讲座，我也说不清。为什么？因为我没法确定将来会做什么，我所做的一切，都是顺着因缘继续下去的，就算做好了计划，因缘一变，我也会变，所以说不清。我甚至不知道自己下一句会写什么，因为写出来的内容也不是我计划好的，我只是顺其自然而已。同样，我不知道自己要写的东西什么时候能写完，反正，只要生命存在，我就会一直写下去，什么时候能写完都不要紧，我不去追问。不去执著地追问，就是无事。

我总说，我们又不急着去死，着什么急？所以，无论做什么事，该做就做便是，不用考虑结果，也不用管有没有用，尽心而已。从容地享受每一个当下的生命，从容地享受每一个当下的相遇，从容地享受每一次的生命经历，从容地享受每一个当下的体验，包括所谓的挫折和磨难，因为它们是人生的一部分。我们要享受整个人生，而不只是人生中的某些片段，这样才能享受生命，享受活着。

“及其有事，不足以取天下。”如果不能做到无执无为，就不能很好地应对天下事，也不能很好地享受每一次的相遇，于是就会感觉到诸多的磕磕绊绊，好像很多东西都不顺心。所以，无论做事还是做人，都要无执无为，这样对人对己都是最好的。

“文景之治”是中国历史上很重要的一段时期，经历过战乱和饥荒的折磨，国家元气大伤，老百姓疲惫不堪，但因为统治者选择用黄老之术来治理国家，朝廷不再折腾，因此国家慢慢恢复了元气，老百姓过得非常安宁，整个国家呈现出一派祥和向上的氛围。一个国家如果老是折腾来折腾去，你斗我我斗你，就会出现诸多的不吉祥。所以，争斗和折腾都是不吉祥的。

国与国之间也是这样，如果两个国家总是你看我不顺眼，我看你不顺眼，就会慢慢发展为大战，这就更加麻烦了。所以，有个成语叫“相安无事”，意思就是彼此和谐相处，没有任何人制造事端。这样的日子，对老百姓来说是最幸福的。

地球上的资源，包括土地、能源都是固定的常数，你折腾我，我折腾你，也不能让地球上的资源更多一些，到头来，不过是从你那儿转移到我这儿，从我这儿转移到你那儿，最后谁也不能永远拥有，还不如消停一下，好好享受一下安宁与祥和，共同致力于让家庭、群体、国家、世界、人类变得更好。这句话看起来很大，似乎没有实现的可能性，或许也真的不可能实现，但不要紧，可以先做好自己，自己做好了，就为世界、历史和人类点亮了一盏灯，即便不能照亮世界，也能带来一点温暖和正能量。只要我们把光明和善美传递出去，就会点亮一盏盏心灯，渐渐地，世界上的黑暗就会越来越少，被光明照亮、远离黑暗、变得幸福的人也会越来越多。

所以，不要折腾，好好为世界贡献一点正能量，让自己的人生非常充实幸福，让自己的智慧能得到开启，让自己的人格更加完善，为自己创造一个很美的精神世界，这比什么都强。

我们去欧洲考察时，听说过“欧洲丈母娘”的故事。所谓的“欧洲丈母娘”，指的是奥地利女王玛丽亚·特蕾西亚，她是哈布斯堡家族最后一个男性继承人查理六世的大女儿。她有过一个哥哥，但那个哥哥很小就夭折了，后来她的父亲修改了法律，将最大的孩子定为王位继承人，她才能顺利地当上女王。而且她的父亲很宠她，拒绝了政治联姻，让她嫁给了自己所爱的人，但也因为没有政治联姻的庇护，查理六世死后，普鲁士国王腓特烈二世带头不承认她的女王身份，欧洲几个国家联合起来，对奥地利发动了王位争夺战，她带着孩子四处奔走，争取欧洲各国贵族的支持，足足奋斗了八年，才终于结束这场战争。她婚后生了十六个孩子，在最初的二十年里，据说她不是在生孩子，就是在怀孕，后来，她把四个女儿嫁给了其他国家的王室，因为她不希望国家再一次陷入战争。她说：“让他们去打仗吧，我们举办婚礼！”可见这个女人的智慧和远见。最后，果然因为政治婚姻，奥地利和平了很久，而她，也成了人们口中的“欧洲丈母娘”。

其实，古代的中国文化一直很注重道，佛家讲究消除五毒无明，道家讲究去除机心、返璞归真，儒家虽然追求克己复礼，却也有“朝闻道，夕死可矣”的说法，可见儒家对道也是有所追求的。

但这种追求并不普遍，很多儒生在学习儒家思想的时候，更注重的是它的经世致用，而他们对经世致用的理解，又容易走偏，变成建功立业，只有最高明的那些人，才会着重于个人修养的训练，这群人跟修道者很像。最典型的就是颜回。包括邵雍，也自称是儒家，但他的著作明显超越了儒家，对道教文化有很深的研究、实践和运用。

可惜中国文化现在很少谈及道了，追求道的人也不多，即使在佛道两家的实践者中，真正把得道作为目标的人，也不多。更多的人，还是很在乎物质层面的东西，这跟道的本体没有关系，在乎这些东西，甚至追求这些东西，就会离道体越来越远。

什么是道体？道体就是道的本体，它朗然空寂，明空不二，无法形容，也无法具象地表述，更拿不出来，只有在制心一处、物我两忘的时候，修道者才见得到它。一旦修道者心中出现物累、名累、情累，出现欲望和烦恼，出现我执、情执和法执时，道的本体就会隐没，就像天空中出现过多的乌云时，太阳就不见了。所以，真正的修道者不多，真正的得道者更是少之又少。

叁 断舍离的不光是外物

修道要“断舍离”，要把心里的多余之物一一清走。

把心里多余的东西清走，就是老子所说的“减”。《慧命经·正青山人序》中说：“故超凡入圣之学，第一要克己去私，纤毫务尽，所谓‘损之又损，以至于无为’，人未纯阳，心已纯阳；身未返真，天真已返。”想要超凡入圣，首先就要约束自己，一点一滴的私心都不能放过，也就是老子所说的“损之又损，以至于无为”。这时，即使身体没有达到纯阳的境界，心灵也已达到纯阳之境；就算身体还没有返璞归真，心灵也已经返璞归真。其中的“克己”，就是约束自己去除私心的意思，“纤毫务尽”，就是一点都不能留下。为什么不能留下？因为留下会很麻烦。

我过去定居在西部的时候，心里连一点私心杂念都没有，也不会搞人们所说的关系。“大漠三部曲”出版后，我去北京的鲁迅文学院学习，有些朋友就教我说：“雪漠，你不能这样，一定要学会搞关系。来这里就是来搞关系的，你不搞关系，来这里有什么用？”我听了觉得很有道理，就惶惶不可终日地想着什么时候该拜访谁，想好之后，就开始买礼物。但我从来没搞过关系，不知道要送什么礼物，也不知道该怎么送，于是，因为觉得芝麻糊最好吃，就买了些芝麻糊，觉得不能直接拿着芝麻糊去拜访别人，必须找个袋子装上，就在房间里找了个很大的黑色塑料袋。后来我才知道，那原来是垃圾袋，当时我根本想不到。因为我们老家是西部的一个小乡村，不习惯用垃圾袋装垃圾，也没什么垃圾，吃不掉的东西会拿来喂猪，用过的纸会拿来喂羊，剩下的麦草等东西用来烧火取暖，最后也没剩下什么东西，所以我们老家连垃圾场都没有。你可想而知，那次搞关系搞得多么尴尬。再后来，我就再也没搞过关系了——不是怕尴尬，而是觉得没这个必要。所以，我人生中这唯一的一次搞关系，更像是给自己提供了一种生命体验。

有一次，我带着陈亦新去上海参加活动，因为陈亦新以后要发表作品，我就叫他去见一见《萌芽》杂志的主编，但陈亦新死活不肯见，还说见了也没什么意义，他要是没有作品，见了也白见；他要是有好作品，人家还得求着他，根本不用他去见。

还有一次，我有个朋友要介绍一位能人给我认识，他说："雪漠，这个人你一定要认识，他是我的好朋友，如果你能和他搞好关系，将来办什么事都会很方便。"我当时答应了，但一直没去拜访过。再后来，我发现不拜访是对的，因为那个人出事了，我如果跟他搞好关系，也会受牵连的。

私心就是这样，你抱着再大的私心去做一些事，也不一定能得到自己想要的结果，反而会让自己很麻烦——就算不给自己添麻烦，也会让自己的心里多了很多负担，比如不得不看人脸色，不得不在一些事情上妥协，不得不丢掉尊严，不得不做一些违心的事，等等。如果你的智慧到不了一定的层次，福报也没有积累到一定的层次，无论怎么求，有些东西都求不到。相反，如果你的智慧和福报都到了一定的层次，那么不用你求，自然就会有很多人帮你。换言之，能够得到多少，是自己的智慧和福报决定的，不是私心决定的。圣人明白这个道理，所以圣人只管做好自己，安住当下，不去求任何东西。

关于无求，我讲过一个武威"疯子"的故事，在小说《西夏咒》里，我也写过他。很长一段时间里，他都坐在武威街头的南墙根晒太阳。他的头发又脏又长，胡子也很长，衣服破破烂烂、邋里邋遢，身上脏兮兮的，到处都是污垢，一副标准的乞丐模样，举止也跟常人不太一样，很多人都说，那是个疯子。我曾多次从他身边骑着单车经过，却从来没有注意过他，因为我以为他只是一个寻常的疯子。但有一天，我突然发现他身上有个地方在发光，从此后，我就开始留意他。有一天，我专门买了蛋糕和面包给他。可我刚把这些吃的放在他身边，他就一脸不耐烦地呵斥道："拿开！那是我睡觉的地方！"他说的那地方，就是街头的墙角。我很不好意思，就把东西放下，然后骑着单车离开了。当时是早上，我夜里又去看了一次，发现那些食物还在，他却不见了。那次之后，我就更加确定这个人不普通，因为他虽然外相上是乞丐，却有颗高贵的心。

我不知道那个"疯子"有过怎样的经历，为什么会选择这样的方式活着，他是不是跟古印度那个食鱼肠的成就者卢伊巴一样——我在《大师的秘密》中解读过他——乞丐的外相是他的修行道具？

全真教第二任掌门马钰说过："道性虽无修无证，尘心要日损日消；消到忘心忘性，方契无修无证。"他的意思是，道性虽然不需要修，本来就有，红尘却会染污自己的心灵，让自己产生各种贪执，道性也被掩盖，只有每日勤加清理，去除红尘带来的污垢，消除所有的自他分别，道性才能显发。否则，就算道性本具，也起不了什么作用。或许，那个"疯子"选择这样的生活，就是为了打碎自己的傲慢心、虚荣心和享受心，让自己能一无所求，最终达到马钰所说的"忘心忘性"。

当然，我不知道那"武威疯子"放弃过什么，但卢伊巴确实放弃了很多，他放弃了王位，放弃了亲人，放弃了寻常人想要守住的一切，只为了达到一无所求的境界，让道性彻底显发。那么，为什么卢伊巴能为了得道放弃一切？因为他明白那些东西没有意义，很快就会消失，如果遇到一些贪执心很重的人，还会给自己带来祸患。

我们提倡消解所有的贪婪执著，让自己心中没有多余的东西，甚至要把真心自性也给忘掉，坦然自在地安住于无为无执的境界，既明白自己的方向，又能顺其自然。

上面马钰的那段话，跟我在《真心》中的一些表述很像，说明每一种文化在追求最高境界时，都有类似的要求和方法，这就是文化的相通之处。

马钰代表的道教不是老子创立的，跟道家不一样，它属于道教。道家是一个文化流派，或者说一种哲学智慧。最初的道教偏重于术，本体智慧的成分比较少，境界远不如道家。到了宋末元初，出现了一批非常优秀的道人，如王重阳、马钰等，这些人从禅宗文化中汲取营养，将道教文化一下提升到能与道家文化并驾齐驱的高度，非常了不起。他们的智慧境界，非常接近老子所说的大道之本体。

肆 为学与为道，阴阳之两端

前面简单讲了为道和为学的区别，但这个问题其实很重要，因为它关系到修行的方向，也容易走偏，因此需要进行详细的解读。

在个人修行中，“为道”代表实修，“为学”则代表学养；对道理的体悟和实证属于为道，对道理的理解则属于为学。

为道与为学看似方向相反，其实如太极的阴阳两端，只要能够处于平衡状态，便可相辅相成。比如，雪漠的读书没有影响雪漠的智慧，而是提升了雪漠的学养，让雪漠的本体智慧能生起更大的妙用，给世界带来更大的利益。换言之，在本体智慧中认真地学习，可以提升自己贡献社会的能力。佛家说“众生无边誓愿度，烦恼无尽誓愿断，法门无量誓愿学，佛道无上誓愿成”，“烦恼无尽誓愿断”就是为道，“法门无量誓愿学”就是为学——当然，我们所说的为学还有更广泛的意义——断和学完全可以融合为一，在学中断，在断中学，用学来提升断之后的能力，用断来避免在学中走偏——注意，在断中学，就是无执地学，只要在学习的过程中没有产生执著，就是处理好了两者的关系。

有个志愿者告诉我，他本来很想证得大智慧、大成就，但过上一段时间，他突然发现就算证得大智慧、大成就，也还是像现在这样做事，所以他就不执著了，只管安心地做事。当时我表扬了他，觉得他很有智慧，他却对我说："雪师，这不是我想出来的，是您在书上说的啊。"我就笑了，因为我早就忘记自己说过什么了。

要知道，不但能懂得道理，还能用道理来解决生活中的疑问，让自己能做到，能放下，本身就是一种智慧。忘记自己说过什么，忘记自己学了什么，但始终这样生活，这样做事，就是无执。如果在这种状态中还能读书，吸收书中的营养，补充自己对世界的了解，就是很好的学习，不用把两者分开。修道和做事的关系也是这样，完全可以在修道中做事，在做事中修道，将两者合为一体。所以，有些人总是觉得自己要先修成圣贤之后再来贡献社会，这是不对的。如果不贡献社会，你怎么可能成为圣贤呢？所有的圣贤之所以为圣贤，都是因为他们用行为贡献了世界。如果没有这些行为，我们直到今天也不会知道他们的存在。

所以，不要怕红尘会污染自己、干扰自己，只管在贡献社会的时候不在乎自己就好。贡献而不在乎自己的得失，就是我常说的积极做事而不执著于结果，如果能做到这一点，本身就是一种成就，本身就值得世界尊重。过去，世界如果发现了这种人的存在，就会称之为尊者、圣人、贤人。

孔子就是这样，他周游列国之前有没有到达最高境界？有没有真正地证得他所提倡的"仁"和"恕"？不一定，但他仍然要周游列国，宣传其思想。为什么？因为他知道时光不等人，如果等到到达最高境界再去传播文化，就不知道是何年何月的事了。所以，孔子是对的，立下志向之后，不应该日复一日地等待，应该立刻出发，立刻传播，立刻用思想和方法去影响他人。也正是因为孔子没有等待，才有了那么多故事。所以，积极地做事，在做事中成长，是唯一符合这个时代的传播方式，所有成功者之所以成功，之所以能创造价值，就是因为他们在不断地做出贡献，而他们的成功和价值，就是这些利众行为的总和。

真正的学习，是以道为最高追求的，在学习和做事的过程中实践道，让自己更加明白道的意义，也更加明白道的力量，于是一步步更加接近道本身。所以，真正的学习和做事，本身就是在修道。

《二程文集》收录过程颐的一句话："圣人之门，其徒三千，独称颜子为好学。夫《诗》《书》六艺，三千子非不习而通也。然则颜子所独好者何学也？学以至圣人之道也。"孔夫子有三千弟子，这么多弟子对他的学问都很熟悉，甚至非常精通，但孔夫子只夸颜回好学，为什么？因为颜回学的不仅是学问，更是圣人之道本身，其境界非常高。颜回可以安住于"仁"的境界三个月，只吃一点点东西，只喝一点点水，住得也很简陋，环境很不好，他却觉得很开心。孔子能做到这一点吗？不好说。他每次出门必须坐车，而且他很爱吃，是个美食家，食不厌精，学生们跟他学习要交学费，还得有腊肉，因为他离不开肉。从这些细节上看，孔夫子的个人修养很可能不及颜回。但说到对世界的贡献，颜回是比不上孔子的，颜回最大的贡献，就是他自己本身，但影响整个中国两千多年的四书五经，无不跟孔子有关。所以，对世界的贡献是最重要的，利益世界的不是你的境界本身，而是你的境界和行为对别人的影响。

真正的学习也是这样，要在大道智慧的指引下，把学到的东西用起来，让它影响身边的人，影响你的企业，影响社会，并且在这个过程中去除自己的私心，去除自己的执著，把一切欲望性的东西都扫走，这就是为道。如果只学不用，多好的学问，都没有意义。

我打过一个比方，说只学不用的人就像书橱。我们永远不要做书橱，要做一个鲜活的、能学以致用的人，不能一味地偏重于学养。有时，过于注重学养而遗忘了实践，就会把怎么做人给忘掉，变成一个“书呆子”。

虽然必要的学养有利于修行，但我们必须把学养用于生活和工作，用学养和智慧修证自己的行为。说一套做一套，或光说不做，都不叫修行，也谈不上学习。只有在行为合道之后，学养才会成为你的“核反应堆”，为你提供无比强大的能量，让你能更好地贡献世界。这时，不但正面的知识和经验会增长你的学养，壮大你的智慧，就连一些负面的知识和经验，也就是平时我们认为是垃圾的那些信息，也会成为你的学养，就像垃圾被扔进发电厂的炉膛里时，也会转化为能量一样。这时，火焰就是智慧，一切知识都是燃料。

这就是为道和为学的区别与联系。

伍 化贪为道用，秘诀静中观

“损之又损”的目标是什么？是“以至于无为，无为而无不为”。因为损之又损才能与大道合一，所行无不合道，便是无为。

过去，我每到一个地方，都会把那里当成我的目的地，然后选一个小房间建我的书房，做一些很好的书柜，把我最喜欢的、正在看的书都放进去。但过上一段时间，我就会被因缘推到另一个地方，于是我又在那里选一个房间做书房，做一些书柜，把最爱的书都放进去……就这样，我有了好多个书房，每个办事处都有我的书房，在每一间书房里写作，我都觉得很好，很喜欢。而现在，任何地方都是我的书房，任何地方都很好，对我来说，已经没有不好的地方了。这就是我的变化——刚开始喜欢这儿，不喜欢那儿，喜欢这个群体，不喜欢那个群体，现在永远安住在自己的世界里，跟任何一个群体在一起都很好，都是那样，在任何地方也都很好，都是那样，包括见谁不见谁，谁来谁不来，做事不做事，我都那样。这就叫无为。从有为到无为需要一个过程，这个过程，就是“损之又损”，把厌恶去掉，把贪爱去掉，把偏见去掉，把掩饰去掉，去到一无所去，只有一颗干干净净的真心，就达成了无为。

前段时间，雷贻婷把我去年的工作报告拿给我看，我才突然发现自己做了那么多事。也幸好雷贻婷都记了下来，如果她不记下来，我就给忘了，因为我的脑子里没有这些东西。我一旦完成了某件事，它就会立刻从我的脑海里消失，没什么提醒的话，我是想不起来的，我的心里只会装着当下正在做的事情。这也是无为无不为，“消失”就是无为，不牵挂，做当下的事就是“无不为”。如果能安住于真心，用智慧观照行为，就自然不会有与道不符的欲念和行为，也没有什么事情是不愿做、不可做或做不成的。注意，安住真心观照欲望时，欲望就成了真心的妙用。

我在前面也说过，我们不用过于否定贪、嗔、痴，因为人性中就有贪、嗔、痴，它相当于人的原罪，每个人都有，没什么好回避的，只要能用好它，它就会变成让人升华的工具，而不是让人犯罪的背后推手。比如，我在前面举了一些例子，说了如何借助贪、嗔、痴让孩子配合父母的教育，这是很重要的。孩子最初不懂事，你跟他们说道理他们也不会明白，最好的方法，就是用他们喜欢的东西来引导他们，让他们照你说的去做——孩子不愿写作业，你就用奖励来吸引他，带他去吃他喜欢的食物，或送给他很好的玩具，或直接发红包给他，等等，都可以，只要能吸引他，让他做一些他原本不愿做的事情就可以。动物天生怕火，驯兽员却可以把老虎训练得愿意去跳火圈，为什么你就不能把孩子训练到愿意做功课呢？孩子不听话一定跟大人的教育方式有关系，不要一味地埋怨孩子，埋怨得再多也没有用，反而会影响你们之间的感情和关系，让他害怕跟你在一起。

不要觉得“利诱”不好，这要看你用它来做什么。如果你用它来害人，或是满足私欲，那么这么做就确实不好；如果你用它来救人，或是用它来导人向善，这样做就很好。

当然，借助贪欲来达成目的是一种危险的方法，如果用得不好，就容易引火自焚。为什么？因为你可能会养成习惯，不知不觉地用它来实现私欲。所以，使用这种方法和智慧的前提，是必须安住于无执境界，用大道智慧来观照自己的行为，以免有贪欲产生，而自己却不知道。实现这个前提之后，就可以适当地运用这个方法，把欲望化为道用。这也是老祖宗所说的“化烦恼为菩提”。

陆 『无为无不为』的反面

古往今来，为什么很多事不管实行者怎么努力，用多大的力量，都做不成？原因在于妄为。所谓的“妄为”，就是不遵守自然之道，不符合天时地利人和，这就是一种执著。

埃及阿斯旺大坝，二十世纪六十年代建成，建成后仅仅二十年，负面影响就层出不穷，比如导致生态恶化，土地盐碱化，尼罗河下游水质恶化等。这就是对自然的妄为所导致的恶果。中国古代有两个如出一辙的短命王朝——秦和隋，其共同点，便是在该休养生息的时候折腾妄为，耗尽民力，自断国本。即使秦始皇、隋炀帝的个人能力很强，所为也很有客观积极的意义，却仍是妄为。凡是妄为，就必然带来不吉祥。

所以，一定要顺其自然，就算发了大心大愿，也要做到无为而无不为，在随缘中积极前进，尤其需要注意的是，不要违逆历史的脚步。如果到了这个时代你还拖着条清朝的大辫子，想要搞复辟，那么你哪怕跳进大明湖里也是白死，因为历史已经变了，那个时代已经远远地过去了。想要超越历史的脚步，过于超前地实现一些东西也是一样。

每当说到这个话题，我就会想起隋朝，因为隋朝的命运确实让我有了很深的反思。隋炀帝是个有为之君，他做的那些事情，直到今天还利益着中华民族，比如大运河。隋文帝建立的科举制度和进行的诸多政治改革，以及隋朝建立的那么多好东西，改变了后面历代王朝的格局，其中的一些举措对中国的影响，甚至延续到了今天。所以，在一些外国人眼中，中国最优秀的帝王是隋文帝。但即便如此，隋文帝父子俩还是失败了，隋朝成为中国历史上有名的短命王朝。所以，任何超越自然而然极限、过于不自然的存在，都必然遭遇不祥。就像一个人开车一样，我们承认你开车技术很好，车也很好，但拼命地飙车超过极限速度，一旦转弯，就容易滑出赛道。做人做事也是同一个道理。所以，不管做什么都要自然而然，从容一点。整个人生都是这样。

柒 一种没有存在感的强大

对统治者来说，“无事”就是不找事，让整个民族自然而然地发展，这是政治上的一种“无为而治”的理想境地。只有顺其自然，不去折腾，才能长久发展，所有过于猛烈和勉强的存在都不能久存。老子敏锐地发现了这个规律，但很多人还不知道，所以，老子思想并不消极，它反而是最积极的。无论是个人修养，还是团队建设，抑或是民族和国家的发展，都是如此，能够认真学习、依法实践的人，必定会获得大益。

目前，很多优秀的地方政府都有“无为而治”的智慧。我 2010 年就在东莞樟木头买了房，至今已经十年了，但除了参加“作家村”相关的活动时会感觉到政府的存在，其他时候，我感觉不到政府的存在。为什么？因为广东的政府属于服务型政府，你需要它了，它就在那儿等你，为你及时地提供服务；你不需要它了，它也不干扰你，让你自由地做你该做的事情。简单地说，就是把自己的存在感降到了最低，让你有广阔的天地可以自由驰骋。

老子从一开始就告诉你，世界是一个流转的信息场，有一种看不见的力量在发生作用，它把每一个元素和过程都连在了一起，让一切在相互作用着。当你强硬地对待一些存在时，必然会对它造成伤害，而它的伤害又会反馈到你身上，给你带来某种损失。无论从哪个角度看，强硬地、勉强地做一些事，都很难带来好的结果。老子不赞同强硬，而诸多史实也在显示着强硬的弊病，所以，我们不要强硬，要学会顺其自然，用一种正面积极的能量去引导事物的发展，更要看清事实，看到真相，不要过度地美化自己。要知道，命运中的一切都是有理由的，绝不可能凭空出现。与其强硬地、斤斤计较地与命运对抗，不如在做好自己、把握机会的同时随顺命运，坦然接受一切的发生和结束。

强硬地、斤斤计较地努力，就叫有为；随顺命运，接受一切，就叫无为；做好自己，把握机会，就叫积极。无为又能积极地做事，就是老子所提倡的人生态度，也是我们所提倡的人生态度。

有人问我，他父亲最近得了某某病，怎么办？我说，慢慢地让他好。注意，如果病情不重也不急，就不用过多地去干预，让病人好好休息，注意饮食，他自己就会慢慢地好起来。这就是无为，休养生息。比如感冒，刚感冒的时候，症状一般不太厉害，只要注意休息，多喝水，慢慢就能好起来。如果拖了很久都好不了，就说明你的免疫力比较低，身体的自愈能力不够。这时，可以吃点药，消除一下症状，然后再慢慢地调养身体，增强自己的免疫力和自愈力。这些做法都属于无为而治。那什么是折腾？盲目地恐惧疾病，吃很多药，稍微有点风吹草动，就去打针输液，这些都属于折腾。当然，不好好休息，不好好吃饭，也是折腾。凡有折腾，就必然会出现麻烦，比如身体的免疫力下降，对抗生素的依赖性提高，等等。所以，我们提倡在任何方面都不折腾，顺应自然，无为而治。

为什么很多人会觉得老子消极呢？因为他们不理解无为的含义，他们认为无为就是无所作为，其实不是这样的。有为和无为都可以很积极，区别是前者迫切地渴望一个结果，不惜逆天行事；后者不在乎结果，只管走好每一步。所以，后者的成功往往会让很多人都得益，而前者的成功却往往要付出一些代价。“一将功成万骨枯”，就是典型的有为而积极。不作为的消极，是老子也反对的。如果老子是消极不作为的，他就不会留下《道德经》。《道德经》的出现，本身就是无为而积极的结果。也正是因为无为而积极，老子才能不动声色地利益那么多人。

我们也可以把“积极而无为”理解为中道、中庸，因为它不妄为，也不会无所作为。妄为容易把事情搞砸，也容易给别人带来麻烦，过犹不及，不作为又必然会一事无成，不负责任，所以要走中道，凡事都不能偏激和极端。这是东方共有的智慧，不管中国文化还是印度文化，都提倡一个“中”字。所谓的“中”，就是不偏不倚，恰到好处。这非常像走独木桥，往左会掉下去，往右也会掉下去，因此要时时观照自己的方向，让自己始终走在中间，这样才能顺利地通过独木桥，到达目的地。

捌 无为可长存，折腾种祸因

孔子说："无为而治者，其舜也与？夫何为哉，恭己正南面而已矣。"尧舜禹是无为而治的典型，他们平日里什么都不做，只是恭恭敬敬地坐在王位上，不折腾老百姓，就实现了天下大治。当然，老百姓有事需要他们去处理的时候，他们也会去处理，比如大禹治水等。尧舜时期，天下大治，水患不多，所以他们要做的事情不多，当时的老百姓甚至不知道尧舜是谁。于是，尧舜就成了后世人心目中的圣人。

无为就是合道，合什么道？合孟子所说的"得道多助，失道寡助"的道，也就是主宰万物运行的大道。顺应大道，就叫得道；违反天道，就叫失道。谭嗣同被杀前说："我自横刀向天笑，去留肝胆两昆仑。"他为什么向天笑？因为他觉得无力回天。肯定会无力回天，而且不只他无力回天，任何人都无力回天，天道若是至此，人就只能接受而已。武昌起义成功的时候，张勋的辫子军再厉害，也挡不住大清灭亡的脚步。这就是自然规律，我们称之为"气数已尽"。

大唐在李世民的领导下实现了"贞观之治"，社会富裕，民心安定，他也无事可做了，这时，他做什么？他"夙夜孜孜，惟欲清静，使天下无事”，也就是每天静坐到深夜，只希望自己的心能清净，不要去折腾百姓。还有一件这样的事：李世民登基的第二年，大唐就发生了蝗灾，有一天，他在玄武门北面的禁苑发现了蝗虫，于是就抓起几只来祈祷，说老百姓视庄稼为生命，你们不要吃那些庄稼了，要吃就吃我的肺肠吧！然后就把它们给吃了。为什么李世民要祈祷呢？因为当时有一个传说，说蝗虫是蝗神派来惩罚人类的，所以李世民向蝗神祈祷，希望蝗神不要伤害百姓，由他来承担百姓的灾祸。怪的是，他吃蝗虫的那一年，蝗灾真的没有造成大的影响。有人说是他的行为打消了老百姓对蝗神的恐惧，敢于收拾蝗虫，而不是坐视蝗虫吃掉庄稼，所以蝗灾才没有造成太大的损失。可以肯定的是，“有事则民不安，不安则有叛离。无事而为，能聚民心，得人助”。一折腾百姓，百姓就不得安宁，百姓不得安宁，民心就会动荡，民心一旦动荡，就会爆发叛乱。相反，如果不找事，不折腾，百姓就能安安稳稳地生活，民心也会凝聚，大家会共同为了国家的繁荣富强而努力，那么君王也就等于得到了全国人民的帮助。

你知道闯王李自成当年为什么要发动起义吗？因为他被明朝政府“裁员”了。他为什么会被“裁员”呢？因为朱元璋当年定下规矩，给各个子孙发放大量俸禄，为了支付这笔开支，国家财政力不从心，朝廷就开始想办法省钱。这时，包括李自成在内的很多人就给裁掉了。丢了饭碗的李自成没有办法，只好找来一些同样活不下去的朋友，大家一起抢朝廷的饭碗，抢着抢着，他们的势力越来越大，最后就把明朝给灭掉了。所以，明朝的灭亡，缘于最初一个小小的折腾。

邵雍在诗集《伊川击壤集》中说：“大惊不寐，大忧不寐，大伤不寐，大病不寐，大喜不寐，大安能寐。何故不寐？湛（沉）于有累。何故能寐？行于无事。”不寐是什么意思？就是睡不好觉。

过分地惊恐、忧虑、悲伤、病痛或欢喜，都会睡不好觉——注意，一个人在安详安宁的时候，才会睡得很好，也就是邵雍所说的“大安能寐”。我就是这样，我想睡觉的时候，不用一分钟就能睡着——准确地说，可能是几秒钟就睡着了。跟我住过同一间房子的人说，我刚说完“睡觉吧”，就开始打呼噜了，几乎是无缝衔接。我相信他没有夸张，因为，许多时候，我都能听到自己的呼噜声。为什么我这么快就可以睡着呢？因为心安，无所求，不怕失掉什么东西，所以心无挂碍。相反，如果心里放了太多的东西，这个也牵挂，那个也牵挂，总怕什么东西会出问题，或是总怕什么东西会失去，心就会非常累，一点都不自由，也不安详安宁。所以，“累”就是牵挂，“物累”是对物质的牵挂，“名累”是对虚名的牵挂。追求的东西太多，也会让人觉得心累，这时，人是睡不好觉的。很多长期失眠的人，就是因为心太累。这就是“何故不寐？湛（沉）于有累”。“何故能寐？”那怎样才能睡个好觉呢？“行于无事”，不管什么事，做完就放下，不要让它在心里留下痕迹。只要能做到心中无事，就一定能睡个好觉。换句话说，心里什么牵挂都没有，人就能睡得很好，一旦心里有了牵挂，人就会睡得没那么好，如果心里的牵挂太多，人就很容易失眠。

人们总是觉得有个东西很可怕，其实什么都不可怕，因为怕也没用，该失去的必定会失去，这时候不失去，迟点也会失去，不如放下，不要有不切实际的期待，更不要把它放在心里，时时回想。比如对衰老的恐惧。美丽的女孩子总是很怕自己不再年轻，年老色衰，但她有可能不老吗？不可能。就算每天用很好的护肤品保养皮肤，也只是延缓衰老而已，总有一天，紧致的皮肤会不再紧致，这就是自然规律，不需要拒绝，也无法拒绝。所以，身体要老，你就让它老去吧，享受那个从美丽到衰老的过程。当然，你也可以享受护肤的过程。

一旦有渴求之心，就说明你不能随缘，非常在乎结果，这就是“妄为”。凡是妄为，都会让人陷入烦恼，而且结果很可能不会太好。一切都顺其自然，才是最好的态度。

玖 无心于外境，私欲不沾身

清代的内丹家傅金铨在《度人梯经》中说：“无心于境，无境于心。无事则修心炼性，临事则对境炼心。所谓对境忘境，不沉于六贼之魔；居尘出尘，不落于万缘之化。”这段话的境界，以及这段话里谈到的方法，跟我在《真心》中写到的非常相似，在这里我也讲解一下，你可以看看中国本土文化的智慧。

“无心于境，无境于心。”面对世界上一切的情境，都不要生起执著，不要贪恋，不要让任何场景在心中留下痕迹，甚至要把心的痕迹也给扫掉。

“无事则修心炼性，临事则对境炼心。”没事的时候，你可以安住于真心，修修禅定；有事的时候，你仍然要安住于真心，借事来调心。什么叫借事调心？就是不管遇到什么事，都看看自己的心能不能安住，会不会被事情激起情绪，然后陷入其中，杂念纷飞。如果会，就时时提醒自己，及时地回到真心状态之中，用真心智慧来观照情绪，让情绪自然消解于智慧的光明。这就是调心。很多人都有一个经验：不遇事时觉得自己修得特别好，执著没有了，烦恼没有了，嗔恨也没有了，整个人特别清净，特别开心，一遇事却顿时原形毕露，执著也回来了，嗔恨也回来了，烦恼也回来了。甚至，有些人不但自己嗔恨，还极力地希望别人能跟他一起嗔恨，这就明显不是在修行了。有事不要紧，执著显现出来也不要紧，最重要的是及时地调心，让心一点点稳定下来。世界不是你的敌人，它是你调心的道具。

禅宗二祖很有意思，他成道之后，就把法位传给了三祖，然后自己跑到污秽之地去调心，看自己在那些景象面前，心会不会摇动，是不是还能安定。所以，有人骂他："你一个老和尚，不在寺院里待着，到这里来做什么？"他回应道："我自调心，关你何事？"调心，跟事情的外相没有关系，目的是让自己的心在任何情况下都能安定，都不会动摇。这才是最大的自由。

六祖跟二祖一样，觉悟后也跑到了猎人堆里，跟猎人一起生活了十六年，其目的就是用极端的情境来验证自己的智慧，看自己能不能做到如如不动。这种训练，他一直做了十六年，最后才清除了习气和细微无明，彻底地证悟了。这时，他才正式出来弘法。

为什么他觉悟后不能马上弘法？因为人有习气，习气跟明显的迷惑和烦恼不一样，是一种长久积累的所知障。如果习气没有被清掉，即使自己已经见到大道的本体，并且能够运用这种智慧来应对生命，有时也容易失去警觉，陷入情绪的陷阱。这时，旁观者就会对他失去信心，觉得他也不过是个寻常人，连他教授的方法、他代表的文化都会怀疑。所以，当一个人能够代表一种文化时，他就有了一种责任，因为这种责任的存在，他必须对自己有一种更高的要求。这同时也是对自己的负责，因为，你既然得到了一种智慧，就要用它去应对你的生活和工作，还有你跟别人相处的点点滴滴。比如，你学了老子智慧，却还是强为妄为，跟别人斗来斗去，那么你的学习也就失去了意义。所以，不要针对别人，要把枪口对准自己，看看自己的境界究竟怎么样。生活中处处是道场，不用跟别人较真。如意或不如意，都只是智慧的试金石，你修到了什么程度，真成就还是假成就，一试便知，不用把世界当成敌人。

有一部小说里写道：有个基督徒非常信仰耶稣，他觉得耶稣能做到的自己也要做到。于是，他就背了个十字架，还叫别人用荆条来抽他。结果怎么样？结果荆条一打到他身上，他就叫了起来，而且特别生气，破口大骂，还对那个他请来帮忙的人拳打脚踢。所以，耶稣能做到，是因为他的境界到那个份上了，要是你的境界没到，就算照葫芦画瓢，也做不到，只能口头上说一说而已。而且，耶稣不是能忍受痛苦，而是从心底里悲悯那些因为无知而折磨他的人，因此，他被钉到十字架上之后，就默默地向天父祈祷说："天父啊，请您原谅他们吧，他们不知道自己在干什么。"这就是一个圣者的行为。圣者不管受到了多大的折磨，也不会产生怨恨，反而会觉得对方很可怜，因为他们犯了罪，自己却一点都不知道。心没有达到这个程度，怎么可能做到这一点？所以，境界是骗不了人的，你只能做出跟你的境界相匹配的事情。那个想要扮演耶稣的基督徒就是这样，钉子都没有扎到他的手腕，他就已经大发雷霆了，如果别人真的用钉子扎穿他的手腕，把他钉到十字架上，他会怎么样？所以，我们要对事修炼自己的境界，不要欺骗自己。

"所谓对境忘境，不沉于六贼之魔；居尘出尘，不落于万缘之化。"六贼是佛家的说法，指的是眼、耳、鼻、舌、身、意给自己带来的干扰和烦恼。所以，我们所有的训练，都是借助眼、耳、鼻、舌、身、意来进行的。"所谓对境忘境，不沉于六贼之魔"，就是面对红尘中的诸多景象时，要看清它虚幻善变的本质，不要被它的现象所欺骗，也不要被眼、耳、鼻、舌、身、意的感受所干扰，陷入纠结烦恼之中，如果能做到这一点，就是在修道。我们所说的"在真心智慧的观照下妙用六识"，就是以这种境界为基础的。而"妙用六识"，就是既不执著于六识带来的感受，看透它们的虚幻性，又能借助它们来做事。这就是做而不执著，如如不动，"居尘出尘，不落于万缘之化”。“万缘之化”，就是各种因缘相合所化现的景象，“不落于”，就是不受这些景象的迷惑，不在乎它们，不因为它们而胡思乱想，更不会被胡思乱想或某种情绪左右行为。

这段话讲的是怎么修心，也可以理解为怎么“为道”，怎么“日损”，怎么减少自己的私欲。用朱熹的话来说，就是“存天理，灭人欲”。关于朱熹的这句话，很多人在理解的时候出现了偏差，于是就对朱熹进行了批判，说他是在禁锢人的自由，其实不是这样的，这只是一种断章取义的说法。朱熹所说的“灭人欲”，灭的是多于基本需求的那部分欲望，也就是我们所说的私欲、贪心，讲得再详细一点，就是满足了生存需要之后，还不断想得到更多的那种不合理的期望。比如，露宿街头的流浪汉想要一张床，你说这是不是他的贪心？肯定不是，没有人会骂他贪心真大，居然想要一张床。光棍汉想娶老婆，这是不是贪心？也不是，这也是一种正常的心理需要。那什么是贪心？有了一张床，又想要一套房，有了一套房，又想要一栋别墅，有了一栋别墅，还想再要五百栋别墅，这就是贪心。有了相亲相爱的老婆，还想要一个更年轻更漂亮的情人，这也是贪心。

其实，不只是金钱上的贪心，任何贪心都会给人带来烦恼、痛苦甚至灾难。最明显的就是情欲上的贪心，很多人都在这方面摔过跟头，比如那些私生活不检点的明星，这样的新闻一旦曝光出来，就会变成一场毁灭级的灾难，会让一个本身很受欢迎的人，一夜之间变成人人喊打的过街老鼠。前段时间，韩国首尔市市长朴元淳自杀，据说就是因为他的前任秘书控告他性侵，在这件事曝光出来之前，朴元淳的形象非常正面，深孚众望，而且他早年做人权律师时，还帮一个性侵受害者打赢了官司，重新规范了性侵的定义，后来做市长时，也出台了很多政策来保护女性权益，但他自己最后还是犯了这个错误。可见，假如不能及时去除贪心私欲，就算明知有些事做不得，做了就会身败名裂，人们也还是会忍不住去做，这就是贪心带来的灾难。所以，我们提倡及早消除贪心，让自己回归智慧的状态，能自主自己的人生，不要让人生留下遗憾。

第四十九章 无

【原文】

圣人恒无心，以百姓之心为心。善者善之，不善者亦善之，德善也。信者信之，不信者亦信之，德信也。圣人之在天下也，歙歙焉，为天下浑心。百姓皆注其耳目焉，圣人皆咳之。

壹 无心应万物，万物皆为一

圣人恒无心，以百姓之心为心。

这一章讲的是什么是圣人，圣人的心是什么样子的，跟佛家的一些说法很接近，这一点很有意思。下面我来讲解一下。

“圣人恒无心”，圣人恒常处于一种无心的状态。什么叫“无心”？就是泯人心，合道心。所谓的“泯人心”，就是泯灭凡夫之心，让大道之心、真心显现出来。这时，自然会成为佛陀所说的“无心道人”，没有任何私欲私心，甚至没有自己。这是一种实现超越后的智慧境界。

“以百姓之心为心”，他的心就像镜子一样，照出的永远都是老百姓的心，老百姓有什么心，他就有什么心，所以他总能为老百姓着想。

很多圣人都有自己的处世标准，我们不理解，是因为我们还没有达到他们的境界。但有一点是可以肯定的，就是他们做的事情有利于国家的发展，更有利于老百姓的幸福。这时，即使我们做不到，也要向他们学习，向他们看齐，一步一步走向他们。发现精神标杆，然后见贤思齐，是中国文化的特点。老祖宗总是谈到圣贤如何圣贤如何，就是告诉我们怎么做可以成长，怎么做才能成为一个人格更加完善的人。现在的教育大多以应试为主，这方面的涉猎不多，这是一件很令人遗憾的事情，不过，随着有识之士的努力，这种情况终究会得到改善。我们要学会发现传统文化中的宝贝，并且尽己所能地让它们被更多的人发现。

《四十二章经》中记录了佛陀的一段话：“供养一百个恶人，不如供养一个善人。供养一千个善人，不如供养一个受五戒的人。供养一万个受五戒的人，不如供养一位出家人。供养十万个出家人，不如供养一位证初果圣人。供养百万个初果圣人，不如供养一位证二果圣人。供养千万个二果圣人，不如供养一位证三果圣人。供养万万个三果圣人，不如供养一位证四果罗汉。供养四果罗汉的功德，不如供养一位无心道人。”注意，供养多少恶人的功德不如供养多少善人，供养多少善人的功德不如供养多少受戒的人，供养多少受戒的人不如供养多少出家人……佛陀这样一直比较下去，排在最后的是无心道人，说明无心道人的境界比四果罗汉还要高。为什么？因为无心道人就是圣人，也就是佛菩萨，他们心里没有鸡零狗碎的东西——也就是执著、分别、欲求等小我的东西——始终处于与道合一、无我无道的境界，虽然自然任运，却不离大道之理。这个“道人”不同于我们一般所说的道人，而是得道之人、明道之人。“道长”一词，最初指的是道行一天天增长，后来才变成了一种称呼。

《华严经·卷第五十》中说：“若有欲知佛境界，当净其意如虚空，远离妄想及诸取，令心所向皆无碍。”如果你想知道佛的境界，就要自净其意，让心如虚空一样广博无碍。在佛家的话语体系中，这种状态被称为“法身”，它的特点是朗然空寂，不着一物，却了了分明。佛家所追求的解脱，实际上就是进入并恒常安住于这种境界。很多听过我讲课的朋友都有过这样的体验，在听课的当下，他们没有杂念，却能清清楚楚地听懂我在讲什么。老子所说的“无心”也是这种境界。

贰 德善与德信

善者善之，不善者亦善之，德善也。信者信之，不信者亦信之，德信也。

“善者善之，不善者亦善之，德善也。”善良的人我会以善意来对待，不善良的人我也会以善意来对待。为什么？因为德行已经到了这个层次。

就像前面说过的，不管世界上有多少种关系，对我来说都只有一种，那就是不管对方咋样，我都会善待对方。注意，自己能做到善待别人就够了，别人善不善待自己，跟自己没有关系，那是别人的事。对方如果是小人，自然会做小人的事，如果君子跟小人做一样的事，那么君子就不再是君子，变成小人了。就像狗天生会咬人，但人如果咬回去，那人就变成狗了。

受到攻击之后的还击，以及受到还击之后的攻击，会让纷争变得没有尽头，旁人也会觉得筋疲力尽，恨不得这场纷争快点结束。所以，没必要以牙还牙以眼还眼。

圣人绝不会以牙还牙以眼还眼，百姓对他好，他会对百姓好；百姓对他不好，他也会对百姓好。因为他的德行很高，无论别人怎么对他，他都不忍心对别人不好。所以，想要知道一个人的德行如何，就要看他如何对待亏待自己的人。换句话说，善的行为体现着一个人的品德，德最重要的标志就是善。没有善，构不成德，甚至有可能会变成恶，所以老子说“德善”。古装电视剧或电影里经常出现一个细节：有人骂当朝皇帝是无道昏君。这个“无道”，就是无德。道与德是一体的。有道者必有德，有道者必会善。我给别人签名的时候，经常会写“善行天下”，就是想告诉大家善的重要。没有善，就不可能有德，善行天下才能德行天下，才可能合道。

但我也说过，不同的人就有不同的善，有人觉得是善的，别人可能会觉得是恶的。那么，到底有没有一种善是对所有人都好？有，大道就对所有人都好。比如太阳，放光是太阳的本能，不管是谁，鲜花也好，毒草也好，它都会一视同仁地给予阳光。圣人就是这样，圣人的善是一种对所有人和物无条件地好的境界，也是他的基本素质。所以，即便圣人知道某人不好，也会对他好，就算对方诅咒他，也是这样，就像疯狗对着太阳狂吠时太阳仍然会照它一样。为什么？因为太阳眼中没有毒草和鲜花，人类眼中却有分别，因为这种分别，就有了善与恶，鲜花与毒草。

“信者信之，不信者亦信之，德信也。”“信”是诚实诚信。这句话的意思是，对我诚实诚信的人，我会诚实诚信地对他；对我不诚实不诚信的人，我也会诚实诚信地对他。这句话和“善者善之，不善者亦善之，德善也”，都是很好的训练，目的是让自己的心胸能开阔一点，包容一点，少一点嗔恨和计较，让很多东西成为自己的本能和品德，而不是对别人的一种回报。一定要记住，别人怎么做是他们的品德，显示的是他们自己，你怎么做也是你的品德，显示的同样是你的境界。没有一个圣人或德行高尚的人是斤斤计较的，所以，不要锱铢必较，更不要以牙还牙以眼还眼，因为没这个必要。这样训练到一定的时候，你就会真正地拥有厚德，变得非常安详，非常从容，能包容一切。所以，要在生活中经常提醒自己，保持警觉，让自己一天天升华，形成习惯之后，你学到的一切都会成为你的品格。

其实，人活到一定的时候，就会觉得自己没必要计较，也没必要骗人，因为骗人者必有所图。当然，对某些人来说，骗人已成为习惯了，甚至是一种自我保护的方法。很多人在与别人交谈的时候，都会在某些问题（比如私人信息等）上骗人，因为他们不知道对方会拿这些信息来做什么。当父母习惯骗人的时候，儿女也会养成骗人的习惯，并且觉得骗人不是一件坏事，于是社会上就多了许多骗人的人。当然，善意的谎言不叫骗人，叫方便语，目的是让对方有一份好心情。

比如我讲过的一个例子：有人抱着自己刚出生不久的孩子给你看，人家本来开开心心的，想听你说几句吉祥的话，或是听你称赞一下他的孩子，结果你说了句："这个孩子一定会死。"人家听了会怎么样？肯定会非常扫兴，甚至觉得你在诅咒他的孩子。有智慧的人会怎么说？如果孩子胖胖的，小脸圆圆的，他就会说这个孩子真富态，将来一定很有福气。孩子的父母听了这句话就会很开心，他们并不在乎这句话是不是真的，也不在乎你是不是真心这么想，他们只在乎你给了孩子一个美好的祝福。所以，只要祝福的背后没有所图，完全是为了对方好，那么就算说了谎话也没关系，让别人开心，其实也是一种美德。

我认识一个教授，多年前他得了很严重的病，医生说他随时会死，下了多次病危通知。在病床上，他电话告诉我他的病情，我告诉他，医生胡说！你绝不会死！你会越来越好！他听了，很开心，说雪漠老师说我会好，就一定会好。从此他放下了心里的大石头，坚信自己会越来越好。后来，他真的越来越好了吗？是的，他直到今天还活着，到处旅游，拍了很多好照片发我。

在凉州乡下，有一位老人，姓乔。二十多年前，我去看他，他躺在炕上，已老得起不动身了。他说，陈老师，我要死了。那年，他七十多岁了，家人已经给他做好了棺材。他是老得起不动身了，觉得自己该死了。我给了他一瓶酒说，你不死，喝了这酒，你会活得很长。二十年后，我去看他，他的儿媳说，自打喝了您的酒，他不死了，还满山遍野地跑。老人常常对村里人说，喝了陈老师的酒，我不死了。老人活到九十多岁了，多活了二十多年。

我的朋友老报人也这样，老伴死后，他一直心悸，生不如死，觉得自己过不了这一关。一天，他在微信上向我告别，说自己过不了这一关了。我说，你一定会好起来！他一看，就充满了信心，后来就一天比一天好了。注意，他当时确实很危险，但我还是给了他一份美好的祝福，因为他需要这份祝福。

我妈也这样，八十岁前，一场病击垮了她的自信，她萎靡不振。后来，我说，妈，您能长寿的，我每天都在祈祷您健康长寿。她很高兴。现在，母亲八十多岁了，身体还比很多年轻人好。人活一口气，只要这口气有力量，就会有益于健康。我想，古代医术中的祝由科，也许就是这个道理。

每个人都是这样，都需要一份美好的祝福，这时，我们完全可以给他们一份祝福。这就是善。而且，人的生命很奇怪，虽然当时看来或许有些问题，但人的意志力非常强大，一旦他相信自己会越来越好时，身体就会回应他的信念，让他变得越来越好，反之也是这样。

所以，善和德是有力量的，无论对方怎么样，无论对方能好还是不能好，都要给他一个美好的祝福，这就是一种善，也是将正能量注入他的生命，让他能积极面对未来的日子。在这个前提下，就算你说的话不是真的，或是你不能保证它的真实性，也没有关系。

真善美是以善为核心的，有时，善就是真和美。有了善，一切都是真的，也是美的，不必太在乎外相。因为外相上的真是相对的，在不同人眼里，就有不同的真，你认为的真，在别人眼里却未必是真，如果对真的追求达到极致，违背了善，就更是得不偿失了。比如我们经常谈到的原子弹的隐患，还有核泄漏事故等，都是因为违背了善，才会给人类带来巨大的灾难。所以，善是人类的底线。《道德经》中经常谈到善，却很少谈到真，就是这个原因。

叁 以无心为心，方能拥抱天下

圣人之在天下也，歙歙焉，为天下浑心。百姓皆注其耳目焉，圣人皆咳之。

“圣人之在天下也，歙歙焉，为天下浑心。”“歙”是闭合、拥抱、收拢、吸入的意思，你也可以理解为包容，所以这句话的意思是，圣人像大地一样，能包容万物，与万物同心。

在修建大楼的过程中，砖头有砖头的作用，水泥有水泥的作用，钢筋有钢筋的作用，地砖有地砖的作用，门槛有门槛的作用，栋梁有栋梁的作用，没有一样东西是没用的。圣人眼中的世界也是这样，对他来说，没有一个人是应该抛弃不要的，也没有一样东西是没有用处的。这就是老子所说的“圣人常善救人，故无弃人；常善救物，故无弃物”。如果有个人还会抛弃谁，就说明他的德行不够，算不上圣人。

某段时间，我发现宗教真的很糟糕，因为无论宗教内部，还是不同的宗教之间，都容易为了自己的利益而不择手段。最典型的宗教纷争就是十字军东征，你知道十字军东征时杀了多少人吗？不可计数。直到今天，耶路撒冷仍然充满了宗教纷争。印度的印度教徒和伊斯兰教徒也是斗来斗去，不断发生血腥冲突，当年，甘地为了让这两个教派和平相处，几乎把自己给饿死，最后虽然平息了冲突，但自己还是被偏激的教徒给枪杀了。基督教内部这样，佛教内部也这样。佛教寺院兴起之后，各个寺院为了争夺信徒，什么事都做得出来，太虚大师的佛教改革之所以没能成功，也是因为佛教内部力量的阻挠。佛教内部因为私利而产生的纷争，至今仍然如此。所以，宗教一有标签，就会出现纷争和残杀。

对待朋友要注意，当他骂你，或是说你不好的时候，就说明你在某个地方做得不够，他对你还有更高的期待。所以，要包容别人对你的批评甚至诋毁，不要愤愤不平，更不要因为不能释怀而发泄愤怒，要学会汲取其中的营养，完善自己。当你能够包容一切时，你就会发现世上一切都是有用的。当然，圣人不在乎用，他只是不忍心抛弃一些人和一些物。

“百姓皆注其耳目焉，圣人皆咳之。”百姓就像圣人的眼、耳、鼻、舌、身、意，圣人通过感知他们，就可以了解天下。而每一个百姓，无论个性如何，身份如何，智慧如何，圣人都像爱自己的孩子一样爱他们。因为，境界到一定程度的时候分别心就会消失，面对所有人，你都会觉得他们是自己的孩子，就算看到对方有毛病，也不会厌恶他们。

在一些真正有文化、有信仰的群体里更是如此，共同的信仰和价值观让他们心灵相契，共同前进，因此，成员间的关系，远远超过了一般的血缘关系。中华民族所说的“血浓于水”也是这样，也是一种消除了自他隔阂的文化理念，认可这种文化的人们，不论有没有血缘关系，都会被紧紧地联系在一起，把彼此当成生命共同体。

当然，和我们没有关系的人如果遭遇危险和迫害，我们也同样会觉得心痛。“二战”时纳粹在奥斯威辛等集中营迫害犹太人的事，让整个人类感到心痛，就是一个最典型的例子。现在看来，德国确实是一个优秀的国家，它懂得汲取历史教训，从文化层面反对屠杀和暴力，这一点非常了不起，值得我们去学习。

肆

帝王若爱民，世间之佛陀

关于这一章，有一段比较常见的译文是这样说的：“圣人没有自我的私心与成见，以百姓之心为心。无论善与不善之人，圣人都善待他们，这便是德的善之体现。无论信实不信实之人，圣人都诚信地对待他们，信任他们，这便是德的信之体现。圣人治理天下，无所不包容吸纳，将自己无我地与百姓之心融为一体，以百姓为了解天下的耳目，爱百姓如婴孩。”这段译文的理解对不对？基本上正确，但圣人是不会治理天下的，治理天下的是帝王。

大家都知道，《道德经》是很多帝王的必读之书，被称为“天下谋略第一书”。多位皇帝还亲自批注过《道德经》。《道德经》在用圣人的标准，来定义明君所应该达到的境界。在这一章中，明君应该做到的，便是对老百姓好，爱民如子。

写长篇小说《西夏咒》的时候，我把冯道加了进去。熟悉我作品的朋友都知道，我经常谈到冯道，而且我对冯道的评价，跟很多人可能不太一样。人们因为他叛变而看不起他，我看到的却是他叛变的原因——他不是因为贪生怕死而叛变，他是为了保全老百姓才叛变的，这是典型的“我不入地狱谁入地狱”的菩萨精神。

史书中还谈到这样一个细节：有一天，皇帝问冯道佛陀如何如何，冯道说，你就是佛陀啊。为什么冯道这么说？因为这个皇帝能善待老百姓。冯道认为，不管你是哪朝皇帝，也不管你从谁的手中把江山给夺过来，只要你能让老百姓得到好处，让老百姓活得更好，你就是佛陀。这个观点很简单，但很了不起。为什么？因为他不管自己的名誉，不管有多少人唾骂他，甚至不管史家会怎么写他，只管老百姓能不能平安幸福地活着，能不能不要被战争所吞噬。所以，他的心里没有自己，只有老百姓。欧阳修写过一篇文章专门骂冯道，把冯道骂得一塌糊涂，我却觉得，欧阳修虽然是一个很好的文学家，但他缺一种东西。什么东西？大悲悯，因为没有一种设身处地的悲悯，他体会不到老百姓的疼痛。如果他能体会到老百姓的疼痛，心疼一下老百姓，他就会明白冯道是怎么想的，就不会对冯道有那么大的成见。

中国历史上的君王大多敬畏史官，他们希望史官笔下的自己是个好皇帝，受万世敬仰，而不是像殷纣王那样的昏君，受万世唾弃。

赵匡胤是个武人，他一身是胆，天不怕地不怕，唯独怕史官。为什么？因为史官决定了他的历史形象，史官把他写得好，他就是明君；史官把他写得不好，他就是昏君。他深知这一点，所以不敢得罪史官。历史上有个“赵匡胤怕史官”的故事很有意思，那个故事讲的是：有一次，赵匡胤在皇宫后园里拿弹弓打鸟，正玩得起劲，突然有个臣子说有要事来报，他一听马上收起弹弓，召见了此人。可此人却没什么大事、急事，只有一些普普通通的小事，因此赵匡胤很不高兴，责问他为何说有要事，这个官员就不紧不慢地说：“我认为这件事比玩弹弓更要紧。”赵匡胤一听大怒，顺手拿起一把小斧子，打掉了大臣的两颗门牙。对方却一句话都不说，只是吞了血沫子，俯身拾起两颗门牙，揣入怀中。这一举动又把赵匡胤给激怒了，他喝问道：“你收门牙做什么？难道还想告朕吗？”大臣说："谁敢告陛下啊？但今日之事，自有史官去记录。"注意，他说的是对的，我们看到的历史，都是史官记下来的。那个大臣说完这句话，赵匡胤一下就怕了，怒气也消了，不但给他赔礼道歉，还赏赐了他很多东西。但后来，这件事还是被司马光写进了《涑水记闻》，很有意思。

这种忌惮也有好处，因为它会让乱臣贼子不敢轻易做坏事，也就是孟子所说的"孔子成《春秋》而乱臣贼子惧"。从这一点上，就可以看出文人在中国历史上的地位。

中国历史上有很多武状元，但我们知道名字的不多，为什么？原因很简单，就是他们自己不重才学，没留下作品，文人也不写他们。因为文人看不起他们，觉得他们空有匹夫之勇，没有文化。很多时候确实如此，所以他们不管多厉害，武艺多高强，力气多大，都只能在活着时威风一下，死后很快就会被人忘掉，史官可能连顺带一提的兴趣都没有，那么他们就连名字都留不下。

宋朝的狄青建立了很大的功勋，但不管自己的功劳有多大，他都非常恭敬低调，因为他觉得自己没有文化，是个粗人。当然，他听取范仲淹"将帅不知古今历史，就只有匹夫之勇"的建议，读了《左氏春秋》等书，精通秦汉以来的将帅兵法，并不是只有蛮力的武夫，但宋朝的文官集团还是不待见他，更不信任他，再加上宋朝对武官历来的忌惮，他就被罢免，贬到陈州，一年后就抑郁而死。

同样作为宋朝的武官，岳飞的结局也很悲惨。大家都知道他是含冤而死的，但如果没有秦桧，岳飞是不是就不会死呢？我觉得不是。当然，他很冤枉，因为他精忠报国，没有反心，却被自己誓死效忠的皇帝给害死了。但是，根据宋朝的政治背景和他的个性来看，他是必死无疑的，即使没有秦桧的那些小动作，他也必然会死。我以前说过，他的个性过于刚直，这会给他带来不祥，但更要命的是，宋室因为赵匡胤黄袍加身的经历，一直很忌惮武官。狄青历来很得宋仁宗器重，以行伍之身做到枢密使一职，为人据说也很谨慎小心，但他仍然受到了文官集团的排挤，最后还被罢免了军权，这正是因为他战功赫赫，很有威望和影响力，也很得民心和军心，皇帝在文官的极力怂恿下，很难不对他存在猜忌。岳飞更是这样，宋高宗赵构当政的时候，岳飞的权力非常大，岳家军大约有十万人，而且无敌于天下，连金人都怕。赵构想换个人领导这支队伍吧，别人又管不了。为什么管不了？因为岳家军不听别人的，他们连皇帝的话都不听，只听岳飞的。虎狼之师就是这样。你想一想，如果你手下有一支天下无敌的队伍，而你对这支队伍的影响力又比皇帝还要大，皇帝能安心吗？再加上祖辈的人生经验，赵构必然会忌惮岳飞，觉得他终有一日也会被部下黄袍加身，将“陈桥兵变”的故事重演。这时，哪怕宋高宗相信岳飞自己没有反心，也必然会想办法把他给除掉。所以，岳飞确实遭受了千古奇冤，但他的死是有原因的，他不懂政治。

不过，即使跳出宋朝的政治环境，纵观整个中国历史，你也会发现中国的文人对武夫始终有偏见，这说明中国文化中就有这样的基因。那么，中国文化中为什么会有这样的基因呢？也许是因为《道德经》告诉人们：“夫唯兵者，不祥之器。”暴力、武力是不吉祥的。所以，中华民族虽然有许许多多的战争，但这只是人类天性中的欲望使然，在理性层面，或者说文化层面，中华民族还是更崇尚《道德经》的境界，也就是无心、无为、无执、无别、无功利、无暴力。可见，从一定程度上说，《道德经》对中国文化的影响是实实在在的。

伍 诗中有妙味，问君可愿尝？

道教全真七子之一的谭处端写过九首小诗，名为《长思仙九首》，其中就谈到了无心的境界。我给大家分享一下这九首小诗，并且以其中的几句话为例，解读一下谭处端眼中的“无心”。

朝思仙，暮思仙，思忆真师四五年，惟愁功未圆。
功须圆，行须圆，功行双全做大仙，携云归洞天。

道人心，处无心，自在逍遥清净心，闲闲云水心。
利名心，纵贪心，日夜煎熬劳役心，何时休歇心。

得还无，合虚无，湛湛澄澄有若无，元初无更无。
理清虚，证空虚，一点灵源实若虚，光明彻太虚。

得玄玄，悟三三，火灭烟消风害谭，昏昏保玉男。
趣闲闲，认憨憨，一性浑如月正南，澄澄现碧潭。

好颜容，似花红，莫待馨香逐晚风，临头始悟空。
妙搜穷，脱凡笼，猛烈灰心出世雄，功成三岛峰。

金要多，银要多，奴马田园苦要多，临行孽更多。
贫如何，富如何，万事无心只恁何，将来奈我何。

外奔驰，痛鞭持，习性调和路不迷，清溪香草肥。
芒儿归，牛儿随，明月高空照古堤，人牛不见时。

修行心，包容心，一片清虚冷淡心，闲闲无用心。
灭嗔心，去贪心，寂寞清贫合圣心，无生现本心。

遇风仙，接幽诠，云水飘蓬镇日闲，灵明现本元。
结真铅，溉清泉，须信壶中别有天，逍遥得坦然。

“道人心，处无心，自在逍遥清净心，闲闲云水心。”得道之人是无心的，他自在逍遥、清清净净，就像天上的云和山中的流水一样。“闲闲云水心”，就是悠闲得像是白云流水，没有任何挂碍。

“利名心，纵贪心，日夜煎熬劳役心，何时休歇心。”人们的心灵往往被名利贪欲给填满了，没日没夜地追逐劳碌，睡也睡不着，吃也吃不香，永远没有休息的时候。

最睡不着的是什么人？肯定是企业家。企业做得越大，企业家就越是睡不好觉。得不到的想得到，得到了的怕失去，于是就渴望、恐惧、不安，虽然比一般人有钱，有更好的生活，但他们的心很难安定。要是遇上新冠肺炎疫情这种灾难，一些企业家更睡不好觉了。不过，正是有了这批优秀的企业家，中国的经济才有了今天。他们是中国的脊梁。要是他们学一些老子的思想，读读雪漠的书，压力就会轻很多。

“贫如何，富如何，万事无心只恁何，将来奈我何。”贫也罢，富也罢，都没关系，万事都不放在心上，将来怎么样也不好奇、不焦虑，更不恐惧，觉得自己该做什么就做什么，将来如何都不要紧，奈何不了我。因为生、老、病、死、爱别离、怨憎会、五阴炽盛这八苦都已经遍尝，背后的贪执抗拒心也早已破除，心中的安宁和幸福再也没有漏洞，成就了佛家所说的“无漏智”，得道了。世间万物再也伤害不了我，世间八风再也不能让我动摇，我在这世间最弱小，却无一物可以将我打倒。为什么？因为我的心如如不动，如朗朗虚空，刀子再利，也无法伤害虚空。

“修行心，包容心，一片清虚冷淡心，闲闲无用心。”修行就是为了拥有一颗包容之心、清虚之心。“清”是清净，“虚”是没有执著，“冷”是不狂热地追逐名利，“淡”是平淡、恬淡、淡然。“闲闲无用心”是心中无事，所以能够闲心做事。为什么说“无用”？因为无功用、无物欲、无算计。我前面也讲过，算计看起来很有用，其实没有任何用处。无论是大算计还是小算计都没有用。为什么？因为播下种子自然收获，不撒种子自然不能收获，算不算计都一样。很多东西都是这样的。所以，圣人不会考虑自己的得失，永远都是一心一意为百姓谋福利，只要百姓幸福快乐，他就会觉得很满足、很快乐。对于他个人而言，坏也好，死也好，苦难也好，疾病也好，都改变不了他的道心。

“灭嗔心，去贪心，寂寞清贫合圣心，无生现本心。”把心中的仇恨之火给熄灭，不要仇恨任何人。把自己的贪心也去除，不要贪婪任何的外物或感受。这时，就能耐住寂寞，安于清贫，与圣人之心相合。注意，这里的“清贫”很有意思，它指的不是物质环境上的清冷贫穷，而是内心的不着一物，内心一片清净，无任何多余之物累。无心道人就像颜回一样，将所有享受都舍弃，每天吃一点点东西，喝一点点水，然后安住于仁，安住于圣心，安住于大道，安住于真心。为什么无心道人能做到这一点？因为他已经参透了万物无生无灭的本质，不再为眼前的生死幻象所迷惑，他不关心生命有多长，只管当下的安详。这时，“本元心”就会照耀他的生命。

春秋战国时期到现在，有多少人出生了又死去了？整个世界就像一个翻腾不休的大海，海面上有无量无数的泡沫，每个泡沫这会儿出现了，很快就会破灭，但大海上又会生起另一个泡沫，生生不息。所有的生，所有的死，都不过是暂时的景象，都需要依托于条件，无法永恒，因此被佛家认为是“假合之物”。假合之物，就是幻象，于是，佛陀说：“一切有为法，如梦幻泡影，如露亦如电，应作如是观。”看破了那生灭的必然，就知道生命的本质其实并无真正意义上的生灭，于是也就达到了无生无灭之境，安住于当下的永恒。这种境界，就是“无心”。

因其无心，才能以百姓之心为心。无论对个人修养、国家治理还是企业经营而言，这都是非常宝贵的智慧。

现在的网络思维就是这样，完全不考虑自己，只考虑用户有什么需要，如何满足用户的需要，如何给用户提供更好的服务，以百姓的心为心。做得很成功的企业都是这样。它密切关注客户的需要，时时变化，时时调整，以客户心为自己的心。这时，他们虽然不一定是圣人（而是大商人），却在行为上有着一种非常接近圣人心的境界。因为，他们有一颗超越小我利益的心，他们赚钱已经不是为了多买几间房子，多占有一些东西，多给子孙后代留些财产了，而是想实现某种意义：服务用户，推动社会发展，为社会贡献就业机会，改善人们的生活，等等。这一切，都在其经营过程中完成了，我们要感恩那些非常优秀的企业家，他们改变了我们的生活，让中国发生了根本性的变化。

那么多人在学习成功学，其实还不如学一学《道德经》,《道德经》就是很了不起的成功学。我看《道德经》的时候，觉得后背直冒冷汗。比如“善人者，善人之师；不善人者，善人之资”。读到这句话时，我就在想，这样的话能讲吗？一讲，别人就会觉得老子老奸巨猾。为什么？因为它的意思是：德行很好的人，可以做德行好的人的老师；德行不好的人，可以做德行很好者的资源。“是以圣人常善救人，故无弃人；常善救物，故无弃物。”所以圣人总能发掘人的优点，不会觉得谁没有用，也总能发现事物的用途，不会轻易丢掉什么东西。如果你也能做到这一点，那么迎面而来的一切都会成为你的助缘，你怎么会不成功呢？

在今天这个时代，用老子智慧经商的人没有不成功的，因为他一定是个大商人，一定是以服务用户为目的来经营的。

世界就是这样，当整个行业都有私的时候，只要出现一个无私的企业家，用一种无私的理念去创建一间无私的公司，这个公司就必然会成功，而且必然会抢走几乎所有有私者的饭碗。所以，无论做人还是做企业都不要用小心机，不要算计，算计者做不大，只有合道的人，才能得到大成功。

陆 圣人重改更，随缘而无心

《老子河上公章句》说："圣人重改更，贵因循，若自无心。"意思是，圣人很注重因缘，总会依因缘、时势而变化，因此圣人无心。你也可以理解为"圣人是随波逐流的"，圣人就像海面上的树叶，总是随着海浪的起伏而起伏，永远不会跟海浪作对。但圣人的随波逐流跟凡夫的随波逐流不一样：凡夫不明白真心，所以做不到无心，心随着外境摇动，不能自主地选择方向，容易被世界所诱惑和改变，最后什么也抓不到；圣人明白真心，永远守着真心的觉知，所以能自主选择，始终朝着一个方向随缘而动。简言之，圣人是不与世界对抗，凡夫是被世界所改变。

《庄子·养生主》中有个"庖丁解牛"的故事很有名，这个故事就是典型的不对抗。故事中说：有一天，庖丁为梁惠王宰牛，他的双手所触之处，肩膀所倚之处，双脚所踩之处，膝盖顶到之处，均发出皮肉筋骨分离时的声音，一头完整的牛随之被大卸成若干块，而且那声音很是悦耳，有《桑林》《经首》之神韵，庖丁的动作也很优美，就像是在为这首曲子伴舞。梁惠王看完赞叹不已，问庖丁是如何将技巧提升到这个层次的，庖丁说，他不是用双眼去看牛的身体结构，而是用心神去感知，因此他的刀总能插入骨缝之中，不用跟骨头硬碰硬，即使遇到筋骨纠结处，他也总会绕开，实在无法绕开，必须用刀刃斩断纠结时，他就会聚精会神，沿着筋骨的结构找到最容易攻破的地方，然后用最小的力量将其斩断。所以，一般厨师的刀只能用一个月，优秀厨师也不过是一年，但他的刀，用了十九年还像新的一样。故事中的庖丁也许不是圣人，但他的思维是典型的圣人思维，所有圣人都是随缘而行，永远不对抗的，如果你看到谁在对抗、冲突，他就一定不是圣人，而是凡夫。

我之所以说自己是个作家，不是圣人，就是这个原因，我总是在用作家的笔说该说的话，也总会因此引起一些风波。比如，如果你读过我的《带你去远行》，就会知道我经过玉林时抨击过狗肉节。这件事，当时掀起了不小的风波。有人觉得雪漠老师不该写这样的文章。但我不是这样的人，我是一个作家，如果身为作家，有一支能说话的笔，却不在关键时刻说出自己该说的话，我就失人了。所以，我对那些不理解我的读者说，我向往圣人的境界，但你们不要把我当成圣人，更不要用圣人的标准来要求我，因为我这辈子是来当作家的，不是来当圣人的。

要明白，需要发声的时候，作家就要发声，哪怕跟世界发生冲突也必须这么做，因为世界需要作家这么做。当时，正是因为我说了该说的话，有些狗狗才免去了被屠杀的命运。所以，我向往的圣人境界是做而不执著，所以我积极地做事，不理会结果。在这个前提下，我接纳一切所谓的冲突，因为我知道，它们只是小船顺流航行时溅起的浪花。

所以，我希望大家能把雪漠当成一个作家，不要用圣人的标准来要求雪漠，允许雪漠有一些毛病。比如，假如有一天我对谁发了脾气，那个人不该觉得不高兴，或不理解，反而要高兴，因为雪师对他发过脾气之后，心里就会舒服一点。有朋友对我发脾气的时候，我就是这样，总会说："不要紧，只要你心里舒服就好。"因为发脾气就不会生闷气，可以少得病。

一次，有人造谣诽谤我，内容十分恶心，朋友告诉我后，我叫他跟那人多聊聊天，别管聊啥内容——哪怕他继续造谣诽谤我——因为对方有病，聊天会舒缓他心中的压力，有益于病人。

圣人当然不需要舒缓压力，他本来就没有冲突，一切随缘，所以，我们要继续向圣人学习。

柒 猜疑与背信，文化之糟粕

那么，小人有什么特征呢？我举个例子：两个犯罪嫌疑人被隔离审查，警察告诉他们，如果两人都不交代，就两人都关两年；如果两人都交代，就两人都关三年；如果一个人交代另一个人不交代，交代的只关一年，不交代的要关四年。结果怎么样？毫无悬念，两个人都抢着交代，都怕另一个人先把自己给出卖了。这就是人性。小人之间无论关系看起来多好，都会互相算计，所以小人终究是小人，即便面对的是君子。君子面对同样的情况肯定不会这么做，因为君子无求，无所畏惧，能奉行“宁可人害我，不可我害人”的原则——当然，君子不会为了一己私利去犯罪。

原始的基督教文化中就有这种元素，他们提倡“宁可人害我，不可我害人”，但他们不是这么表述的，他们说：“有人打了你的左脸，你要把右脸也奉上。”人家会不会打？不一定，但他们提倡这样的心，也就是永远包容一切，不但不要怨恨和报复，还要用爱去回应。

电影《血战钢锯岭》的男主角就是这样，他虽然毅然决然地离开爱人参军了，但他拒绝杀人，甚至拒绝拿枪，因为他是虔诚的基督徒，他之所以参军，是想救助那些在战争中受伤的人。这个观点跟他身边的所有人都不一样，所以，他遇到了很大的阻力，甚至跟战友产生了冲突。但即便如此艰难，他也没有放弃这个原则，后来在钢锯岭的作战中，他更是以一人之力救了好几十个伤兵，甚至也包括敌军的伤兵，而且他始终没有开过枪——很难想象，一个经历过浴血奋战的人，竟然能守住原则，不开枪，但这个故事是真实的，男主角的原型叫德斯蒙德·道斯·托马斯，是“二战”时期的一位美国军人。最初，他所有的队友都否定他，要么认为他懦弱，要么认为他不切实际，要么逼着他改变信仰，拿起枪来杀人，但最后这些人都被他感动了，认可了他的信仰。德斯蒙德之所以能创造奇迹，就是因为他有真正的基督教精神，他用行为告诉了世界：他的信仰虽然终止不了战争，但无论多么残酷的战争，都改变不了他看似无用的信仰，也阻止不了他用这个信仰去救人。于是，随着电影的上映，这个不可思议的故事震撼了整个世界，也感动了整个世界。

其实，真正的基督徒是非常善良的，不管对方怎么样，他们都会报以善心善行。可见，纯粹的基督教文化中必然有一种独特的东西，它能让很多人突破血缘等局限，无私地贡献社会。我们可以学习这一点，突破内心的局限，学会包容，不要排斥，更不要仇恨，要用一种更大的胸怀去爱，中国人的老祖宗称之为“以德报怨”。

中国文化注重家庭、血缘，但中国文化也有一种超越家庭、血缘的慈悲和向往，所以，中国历史上出现过很多“以德报怨”的人。还有一些人虽然做不到，但有这个向往，遇事时总会尽量地效法和学习，希望自己能渐渐接近这种境界。

康熙就能包容曾经的敌人，只要对方肯投降，他就会善待对方，给予对方全然的信任。他在《庭训格言》中说过：“好疑惑人非好事。我疑彼，彼之疑心益增。凡事开诚布公为善，防疑无用也。”意思是，喜欢怀疑别人不是一件好事，我怀疑人家，人家的疑心也会增加，不如凡事都开诚布公更好，防备怀疑是没有用处的。他自己也确实是这么做的。当年，噶尔丹手下的重臣丹济拉率军与清军作战，战败后投降了大清，众人都劝康熙对丹济拉多加防备，康熙却说，他既然已经投降，就是我的臣子，我为什么还要怀疑防备他呢？所以，康熙不但不防备丹济拉，还将自己的衣服赐给他，让他进入自己的帐篷，跟自己坐在一起拿刀吃肉，身边连个侍卫都没有。丹济拉当时之所以投降，其实只是因为无可奈何，看到康熙如此善待和信任他时，他才真正被感动，发愿终身勤勉效忠。康熙的态度非常符合老子提倡的团结互惠、拥抱天下、以德报怨。

所以，中国文化的土壤也很优秀，正是因为这块土地的优秀，中国才会出现范蠡、范仲淹之类的世间智者，以及老庄、惠能之类的出世间智者。

捌 大无亦大有，智者之圣境

下面，我从以下几个方面总结一下本章的内容。

> 无心有妙用，无所不包容，无所不融入，无所不明了，无处不慈悲。

“无心有妙用”，无心不是没心没肺，更不等于冷漠。真正的无心是无私心私爱，无分别好恶，无功利执著，但其中有大爱，有包容，有慈悲，所以无论面对什么人、什么事，圣人都会善之信之，这是圣人的本能，跟对方善不善、信不信无关。

日常生活中很少出现这样的人，大部分人都是你对我好我就对你好，注重礼尚往来，很少有人会一直单方面地奉献。因为凡俗之人有私心私爱，付出的同时总在衡量，彼此只能接受一种有条件的、相互交换的关系。而圣人的爱，却是无条件、无私心的。因此，圣人才能待百姓如慈母待婴孩。

有一次我跟朋友聊天，谈到了礼尚往来，我问朋友，在世俗交往中，一个人给另一个人送了东西，而另一个人却不回礼，那个送东西的人会怎么样？朋友说，他有可能会觉得对方很失礼，以后不再给对方送东西。我说，那我失礼过很多次了，每次朋友们给我送书，我都没有回送过东西，不过，我把自己的智慧写进书里，分享给大家，这也算是一种回礼，希望朋友们不要觉得我失礼。我过去一直没有送礼的习惯，只有在看望一些生病的朋友和老人时，我才会买上一些好吃的带过去给他们，这是为了给他们一份好心情，算不上严格意义上的送礼。后来，经过朋友们的教育，我学会了在见人的时候送上几本自己的书，对方也挺开心。但很多时候，尤其在年轻的时候，我连书都不送，甚至就连领导自己开口，问我怎么不给他送书，我也只是回了一句："我不送书，书店里有，要看就去买吧。"可很多领导都对我很好，在关键时刻给了我很多帮助。

消除私欲，消解小我之后，有一个最明显的妙用，就是与万物浑然一味，简单地说，就是与世界融为一体，再也没有彼此之分，佛家称之为"一味瑜伽"。超越二元对立之后，就会进入这个境界，这就是圣人的境界。你慢慢地观察一些朋友，就会发现他们就是那样，没有任何分别心。这时，你不能用自己的观点来衡量他，觉得他不合你意如何如何，他只是没有分别而已。

小动物有时就是这样，我就经常被小动物感动。比如，我家里过去养的小狗就对我很好，很热情，也很忠诚。每次我一回到家，它就会迫不及待地扑过来，用舌头舔我的脸。有些人遇到这种情况会觉得很恶心，但我不觉得恶心，因为我明白它的心，它只是不懂得如何表达自己的感情，一味地想要把对我的爱传达给我，让我开心。这时，我把它放到地上，它就会舔我的鞋，我把它抱起来，它就会舔我的脸。我知道，它在这个时刻心里完全没有自己，只有对我的爱。这份爱，也有点圣人之心的味道。当然，圣人不需要别人感受到他的爱，而小动物却很想让主人感受到自己的爱，这有点不同。但总的来说，小动物的爱是无我的，一旦你是它的主人时，它对你的爱就不会改变，几乎可以说无论你怎么对它，它都是那样。

有个孩子告诉我，他家的小猫很信任他，虽然小猫很怕洗澡，但他给小猫洗澡的时候，小猫虽然怕，却还是往他怀里缩，那种信任，真的让人很感动。

确实，小动物总是在感动着人类。据说，美国有一所监狱就是因为引进了一些流浪猫，结果很多犯人都从穷凶极恶之徒变成了“超级奶爸”，非常温柔体贴，一点做坏事的心都没有了。为什么？因为他们被小猫感动了。小猫那种无分别的爱填补着他们心灵的缺失，对小猫的爱也消解了他们内心的仇恨和贪欲。这种爱就很像圣人对百姓的爱——不但爱着主人的那一刻小猫有了圣人之心，爱着小猫的那一刻犯人其实也有了圣人之心。这时，他们的心里都没有自己，都是全心全意地想让对方开心，想帮助对方解决一些问题——当然，小猫解决不了什么问题，但小猫在面对主人的时候是有这份心的。很多小动物都是这样，面对自己的主人时，都有一种“爱你没商量”的东西。

圣人也是这样，他们对老百姓的爱，也“爱你没商量”。老百姓对他们好或对他们不好，他们都爱着老百姓。能在治理国家的过程中展示出明君之风的帝王，他们在面对百姓时，也有一颗圣人一样的心。

“无所不包容”，“圣人之在天下也，歙歙焉”就是无所不包容。前面讲过，歙是闭合、拥抱、收拢、吸入的意思，做形容词时，它也有和谐、无偏执、投合的意思。圣人的德行很厚，就像天地一样。天地没有什么不能承载，连世人所厌恶的屎溺血污都不会排斥，你想在大地上种什么都可以，只要撒下种子就行。你种了什么，时间一到，它就会给你什么。这种德是非常了不起的。君子要像大地和天空一样，就像《周易》中所说的：“天行健，君子以自强不息；地势坤，君子以厚德载物。”

圣人也是这样，你有什么他都会接纳，因为他没有好恶之分。

你哪怕是在骂他，也会像骂天空一样，丝毫伤害不了他。就像我前面讲过的那个关于佛陀的故事，不管别人如何骂他，他都只是淡淡地微笑，等别人骂到筋疲力尽了，他才告诉别人，我的心就像天空，你骂我的话就像飞到空中的唾沫，唾沫只会落到你自己的脸上，你骂我的话也一样，只会伤害你自己。注意，这就是圣人，圣人的心无所不包，所以一切都留不下痕迹。

“无所不融入”，“为天下浑心”就是无所不融入。“浑”是混同的意思，如海纳百川，也如水分子无处不可融入。

“无所不明了”，“百姓皆注其耳目焉”就是无所不明了。所谓的“耳目”，就是圣人的信息通道和学习对象，也可以理解为圣人听取百姓的心声。

“无处不慈悲”，“圣人皆咳之”就是无处不慈悲。这里的“咳”，可以有两种理解，一是像爱护婴孩般爱护百姓，二是以无我的爱感化百姓，使其恢复婴孩般的真性。

为什么圣人能无处不慈悲呢？因为慈悲是他的本能，他的人格就是如此。释迦牟尼就是这样，他任何时候都慈悲，为了不让供养毒蘑菇的铁匠失望，他明知道那是毒蘑菇也仍然吃了，后来铁匠知道自己害了佛陀，痛哭流涕，他又忍着疼痛安慰铁匠，说在佛陀涅槃前供养食物的人，功德是最大的。你想，食物中毒多难受啊，身体剧痛，又吐又拉又便血，已经筋疲力尽了，但释迦牟尼看到铁匠伤心的样子，却还是不忍心坐视不理，还是要安慰铁匠，一般人怎么可能做到？所以，释迦牟尼的心已经软到极致了，他明知众生的情绪是无常的，却还是想要帮助众生解除痛苦。当然，佛陀的这番话也是说给其他人听的，如果别人认为是铁匠害死了佛陀，铁匠就会变成千古罪人，不但活着时会受尽唾骂，死后也会被钉在耻辱柱上，永远不能解脱，可佛陀这么一说，别人就不会觉得铁匠做了坏事，反而会觉得他的功德很大。

密勒日巴也是这样，他也是喝了一个女人供的毒酒死去的，而且他喝之前就知道那杯酒有毒，还知道那女人之所以供他毒酒，是受一个嫉恨他、觉得他抢了自己饭碗的格西指使，那个格西告诉女人，如果她把这杯酒供给密勒日巴喝，就给她一块绿松石。为了让女人如愿得到绿松石，密勒日巴告诉了女人自己知道毒酒的事，还叫女人先去把绿松石要来，自己再喝毒酒。于是，那个女人叩谢了密勒日巴，就去要来了绿松石，密勒日巴就喝掉了毒酒。所以，他是为了满足女人的心，让她得到自己喜欢的绿松石，才喝下那毒酒的。他喝下毒酒之后，女人就心惊胆战地离开了，去向格西复命。格西很高兴，就去找密勒日巴，想亲眼看看他的惨状。当他来到密勒日巴的住处时，看到密勒日巴一副痛苦的样子。格西幸灾乐祸地嘲弄密勒日巴说："你不是圣人吗？你不是有神通吗？怎么还疼成这个样子？"密勒日巴回答说："我确实可以不疼，因为我可以把它转移到别的地方，但我愿意承受这个疼痛。"格西不信，觉得这只是密勒日巴的借口，于是就挑衅地说："你别吹牛了，你要是真能转移疼痛，就转到我身上试试！"密勒日巴摇了摇头，说："你受不了的。"格西说："你要是不转到我身上，就说明你在撒谎，你根本就没有那个能耐。"于是密勒日巴叹了口气，把一小部分疼痛转到了格西身上，格西立刻疼得满地打滚，直到密勒日巴把疼痛转到门板上，他才终于不疼了。这时，他才相信密勒日巴真的有神通。为什么密勒日巴明明可以不受疼，却偏偏要自己来承受疼痛呢？因为他年轻的时候诛杀了几十人，造下了很大的罪业，他必须用承受疼痛来偿还这种罪业。当然，他也可以通过其他方式来偿还，但他坦然受报。

所以，我们要向圣人学习，一点点提升自己的人格，消除私心，让自己达到无心的智慧境界——我身边有很多学生都做到了这一点，他们在听我讲课或跟我接触时，经常会进入一种无念却有觉知的境界。他们要做的，就是把这境界慢慢延长，让它能贯彻整个人生，成为生活方式和生命本能。

要明白，一切所得都会消失，不值得我们去追逐，无论我们多么有心都是这样。有为的一切都终将消失，得到的越多，有时可能会消失得越快。比如，有个保健品直销公司原本很成功，有几百亿元的资产，但说垮掉就垮掉了，所以，做得越大，风险就越大，稍不小心就会全盘皆输。这就是“猪养得越肥，死得就越快”。为什么？因为盛极必衰。

我再打个比方：如果一个袋子只能装五担米，你却硬是装进去一百担米，它怎么能不爆掉呢？那么，怎样才能既往袋子里不断地装米，又不把袋子给撑爆？在装进去新米的同时把旧米舀出来，袋子就不会爆掉。装进去新米就是增加收入，舀出来旧米就是贡献社会。所以，在通过经营来创收的同时，也要尽快且不断地回馈社会，让财富一直处于高速流动的状态，这样财富就会越来越多，企业就能长久地发展下去。西方人称之为“财富的秘密”。一些企业家每年都花很多钱做慈善，除了信仰的原因之外，也有这方面的考虑。

第五十章

无死

【原文】

出生入死。生之徒，十有三；死之徒，十有三；而民生生，动皆之于死地，亦十有三。夫何故也？以其生生也。盖闻善摄生者，陆行不辟兕虎，入军不被甲兵；兕无所投其角，虎无所用其爪，兵无所容其刃。夫何故？以其无死地焉。

壹 中华民族的无死智慧

今天讲《道德经》第五十章。

这一章最明显的特点，就是想象力非常丰富，中国的文学、神话、哲学、宗教，都跟这一章有关。

在这个时代，我无论到什么地方去，都可以发现无数的商机，别人却发现不了。为什么？因为我们的思维不一样，我有极其丰富的想象力和观察力，能敏锐地发现一些有独特价值的点，然后从这个点出发，勾画出一幅非常清晰的发展图景。我的文化作品也是这样，熟悉我作品的读者会发现，我的文化作品构成了一个博大的体系，而且这个体系在不断变得更加饱满，更加完整。这种建构能力和执行能力，最初就源于我的想象力。所以，想象力是一种财富，也是一种生产力。目前那些非常成功的企业家，也有丰富的想象力，否则他们不可能做出一种开创性的改革。无数庞大的商业帝国都是由想象力来构建的，有什么样的想象力，就有什么样的企业。当然，互联网时代的很多应用，准确地说，都是在借鉴基础上的一种想象和再创造。其实，借鉴后的再创造，本身也属于一种想象力的运用，类似于小说家找到原型后的创作，所以，极富想象力的中国人，在互联网应用方面绝对是一流的，领先于世界上的任何一个国家。中国落后于美国的，仅仅是技术条件，比如芯片技术，但经过美国的制约，我们国家已经意识到在技术上依赖别人有多危险，有些企业也已经开始在芯片制造方面着力，我相信，凭着中国人的坚毅和勤劳，在技术上实现自主是迟早的事情。

言归正传，老子在这一章里重点讲的是无死智慧，而且是中华民族的无死智慧。中国的道家、道教，佛家、佛教，包括后来的很多养生家，都在追求长生，甚至追求无死，也得到了一些非常宝贵的经验和智慧，但后人中能讲透者不多，因为知道、读懂的人本身就不多，成功实践者更是寥寥无几。为什么？因为过去的很多东西只是单向地口耳相传，真正验证了这种智慧的人没有将它系统化、书面化，后人很难完整地了解，在某些方面存在着模糊不清的地方。八仙的故事就是这样，吕洞宾虽然泄露了天机，但是他泄露的天机具体该如何理解，如何实践呢？所以，智慧虽好，但需要有人去完整正确地解读它，否则很多人看不懂，只能将一些蕴藏了生死秘诀的宝贝，当成是一般的诗作。

当然，中华民族的无死智慧不是中华民族的私有财产，而是人类的共同财产，每一种智慧和文化都是这样，我之所以说它是中华民族的无死智慧，是因为它有着浓厚的中国文化色彩，是在中国文化中诞生和完善的。西方人也有他们的无死智慧，他们所说的长生液、炼金术，都代表了一种对无死的追求。阿拉伯文化、基督教文化中都有这种追求。我今天讲的是中国人在这方面的思考，跟其他文化中所说的可能有点不一样。而且我的目的是尽可能地把它讲透，让它形成一种脉络清晰的文化，为将来的学者和实践者们提供一份有益的参考资料，也算是为中国文化做出一点贡献。我不是在讲解知识，所以，对于一些文字理解方面的东西，我会一笔带过，不会多么着重地去讲。知识也不用我讲，网上一搜就会出来很多。

一定要明白，文化和知识不一样，知识只是一种记忆，文化却是生命的程序和本能，能够作用于生命。一个人有没有文化，一看他的行为思想、处事方式就知道，跟他有没有知识没关系。有知识却没有文化的人，在中国历史上，乃至在世界历史上，都比比皆是。所以，学习老子《道德经》，最好不要抱着学习一种知识的心态来学——当然，如果你只想学知识，也没关系，我们也欢迎，但最宝贵的东西是文化，文化是需要实践的。

其实，我今天讲的很多东西过去也有人讲过，但他们的讲解不一定形成了文字，形成了文字的又讲得不是很透，这诸多的原因，就让我的作品有了一种独特性。所以，我希望真正想学《道德经》的朋友能好好地读，好好地实践，不要浪费我们的这次相遇。

不光这一章，我讲的每一章，都必定会满足以下几个标准：第一，符合《道德经》的本意；第二，讲出自己的深度和内容；第三，具有很强的可操作性，因为它一定是具有当下性，符合当下生活的。

我经常说，所有经典都必须是当代经典，如果远离了当代，经典就不是经典了，而只是故纸堆，因为对社会大众的生活而言，它起不了作用。就是说，对经典的解读必须符合当代人的生活需要，不能远离当代人的生活，不能单纯作为学问来存在。否则，对社会大众来说，它的意义很有限。

贰 无事不作死，有事不怕死

出生入死。生之徒，十有三；死之徒，十有三；而民生生，动皆之于死地，亦十有三。夫何故也？以其生生也。盖闻善摄生者，陆行不辟兕虎，入军不被甲兵；兕无所投其角，虎无所用其爪，兵无所容其刃。夫何故？以其无死地焉。

常见的翻译中说，“出生入死”有两种解释：一是离开生的状态，就进入死的预备期；二是出世为生，入土为死。但我不太认同这两种解释，我觉得老子的本意可能不是这样。我觉得，在老子的心中，生和死是相互转化又相互独立的两种状态，也就是说，生出现的时候，死也会同时出现，两者的关系就像光和影一样，你可以只关注其中一种状态，却不能否认另一种状态也是同时存在的。它跟佛家所说的“缘起性空”一样，不是离开这个才出现那个，而是这个发生的同时那个就存在。再换一种说法，就是一体两面，就像那个太极阴阳图。

“生之徒，十有三”，这个“生”跟前面不太一样，它指的是长生，所以“生之徒”就是善于养生、能够长寿的人。那么这句话的意思就是，长寿者，大概十人中有三人。换一种说法就是，在一个群体中，长寿的概率大约是十分之三。注意，这不是一个具体数字，而是一个大约的比例，相当于我们所说的平均值。目前，几乎所有译文都是这么解释的，所以我也随顺他们，不去标新立异。

“死之徒，十有三”，跟上面一样，这个“死”也不是死亡的意思，而是短命，所以“死之徒”就是不懂养生的、短寿的人，“十有三”，就是一个群体里大概有十分之三的人属于这种类型。这同样是常见译文中的解释，我们也暂且按这个说法来理解，不与常见的观点对抗。

“而民生生，动皆之于死地，亦十有三”，虽然有生命但随时会死的人，大概也是十分之三。

事实上，老子的本意可能跟常见的理解不太一样，因为老子早就超越了人间的生死观，他眼中的生死不是两个割裂的状态，而“生之徒”“死之徒”和“而民生生，动皆之于死地”，也可能不是三种人，而是三种象征：一种象征了生，一种象征着死，一种象征了目前有生命却随时会死。那剩下的十分之一又象征了什么呢？象征了混沌未知。换句话说，老子的这句话，也许只是在表述一种无常的状态，而不是在用寿命的长短来划分人群。

万事万物都是无常的，一切都是无常的，战争中更是充满了无常，此时看起来活着，说不清什么时候就会变成刀下亡魂。战争结束之后，得到保全的人到底有多少，真的说不清，有些战争直接就全军覆没了。所以，用什么样的形容词来表述战争的残忍，几乎都不为过。

“夫何故也？以其生生也。”为什么有生命却随时会死？因为吃得太好，过得太好，享受太多，把福报给用尽了，于是病就来了，一不小心就会死掉。还有一种理解是，过于爱惜生命，过于想要活下去，反而会把自己给折腾死。简单地说，就是穷奢极侈的人容易死掉，过于贪心的人也容易死掉，所以做人一定要学会“知止”。李世民就犯了这个错误，他本来活得很健康，偏要吃金丹，结果刚刚五十岁出头就死了。这么好的一个君王却这样死了，真的很可惜。很多人都是这样，他们本来没什么大问题，就是因为吃了过多的所谓的保健品，最后才吃死了。所以，不要没事找事。

这里一开始像是在讲养生，但慢慢地你就会发现，老子的话好像已经超越了生死，有着其他的一些寓意。

还有一点很有意思：我虽然说老子不是在说一种具体的分类，而是在用分类隐喻一个道理，但“十有三”这个比例很妙，你不管进入哪一个领域，只要想知道某件事自己该做还是不该做，就可以用“十有三”这个比例来衡量一下，如果连七成把握都没有，就最好不要做，因为你很可能会失败。

“盖闻善摄生者，陆行不辟兕虎，入军不被甲兵”，听说，如果一个人善于养生的话，他在陆地上行走就不会遇到猛兽，打仗的时候也不会被武器所伤。这里的“摄”是驾驭的意思，“善摄生”就是善于驾驭生命、善于为生命做主，放在这句话里，就是善于养生，因为老子的第一层意思是说养生的。“兕虎”指的是猛兽。其中，“兕”是有角的猛兽，如犀牛等；“虎”是有尖利牙齿的猛兽，如老虎等。我们所说的“虎牙”，就是尖尖的牙齿。“甲兵”指的是兵器的攻击。

为什么善于养生的人不会遇到猛兽和兵器的攻击？因为善于养生的人“知止”，不会冒险去做把握不大的事情，更不可能到有猛兽出没的密林里去，也不会发动一些敌我力量悬殊、没有任何获胜可能的战争，因此也就不可能遭遇猛兽。这时，“兕无所投其角，虎无所用其爪，兵无所容其刃”。犀牛的角再厉害，老虎的爪牙再尖利，兵器的攻击力再大，也伤害不了他。

我看过很多讲解《道德经》的著作，它们对这句话的解读一般是：如果一个人得道了的话，就连老虎等猛兽也会趴在他的身下。对不对？对。关于得道之人确实有伏虎之说。那么，这里是不是这个意思？我觉得不仅仅是这样。当然，你可以这样理解，但老子想表达的也许不是这个意思，而是无为者不执著于做某些事，所以他们不会冒险，如果陆地上有兕虎，他们就会改走水路。我认为这才是老子更想表达的意思。同样，如果一个人不执著于胜利，他就不会在没有把握的时候出击，那么就算武器再锋利，也伤害不了他。

“夫何故？以其无死地焉。”为什么猛兽和武器都伤害不了他？因为他没有将自己置于死地。注意，不将自己置于死地，不等于逃命，而是不急于一时，等到恰当时机，才做该做的事。急于一时、不择时机或没事瞎折腾叫什么？叫找死，因为他会把自己置于死地。一定要注意这一点，因为很多人总是在找死。

历代解读者在讲到这一章时，主要都是在说如何养生，如何长生，如何达到无死地，我也会从这个角度入手。不过，老子讲的是一种无死智慧，它涉及的其实不只是养生和长生，而是包括人类的所有活动。就像我前面所说的，只要你把这个智慧学透，就会懂得如何在生活与工作中做出抉择，而不会盲目地把自己置于绝境。所谓的死地，指的不仅仅是一种非常危险、有可能让人丧命的局面，也包括那些全无退路的绝境。所以，老子所说的无死地，其实是一种象征。

“无死”是无数中国人的梦想，无数的中国人都在苦苦寻找无死之法，许许多多的智慧，都是依托于这个梦想才会出现的，或者说，许许多多的智慧都是人们在寻梦过程中的收获。它们的境界或高或低，但都可以在一定程度和层面上回答他们关于无死的追问。而老子的无死智慧，则属于比较究竟的那一种。他是直接告诉你，世上本无生死，生死只是一个幻觉，摆脱幻觉，自然能超越生死，达到无死地。当然，老子也讲了肉体层面上如何养生，如何长生，概括为一句话，就是不入死地者无死，进入死地者难活。这句话，值得我们好好去品味和参学，并且举一反三地运用于生活与工作，因为它可以帮助我们避免一些世俗意义上的苦难和灾难。

叁 老子的无死哲学

这一章虽然不长，但其中的内涵却非常复杂，在其他的一些著作中，作者往往会用很长很烦琐的文字来解释，有时，为了尽量讲得清楚一些，甚至要用一本书的篇幅。所以，为了将它简化，我重新学习并消化了其中的内涵与精髓，将最难的东西都化成了诗句，这样就会相对简单很多，我也不会忘掉自己讲了哪些，还有哪些没讲。否则，我就有可能会漏掉一些重要内容。

下面，我们开始讲解。

入世即为生，离世即为死。寿者十之三，夭者十之三。
余者虽有生，时时处死地。求生欲太强，养厚消福泽。
执著过强时，不是善养者。摄生当无为，陆行无强敌。
强敌无对境，战时无攻击。虎爪探虚空，猛兽无所及。
举头临白刃，犹如沐净气。庖丁解牛时，龙树长寿日。
无为无所执，以其无死地。庄子说女偊，年长若孺子。
问其长寿因，答曰闻道矣。闻道而守之，三日外天下。
既已忘天下，再凝寂持守。七日能外物，万物不扰心。
九日能外生，坐忘身与心。心境如朝日，清新而彻明。
物我能两忘，凝寂空灵心。朝彻能见独，心定如山岳。
独立无所依，遂能无古今。贪生者不生，无生者无死。

二元消失后，不死亦不生。道无有所送，也无有所迎。
也无有所毁，也无有所成。外物难纷扰，心静名撄宁。

1. 把握好消解死地的百分之六十

入世即为生，离世即为死。寿者十之三，夭者十之三。
余者虽有生，时时处死地。求生欲太强，养厚消福泽。

“入世即为生，离世即为死”，这是“出生入死”的另一种说法，前面讲过，这里就不展开了。

“寿者十之三，夭者十之三。余者虽有生，时时处死地。”这句话也讲过，就是大概有十分之三的概率会生，十分之三的概率会死，剩下的十分之三虽然看起来是生，但又随时有可能死，剩下的十分之一随机。所以，我们只要把握好生的十分之三，以及有可能转化为死的十分之三，让它不要转化为死，就把死地给消解了。在养生中，这是非常重要的部分。

行为学家还有一个“百分之五十一原则”：在非此即彼的两个选择之间，只要其中一个比另一个多百分之一的优势，你就可以选择它。这个比率跟百分之六十不太一样，但也有它的道理。不过，在老子看来，还是要有百分之六十以上的把握才比较好，因为这样才能把死地消解，让自己不要有受到伤害的可能。

“求生欲太强，养厚消福泽。”求生欲望过于强烈，就会吃很多补品，希望自己的身体能更强壮，但这样反而会积累过多的营养，身体会负荷不了。我见过很多因为营养品吃得过多而死掉的人，按老祖宗的说法，这是把福报给消掉了。

我也会吃营养品，也做了一种代餐粉，以合理地增加营养。我很少吃保健品。吃饭的时候，我也会把每顿饭肉的摄入量控制在一两以内，不会吃太多。我的饮食是以蔬菜为主，就连主食，我都会控制在七十克以内。因为我不想让自己营养过剩。这就是对老子在本章中讲到的内容的运用。

我们今天为什么会着重讲养生话题呢？因为无论在中国文化中，还是中国文学中，这个话题都占了很大的比重，包括民间故事、神话传说中出现的神仙，也代表了一种人类对永生的关注。道家文化和佛家文化更是这样。而我们办雪漠创意写作班的时候，也经常会写一些无死和永恒的题目。这些都代表了一种对永生的关注，或是对这个永恒话题的认可。所以，这是一个非常重要的内容，我会花更多的力气把它给讲透。

古往今来，人类从来没有放弃过对永恒、永生的追求，它就像爱情一样，是人类永恒的主题。甚至可以说，人类对爱情的追求，远远不如对永生的追求那么强烈，那么多君王都在追求无死，他们对生命的重视，远远超过对爱情的重视。像《西游记》里那么多女妖精，她们不想跟唐僧谈恋爱，而都想吃唐僧肉来长生不老，唯有西凉女王只要爱情不要长生。你想想看，西凉女王的爱情是多么了不起啊，它超越了人类天性中对永生的追求。所以，唐僧离开西凉女国的时候，心里是充满惆怅的，观众也都为他感到遗憾可惜。但唐僧如果不走，会怎么样？唐僧如果不走，西凉女王的爱情固然能开花结果，可两人在一起不管卿卿我我多久，最后都只是两堆寻常的骨头，历史上却少了一位去西天取得真经、能利益众生的高僧大德，少了一个值得千古敬仰的存在，这会多么令人遗憾和可惜啊！人生就是这样，必须做出取舍，永远不能两全其美，你取了这个，就要舍去那个。所以，很多时候不是什么东西不好、不重要，所以放弃它、拒绝它，选择另一个东西，而是另一个东西比它更重要，所以不得不放弃它、拒绝它，有另一种选择。这是选择的代价，但也成就了人的高贵。

当然，《西游记》里的故事是一种艺术创造，但感动人心的创造，反映的精神是真实的。所以，爱情非常美好，就像黑夜里的小火堆一样，让人觉得明亮和温暖。但不管多么温暖，柴烧光之后，这堆火也会熄灭。爱情同样如此，不管多么美好，多有诱惑力，让人多么想要留下来，永远守住它，它也迟早会消失，就像一个美好的水泡，这就是真相。但不管怎么样，人类还是会为了这个小水泡而不断追逐，就像人类明知生命和财富必然消逝，也还是会不断地追逐，不断地叩问。爱情、无死和财富，是人类三个非常重要的梦想。所以，我们今天谈论的话题，既是中国的，也是世界的。

我为什么不从儒家文化谈起呢？因为儒家不谈永生。孔子说"未知生，焉知死"，就是说他们只关心现世的东西，不想去谈死后，也不想去谈死亡。但儒家同样追求永恒，他们找到的永恒，不是让生命长久，而是让功业长久，他们称之为"不朽"。他们相信肉体肯定会消失，所以他们想要在有限的生命中建立不朽的功业。什么样的功业？一是立功，二是立德，三是立言。立功就是为国家建立功勋。大家都知道左宗棠，中国人也会一直记得他，因为他保证了中国的国土完整，这就是立功所实现的不朽。立德就是铸就高尚的品德，如果你的品德感动了世界，人们就会永远记住你，史书和大量的文学作品也会记住你，比如雷锋，直到现在，我们仍然把做好事叫"学雷锋"，并且一直倡导学雷锋，雷锋精神不死，这就是立德所实现的不朽。立言，就是著书立说，老子的《道德经》就是立言，因为《道德经》的存在，两千多年后老子的思想仍然活着，仍然在照亮我们，所以，老子实现了立言上的不朽。

2. 长养无为心，死地亦妙境

执著过强时，不是善养者。摄生当无为，陆行无强敌。
强敌无对境，战时无攻击。虎爪探虚空，猛兽无所及。
举头临白刃，犹如沐净气。

“执著过强时，不是善养者。”善于养生的人不会有太强的执著，反言之，执著过于强烈的人，肯定不善于养生。

一定要注意，老子所说的长生是建立在无为基础上的。我无数次地解释过无为，但还是有人理解错误，所以这里再解释一遍。无为就是积极作为的同时没有执著，没有执著的积极作为才叫无为。注意，无为必须跟无不为同时存在，否则就不是真正的无为。

《道德经》的诞生就是因为老子在行为上有所作为，如果他在行为上也无为的话，不要说没有这五千言了，就连一千言，甚至一个字都不会有。所以，老子强调无为的目的不是让人不要做事，而是告诉人们，智慧的本质、大道的本体是非对立、非二元、无执著的，这才叫无为。从这一点上看，老子思想与佛家思想相似，所以，《道德经》和《庄子》的出现，为佛家思想进入中国开辟了一条畅通广阔的道路。

“摄生当无为，陆行无强敌。”在中国古代的传说中，有很多训练有素的伏虎师可以震慑很多动物，因此有“降龙伏虎”之说。佛经中记载的释迦牟尼也是这样。据说，有一次有个房间里进去了一条毒蛇，每次有人进入那个房间，它都会发怒，咬死了很多人，当地人称之为“毒龙”。后来，释迦牟尼到了这个地方，别人为他安排住处的时候，就给他安排了那间房子，想用毒蛇来试试佛陀的神通。半夜里，释迦牟尼果然听到了毒蛇的吐信声，他往声音的来处一看，发现有一条毒蛇正朝他游走过来，但是他仍然安住在自己的境界里，不动不摇，最后毒蛇就息灭了攻击之心，游走到其他地方去了。第二天，那个想要试探佛陀的人一看，佛陀果然还活着，而且安然无恙，就马上向佛陀忏悔，并且皈依了他。这就是“善摄生者，陆行不辟兕虎”，善于收摄众生的人，就算在充满猛兽的陆地上行走，猛兽面对他时也会变得像绵羊一样温驯。

“强敌无对境，战时无攻击。”他强调无为，心如虚空，没有对立和二元之分，因此没有敌人，没有战争，也不会招来攻击。

我常说，二元对立是人们自己的执著所构成的，超越它之后就不会再有对立。比如，你认为对方不好，是你的善恶分别心导致的，没有善恶分别心时，你就会觉得对方很好。这是一种世界观，也是一种方法论，因为你可以这样应对自己的生活。所以，谁跟我在一起，我都会觉得他很好，无论到什么地方去，我都会觉得那个地方很好，没有什么不好的。我到临朐，就觉得临朐很好；有了不同的因缘，又回到樟木头，也觉得樟木头很好。真是这样的。心好，就会觉得世界很好。如果觉得有个东西不好，就要明白那是自己的心在对抗，觉得那个东西不符合自己的标准。

类似的观点，其实既有老子无为思想的成分，也有佛教空性智慧的成分，可以算得上是两者的完美融合。

“虎爪探虚空，猛兽无所及。”无为之心就像天空一样，虎爪再尖利，也伤害不了天空，同样道理，只要你的心像天空一样，就没有任何事能伤害你。这里的“猛兽”，指的不一定是真实的动物，也许更多的是环境对自己的伤害。

我前面提到庖丁解牛的故事时，说到了庖丁的那把刀，因为他从不用刀锋直接跟骨肉筋腱硬碰，所以他的刀用了十九年还像新的一样。我们对待自己的心也要像庖丁对待他的刀一样，不要去跟生命中的骨头和纠结硬碰，永远要游离于筋肉之间，在缝隙中往前走。即便不得不跟筋结接触，也要以一颗无为之心去感受它，用一种善巧的方法来解决，不要强硬地对抗。这也是一种无为而为。

有些人在学习佛家知识的时候，觉得佛家所说的空是一切都不存在，其实不是这样的，我们承认生命中有骨头，也承认它会给我们带来麻烦，但我们会绕开它，用另一种方式去善巧地解决，而不是执著地想要改变它。执著地想要解决它、征服它和改变它，就是凡夫，而不是善养生者。善养生者心中永远没有骨头，更永远不会执著地想要改变骨头。

儒家不谈无为而为，儒家认为一定要死谏。什么叫死谏？就是在皇帝犯错时拼死相谏，跟皇帝硬碰硬，认为这样才是忠臣。于是，他们碰着碰着，就把脑袋给碰丢了，也把自己定格成了忠臣。但每一个忠臣背后都有一个昏君，所以，他们成为忠臣的同时，也把皇帝钉在了昏君的耻辱柱上，让皇帝的一生有了污点。比如，李世民一生虽广纳谏言，年老时却因为虚荣心膨胀而犯了错，虽然他一生的功绩没有被抵消，后人对他仍然非常敬仰，觉得他是一代明君，但他的一生总归是留下了遗憾，所以他后来教育太子时，就叫太子要学习历代先贤，不要学他，因为他做错过很多事情。但即便如此，对抗仍然不是一个多么有智慧的行为，再说，如果一个臣子把皇帝钉在耻辱柱上，你觉得他还算得上是忠臣吗？

很多忠臣都是真正的忠臣，他们并不是仇恨皇帝才会拼死直谏的，相反，他们非常希望皇帝能成为一代圣君，不要犯下一些昏庸的错误，误了国家。他们根本没想过，这样直谏只会让皇帝对他们产生芥蒂，即便不会一时冲动把他们给杀掉，也会跟他们保持距离，去亲近一些让自己舒服的人。每个皇帝都是这样的。于是，很多忠臣一腔热血，一片赤诚真心，总是得不到皇帝的认可。

所以，养生非常忌讳对抗，佛道训练也非常忌讳对抗。在修道的时候，对抗的心态和行为是必须要杜绝的。修道讲究心的柔软，讲究不与环境对抗，不与欲望对抗，不与心对抗，而是化解心中的郁结，消解心中的执著，让自己能放下很多东西，安详淡然地活着。于是，佛道两家就出现了一种转移欲望的训练方法，具体内容我会在后面介绍。

“举头临白刃，犹如沐净气。”抬起头坦然地面对屠刀，屠刀砍下时带动的气流向他吹来，他就像沐浴清风一样，内心非常清净淡然。

佛家有“举头临白刃，犹如沐春风”的说法，跟这句话很像。那为什么我不说“犹如沐春风”，而说“犹如沐净气”呢？因为佛家以空性为主，而道家则以清净为主，两者虽然本质上是同一个东西，但具体显现有所不同——“如沐春风”，说明即使屠刀迎面砍来，他也仍然安住在空性境界之中，心中有一种淡淡的喜悦和安详。“如沐净气”，说明屠刀砍来时他的心很清净，没有恐惧，没有仇恨，甚至没有愤怒，只有淡然和坦然。相同的是，两种境界都已经超越了生死。

我在小说《西夏咒》里还写过一种相反的境界：“一下，那刀利，半个拇指成骨头了。国师叫。一听那声音。你就知道他是假的，他也是个破戒的僧侣。真正的国师是无我的，举头迎白刃，犹如沐春风，剐他的肉，跟剐大地的土一样。我就想，你叫啥？你不叫，还似模似样，俨然国师。你一叫，就露馅儿了。”露什么馅儿？露他还没有证悟空性，还有生死之别的馅儿。这个细节讲的是成吉思汗攻破西夏时，他的行刑官对西夏国师施以凌迟之刑时的一个细节。这一招非常狠毒，因为国师代表了西夏的文化和信仰，国师一旦失态，西夏人的信仰殿堂就会立刻崩溃，西夏就真正地灭亡了。这就是诛心。但这里的国师并不是真国师，他本来就不能代表一种信仰。要是他真正有修为，真正成道了的话，他就会超越生死，达到无死的境界，即使肉体受到损伤，他能感觉到疼，那疼也不能让他失态。他既然失态了，就说明他还没有证得无死，也不是真正的成道者，所以我才说："你不叫，还似模似样，俨然国师。你一叫，就露馅儿了。"

3. 节制不硬碰，养生之基石

庖丁解牛时，龙树长寿日。无为无所执，以其无死地。

讲解这一章的时候，我多次提到了庖丁解牛的故事，为什么？因为这个故事跟本章内容非常相契。我们每个人都跟屠夫的刀是一样的，他怎么用刀，决定了刀的寿命，我们怎么使用自己，也决定了自己到底会长寿还是短命。

比如前面所说的，如果陆地上兕虎横行，就不走陆路，走水路，那么兕虎再厉害也伤害不了你；如果胜算不大、危险性太高，就不打仗，那么武器也伤害不了你。这些都符合庖丁的用刀之道——永远不去硬碰硬。当然，庖丁也是慢慢成长起来的，刚开始，他还没摸到用刀的窍门时，也跟一般厨师一样，总是用蛮力去砍骨头，跟骨头硬碰硬，于是一个月就要换一把刀——注意，一般的武术家跟这个阶段的庖丁是一样的，很多武术家之所以不长寿，就是这个原因。

早些时候，在这一点上我一直有疑问，因为我自己也练武，我知道武术确实可以强身健体。那时候，我的伙食很差，总是吃不饱肚子，休息时间也很短，就是因为每天练武，我的身体才没有垮掉。后来我练太极，也觉得太极很好，对修身很有好处，但不知道为什么，总是听说某某武术家去世了，而当时他们才五六十岁，年纪并不大。于是我就一直在思考原因，想知道武术为什么没有让他们长寿，到底是武术本身的原因，还是他们自己的问题？后来我才明白，他们之所以活得不长，是因为他们老是在比武，老想打赢别人，老是跟世界硬碰硬，这说明他们心中始终有一种对抗的东西。按老子的说法，这样的心态是不利于养生的。

后来我还发现了一个原因，就是奉养过度，说得直白一点，就是吃得太多。一位太极宗师就是这样，拳打得很好，人也很好，是个重量级人物，但他的体重也很惊人，吃得非常胖，据说他一顿饭能吃掉二三十个高庄馒头。另一位祖师也是这样，他经常练养生桩，拳也打得很好，但六十多岁就死了，为什么？同样因为吃得太多。据说他一顿饭能吃一整只鸡，而且每天都吃，结果他的身上就充满了脂肪，有一天血管被堵住，又抢救不及，就死了。你说，这样的死法是不是太可惜？所以，人不能太贪图享受。我在吃饭上那么注意，每顿都不多吃，就有这个原因。

因为吃得太多而死，就是典型的“而民生生，动皆之于死地”。所以，在中国文化中，少吃——包括辟谷和节食——后来成了追求长寿的一个秘诀。对于这个秘诀，有很多科学家都专门做过实验。比如，有科学家曾经用不同的方法养了两群鸡，对其中一群鸡严格控制饮食，每顿都不让它们吃得太饱，对另一群鸡则放任自由，让它们爱吃多少就吃多少。结果，前者的寿命是后者的两倍。可见吃得过多对身体的伤害很大，而少吃对身体又有很大好处。

希望别人健康快乐地活着，是我一个很重要的祝福。几十年里，我身边有很多人都过早地离开了，包括一些很有才华，本来可以做很多事情的人。我觉得，假如当初他们能更加珍惜自己的身体，不要让自己“进入死地”，情况就会好很多，他们也会有另一种命运。这也成了我决定深度讲解这一章的原因之一。

有一个传说很有意思：唐朝玄奘法师去印度的路上经过了一个山洞，看到一位很老的老头子正在修禅定，老头子的头发很长，胡子也很长，全身布满了灰尘，就好像一件很久没有人清理的旧家具一样，他的头上还有一个鸟窝，里面有小鸟生了蛋，可见老人入定已经很久了。于是玄奘拿出引磬，敲了一声，老人听到后就出了定，跟玄奘有了一段对话。原来，他之所以在这里入定，是为了等释迦牟尼佛出世，谁知一入定就没了时空的概念，只一个恍惚，就过去了千年，释迦牟尼佛都入寂了。

玄奘法师到印度后，遇到了一个叫龙树的人，据说活了八百多岁，他告诉玄奘，自己这么长寿是因为修了一种长寿法，问玄奘想不想修。玄奘却拒绝了，因为他没时间学，他要跟那烂陀寺的戒贤大师学《瑜伽师地论》。戒贤大师已经一百多岁了，不知道还有多长的寿命。后来，玄奘见到戒贤大师，学到了《瑜伽师地论》，把这部经带回了东土大唐。

玄奘的选择也许是正确的，因为长寿法修的是内功，需要改变人的机能，不是一时半刻可以修成的，需要花时间修，也需要熬，就是必须一直修，成为一种生活方式。为什么？因为人的细胞生生灭灭，就算一个人经常锻炼，身体机能很好，只要二十一天不锻炼，也会变得和一直不锻炼的人一样，因为他全身的细胞都换了一遍。所以，锻炼需要坚持一辈子。

中国人在长寿养生方面积累了丰富的经验，尤其是道家和道教。比如，真正的修道者在子、午、卯、酉四个时辰都要训练——我和一位修道多年的朋友专门谈过这个问题，他说，一天如果只打坐两个小时，就只能保持生命机能的平衡，很难升华。他认为，每天只有训练两个小时以上，才能真正地起作用。要是低于两个小时的训练，你的阳气刚聚，还没稳定下来，就散掉了。所以，只要是修身的功夫，不管是什么目的，什么形式，来自何种文化，都必须经过漫长的积累，并且坚持一生，形成生活方式，否则就解决不了根本问题。

有些人老是吃营养品，能改善体质吗？当然能，但不能过量，而且要吃三个月以上。修道的第一步是什么？是老祖宗所说的“百日筑基”，顾名思义，就是一百天才能真正地打好基础。养生和修道在这个时间上刚好一致。这说明了什么？说明一百天代表了一个生命周期。包括慢性病的治疗，其实也是这样，也必须经过三个月的疗程才起作用，不能三天打鱼两天晒网。有些人觉得今天吃了点人参，就可以把身体的虚损给补过来，有益于健康长寿，是不是这样？不是的，因为身体机能的重置需要一个过程。不管是锻炼还是吃药，抑或是吃营养品，都要具备这个过程，才能发挥作用。它相当于一种重复的刺激，每天都在那个时候刺激它，刺激到一定的程度，才能像水滴石穿那样，引起一个质的改变。所以，任何事都必须要有耐性，要允许它经历一个漫长的过程，不要过早地否定或放弃。这是一种常识性的东西，但很多人偏偏不知道。

“无为无所执，以其无死地。”死地是执著带来的，没有执著就没有死地。

4. 女偊为什么能长生？

庄子说女偊，年长若孺子。问其长寿因，答曰闻道矣。
闻道而守之，三日外天下。既已忘天下，再凝寂持守。
七日能外物，万物不扰心。九日能外生，坐忘身与心。
心境如朝日，清新而彻明。物我能两忘，凝寂空灵心。
朝彻能见独，心定如山岳。独立无所依，遂能无古今。

“庄子说女偊，年长若孺子。”庄子在《养生主》中说，有个叫女偊的人看起来一直很年轻，虽然岁数已经很大了，却仍然像个孩子一样。女偊这个人物的故事很长，我记不住，就把它写成了偈子。

小时候我的记忆力很好，但现在记不住任何东西，写作时也好，讲课时也好，脑子里连一个字都没有。怪的是，每当我要用到什么东西时，比如写作、讲课或回答问题时，它就会自己出现。那我究竟是记住了，还是没有记住呢？我也说不清。也许，我的生命中有一个看不见的库，信息都进入了那个地方，它轻易不开门，只有在我需要用到相关的信息时，它才会把门打开，把这个信息放出来。这个地方，佛家称之为“陀罗尼”，是生命中最深层的一种东西。

“问其长寿因，答曰闻道矣。”有人问女偊，你为什么这么长寿，而且能永葆青春啊？她说，因为我明白真理、闻道了。注意，她闻的是什么道？是老子所说的大道，或者说，是大道本体在个体生命中的存在，道教称之为元神，佛家称之为真心。对个体生命而言，它是根本，也是生命中本有的东西。个体生命就是每个人自己。所谓的闻道，不是说我知道外面的那个道，而是指我看到了自己生命中的道，这个道跟大道是一体的。道无处不在，我的生命中有它，你的生命中也有它，每个人的生命中都必然有它，每个人找到自己生命中的道时，就叫闻道、见道。关于这一点，我在《真心》中专门讲过，你可以去看一下，这里我不赘述。一定要明白，如果想要真正地养生，就必须找到大道在自己生命中的存在，找到它，你的养生就有了基点和基础，否则，所谓的养生就没有本质的意义。

“闻道而守之，三日外天下。”闻道了，知道了大道在自己生命中的境界和状态后，就守住它。这个“守住”，在禅宗里叫“保任”，也就是让自己的悟境保持下去，不要丢失，而且这个时候必须闭关。闭关保任三日之后，她就能把天下扫到心外去，自己的心中不著一物，空寂明朗，无所执著。注意，《庄子》讲的是修道，而不是单纯的养生，但修道刚好是女偊长生的根本。

“既已忘天下，再凝寂持守。七日能外物，万物不扰心。”忘掉天下之后该怎么修呢？仍然是安住于大道之境，在极致的宁静和专注中守候与观照，七天之后，就能把一切都扫到心外去，外物再也不能通过六根来干扰她了。

这个故事非常有意思，因为这个叫女偊的人讲的都是对的，我们的老祖宗真是了不起，早在印度佛教进入中国的数百年前，他们就已经知道大道的存在，知道什么是大道，也知道大道在个体生命中有怎样的体现，并且已经知道该如何修道，修到什么程度才叫成就了。我想，这个女偊一定有传承，如果没有传承，她就不会知道自己见到的那个东西就是道，而《庄子·养生主》后来也确实讲到了女偊的传承，所以，我们的老祖宗对道的理解和训练，是远远早于《庄子》的。

“九日能外生”，接着，她又修了九天，仍然是闭关保任。九天之后，对生命的执著也远到心外去了，她再也不在乎自己活不活，存在不存在，个体生命的一切都影响不了她了。所以，她虽然得到了长生，但是她已经不在乎长生了。或者说，因为她不在乎长生，不在乎生死，所以她超越了生死，得到了长生。

“坐忘身与心”，这时，她连自己的身心都不在乎了。

唐代有个著名的道士叫司马承祯，他写过一本叫《坐忘论》的书，书中重点讲的就是这种“坐忘身与心”的境界。他只管安坐在那里，不管自己的身，甚至也不管自己的心，但心里自然没有执著。司马承祯的这本书，源头也许就是女偊的这个故事。实际上，道家的很多东西，都源于女偊的故事。

“心境如朝日”，心就像早上的太阳一样，清新而明彻。注意，这是一种非常清澈干净的状态，没有一点点多余的东西。所谓多余的东西，就是私心杂念，或是好恶之类的分别心。她慢慢守着大道，心就像东方破晓的晨曦一样，无比地清澈、纯净、明亮和通透。

“物我能两忘，凝寂空灵心。”这时，她已达到了物我两忘的境界，心里没有世界，也没有小我，始终安住在一种专注无念、空寂灵明的状态之中。对这个女人来说，达到这种境界，其实比得到长生的收获更大。不过，如果她没有达到这种境界，她也就不可能实现长生了。所以我常说，当你真正能够得到某个东西时，其实你已经不在乎它了。从“在乎、追求”到“不在乎、得到”之间的这个漫长的过程，就是修道。

十九岁时看《庄子》，我的感触其实不是特别深。虽然知道《庄子》是经典，智慧境界很高，但究竟高到什么程度，对中国文化而言有着怎样的意义，我并不是非常清楚。三十多年后，我再看《庄子》，尤其是看到《庄子·养生主》的时候，我就彻底被庄子所震撼了，我发自内心地对他肃然起敬。为什么？因为，它的存在证明了我们的老祖宗早在印度佛教传入中国之前，就已经明白了觉悟是怎么回事，也知道该如何达到觉悟，我们的本土文化可以跟印度佛教文化平等对话，这是非常了不起的。而且，在《庄子》面世的两千多年里，能在智慧境界上超越它的不多。它的境界，非常接近我在《真心》中描述的大手印智慧境界。

我们还要知道，庄子和老子之间有师承的关系，《庄子》中的很多内容，是对《道德经》中没有展开的内容的一种补充，所以，《庄子》和《道德经》有一种照应的关系。后世一直将他们合称“老庄”，就有这个原因。老庄对道家的影响非常大，甚至对中国佛教的影响都非常大。我认为，对禅宗影响最大的是庄子。因为，禅宗是佛家真理进入中国后，和中国的老庄思想结合的产物，它并不是佛家思想在中国的副本。你只要看一看《庄子·齐物论》和《庄子·逍遥游》，就会发现其中的很多表述已经达到了佛教的超越层面。今后如果有机会，我也会专门讲一讲《庄子》，而且同样侧重于深层次的解读，把《庄子》里被人严重低估的、别人没有发现的好东西都挖出来，讲透它们，让它们能够作用于人们的当下生活。

“朝彻能见独，心定如山岳。”心像早上的阳光那么清澈时，人往往能拥有独立的见地和思维，因此心会非常坚定，像山岳一样不可动摇。庄子把这种状态叫作朝彻。

这个词很有意思，它表述的是一种红日初升时万里无云，天地间一片朗然光明的景象，在佛家的话语体系中，这就叫真心。万里无云，指的是没有杂念的干扰，心非常干净，非常敞亮，非常通透，本体智慧像朝阳那样升起，照彻了心灵的天空。所以，这个词是非常形象的。最初在《庄子》里看到这个词的时候，我感到很吃惊，因为庄子确实很了不起，他显然已经证悟了空性，否则，他不可能对觉悟的境界那么清楚，也不可能用这么形象的语言把它表述出来。

注意，“见独”指的是见地和思维变得独立，不会受到别人的干扰。为什么安住于朝彻的状态时，人就会拥有独立的思维和见地呢？因为人有了智慧，能看清隐藏在纷繁假象背后的真相，对世界，对他人，对事情，就有了一种坚定的看法。所有的不坚定，都是因为有些事情你还没看清楚，对自己的观点还不够肯定，当你的内心无比清晰，对眼前的事情明明白白，对它们未来的走向和影响也明明白白时，你也就没有混乱和摇摆了。这时，你就会拥有一个坚定的立场，没有任何人能撼动你的决定，而这个立场，一定是对全局有好处的。这就是“心定如山岳”。

每年，我都会办创意写作班，每次上课，认真听讲的学生都会进入朝彻般的真心，生起智慧，所以，参加过雪漠创意写作班之后，很多朋友的文笔都会变得非常好，就连很多小学、初中的孩子，都会显露出独有的智慧和深沉。但也有一些朋友边听讲边记笔记，并没将心安定下来，他们仍然停留在思维和知识的层面，没有进入那个博大的智慧世界。这时，我就会提醒他们不要记笔记，因为我所有的课程都会整理成文字，经过修订后出版成书，他们直接看书就好。而且，他们只要进入那种境界，心中自然能流出这样的智慧和语言，根本不用背诵我的这些话。所以，我开这些讲座，不仅仅是为了对他们说那些话，更是希望他们能通过这次的相遇，得到一种更加珍贵的东西。

我的培训只是一个平台，有了它，我就可以分享智慧。这些智慧，我是通过扎扎实实的训练得来的。为什么我知道老子和庄子的书中写了什么，也知道他们表述的境界代表了什么？正是因为这条路我也走过。所以，我有责任为世界贡献一种实证的版本。目前更多的解释，注重文字和哲学，当然也很好，但会形成另一种障碍，让人很难真正地进入智慧境界，用生命去感受文字背后的真意。

一定要明白，中国文化所承载的智慧不是文字，甚至不是哲学，而是文字和哲学背后的境界，所有的文字和哲学，都只是进入那种境界后的表述，而不是智慧和境界本身。

老子和庄子的文字都很好，尤其是庄子，“北冥有鱼，其名为鲲。鲲之大，不知其几千里也”，这种一泻千里的文字，在《庄子》中不胜枚举，没有进入那种境界的人，不可能写出这样的作品。直到今天，也没有几个人能超越庄子，他的境界也好，文字也好，才华也好，见地也好，都是独一无二的。他在《庄子》中说的很多道理，跟释迦牟尼的境界非常接近。

那么，庄子、老子和释迦牟尼的区别在哪里？在于功德和事业。释迦牟尼不但留下了浩如烟海的经典，还是一个杰出的教育家，教育了无数的弟子，而庄子和老子却没什么弟子，他们只是著书立说而已。

我也喜欢讲课，从2010年到今天，已经十年了，所以，我或许也算是个教育家。做老师是我最早的职业，也是我的梦想之一，我一直相信，成长之后的我——虽然我的胡子已经很长了，很多胡须和头发都变白了，脸上也出现了皱纹，但我总是觉得自己还在成长，这一点很有意思——肯定是一个优秀的教育家。

朝彻和见独之后，心就会定下来，像山岳一样不可动摇。注意，不可动摇就是见独。

"独立无所依，遂能无古今。"注意，女偶已经超越古今了。为什么？因为古今是分别心，她连古今的分别心都没有了。

下面，我重复一下女偶的修行过程：首先，她安住于道的境界中三天，把全天下都给忘掉了；然后，她继续安住，七天之后把身边的万物都给忘了，万物都进不了她的心；接着，她继续安住，九天后，她连生命都不在乎了，也不考虑什么长寿不长寿的事了，把身体和心灵都忘掉了，心就像清晨的阳光一样，欣喜而明澈，这时，她有了一种谁都改变不了的智慧，她的觉悟就像大山一样无法撼动。注意，如如不动就是这个意思。在这种如如不动的境界中，古今消失，时空消失，身心消失，他我消失，外物消失，一切概念和分别都消失，只剩下一颗空寂无念的灵明之心——你看，庄子在这个故事中的表述是多么了不起啊！那么，达到这个境界之后，女偶会怎么样？她会实现长生，进入无生无死的境界。

这就是女偶实现长生的全过程。

后来，道家按照修行的原理，在这个过程中加入了老子"虚其心，实其腹"之类的训练方法，慢慢地形成了一套严谨的方法论，道家信仰者们遵循这套方法论修行，就出现了许多得道者。

5. 长生，从不拒绝死亡开始

贪生者不生，无生者无死。二元消失后，不死亦不生。
道无有所送，也无有所迎。也无有所毁，也无有所成。
外物难纷扰，心静名撄宁。

“贪生者不生”，这是庄子的概念，也符合前面的老子思想。它的意思是，想长寿的人往往长寿不了，真正能实现不死的，都是那些不在乎生命、无所谓生死的人。前面我举过好多想要长寿却送了命的例子。所以，“贪生者不生”。

“无生者无死”，不执著生死的人不在乎生命的长短，也就不会去乱做一些看起来对身体有益，实则折腾自己的事，只会自自然然地活着，这样反而能活得很久，因为他们不会把自己折腾死。

“二元消失后，不死亦不生。”当你发现自己身上的道时，无形无相的智慧太阳就会在你的生命中闪光，这时，你就见到真心、见道了。注意，感知到真心就叫见道，佛家也称之为开悟。见道是一种生命本有的境界，而不是一种思维。当你进入这种境界时，二元对立就会消失，分别心会消失，智慧会显现出来。要没有分别心，但也没有智慧，就不是开悟。拿重装电脑来打个比方就是，如果只是格式化旧系统，没有装上新的系统和程序，电脑就运行不起来。同样道理，分别心消失必须与智慧显现相合，才叫开悟。

我们办创意写作班的时候，就出现过类似的现象，有些朋友原本会写文章，也有很好的口才，但上完一堂课，却什么都写不出来，也什么都说不出来了。这是因为他们的分别心消失，念头消失，但智慧还没被激活。这是开悟的第一步：止。接下来，还要接着训练，唤醒自己本有的智慧。一旦这种智慧被唤醒，他们就能写出很多好文章。

要知道，真正的创意不是思维和逻辑，而是智慧。很多人的文章看起来很好，但里面没有智慧。他们的文章是挖空心思编出来的。这时，他们运用的就是概念和分别心，虽然逻辑清晰，条理分明，但它不是真正的好文章。真正的好文章是“文章本天成，妙手偶得之”，换句话说，要进入天人合一的境界，让文章自己从智慧之心中流出来。这就是我常说的自然流淌的写作。这种写作，就是智慧的写作。我教的写作，不是用脑子去编文章，因为单纯用脑子写作超越不了人的局限。

整部《庄子》都是从智慧境界中流淌出来的，《道德经》也是这样。为什么谁都能感觉到它们的文字之美，又说不出它到底美在哪里？正是因为它的美没有理由，就像天地之美没有理由一样。有理由的美，都是造作，真正的大美，只有在去除造作之后，才可能出现。《金刚经》也罢，雪漠的小说也罢，都是这样，也正是因为它们源自这样的境界，才会拥有一种智慧的力量，能够打动人心、震撼人心，甚至改变人心。这种力量的源头是大道，就像海浪的力量源头是大海一样，所以，真正对人心起作用的，并不是文字本身，而是你沿着文字进入的那个大道的世界。

“道无有所送，也无有所迎。”虽然我们总说“进入智慧境界”，但这种境界本身是无来无去的，它本来就是这样，因为大道本来就存在于你的生命之中。过去你被念头干扰了，看不见它，现在你的分别心消失了，念头也消失了，于是就发现了它的存在。所以，所谓的“进入智慧境界”只是一种说法，真正的智慧境界不用你去进入，也无所谓退出。什么需要进入？网络世界需要进入，因为它不是你生命中本有的东西，你需要通过手机或电脑联网，才能进入它的世界，阅览它的信息。

“也无有所毁，也无有所成。”智慧境界是本有的、无死的，因此它既不能被建立也不能被毁坏。

“外物难纷扰，心静名撄宁。”一旦能够非常稳定地安住在智慧境界之中，外物就再也干扰不了你了，这时，你的心静到了极致，如如不动。这种状态，就叫撄宁。

6. 将心融入冥想，消解分别与杂念

下面，我讲一下如何让自己真正地见道。

要想真正地见道，就必须解决两个问题：第一，消除分别心；第二，唤醒本有的智慧。那么，我们该如何消除分别心，又该如何唤醒本有智慧呢？其实，在实际操作中，我们一般会使用同一种方法来解决这两个问题，因为它们的偏重点不同，但根源都是一个，就是贪执心导致了妄念，让人无法平静和安宁。人一旦静下来，心就会安定，心一旦安定，就会见到真心，这时，分别心自然会消融，再往下训练，让专注无念的状态延长，真心状态变得稳定，本体智慧就会自然而然地呈现——注意，是呈现，不是创造。

所以，先要学会专注，能够制心一处，让心安定下来。

在传统的训练中，让心安定下来的方法有很多，但总结起来，不外乎由定生慧和以慧摄定两种。前者偏重于踏踏实实地自我训练，后者我在《大师的秘密》中讲了许多，非常详尽，有兴趣的朋友可以去看。

由定生慧的要诀是制心一处，也就是锻炼出极致的专注力，让自己能不受外境干扰，不被任何景象把心给牵走，但与此同时，也不能忘记观照。要将散乱的心念收回来，专注在一个点上。这个点就是“制心一处”的“处”，也就是观照的对象。所有的专注力训练，本质上都这样，但具体方法和专注的对象会有所区别。在不断细化的训练中，你的专注力会越来越强，心也会越来越干净，不再

有狭隘的、欲望化的东西，精神境界也会随之提升。

道家非常注重呼吸。道家提倡绵长缓慢地呼吸，也就是尽量放慢呼吸的节奏，让一呼一吸的间隔变得越来越长，就像一根棉线被拉得越来越长，细到极限，却连绵不断。同时，你要将所有生命安住在这一呼一吸之上，聆听呼吸的声音，感受气流的移动，体会身体的觉受，不要被六根的感受所牵引，意念不能离开一呼一吸，将生命中的一切，无论是荣辱得失，还是喜怒哀乐，都融入这一呼一吸，让整个世界只剩下这一呼一吸，在这样的专注中不断地训练自己。即使不得不同时做一些其他的事情，也要尽量地提醒自己，让自己不要离开这种专注状态，将一切影响这种专注的东西都留在心外，不要让它们牵走你的注意力。久而久之，你的心就会变得非常安宁，非常专注，在一个不期然的时刻，你就会见到真心。

除了见到真心之外，训练呼吸对养生也很有好处。我听过一个故事：有人去算命，算出有命难，必短命而死。一天，他在街上看到一只待杀的老乌龟，心生不忍，就把乌龟买了下来，放了生。放生时，乌龟恋恋不舍地望着他。当天晚上，他梦到一个矮胖的黑脸道人，教了他一种呼吸法，说这种训练对健康很好，整个过程非常真实，就像现实生活中发生的一样，于是，他睡醒之后就照着梦中的方法训练，一直没有中断。过了一段时间，他遇到了那个算命先生。算命先生跟他住了一夜，次日告诉他，他已经学会了龟息，命难已经解除，会非常长寿。据说，那个黑脸道人是乌龟所化。

那么什么是龟息？龟息是一种受到乌龟的启迪而创出的呼吸法，做这种训练时，你要有意识地控制呼吸的力度和频率，让呼吸的节奏慢到极致，吸气的时候，感觉气流就像肉眼很难看见的棉线一样细，而且一定要轻柔，不能用力，呼气时也是一样——注意，无论呼气还是吸气，都要全神贯注，这是道家关于长生的非常重要的训练，也是道家长生法的基本功。传统中还有一种训练，会将这种呼吸法和冥想相结合：吸气时，想象一条非常绵长的溪流从很远的地方流入你的鼻孔，呼的时候，也要慢慢地、轻轻地、绵长地呼出去，无论气流进出，都要细而绵长，就像小溪轻轻地流向远方。

佛家也有这样的训练，同样是呼吸配合冥想。佛家的冥想，一般需要一个所缘境——所缘境就是思维和心念集中的对象。一切冥想都需要所缘境，包括道家的呼吸法，道家呼吸法的所缘境是呼吸，佛家的所缘境则各有不同，随法门内容而变化。比如，本尊法门的所缘境是本尊，也就是某个佛像，念佛持咒时的所缘境可以是声音——观音法门的所缘境就是声音，将心念和思维寄托于声音，慢慢地就能入道。据说，观世音菩萨就是闻海潮音入道的，人们称其为“观音”，就是这个原因。过去念经的时候，人们也会安住于自己的咒声和木鱼声来修行。总之，就是将心融入声音，消除杂念，终而入道。

7. 雪漠为何不累？

我身边的孩子们都说雪师的精力太好了，明明做了那么多事，每天的休息时间也不多，却没有一点疲惫的样子，总是神采飞扬。他们说得没错，我确实不觉得累——当然，有时我也会说自己很累，但那是因为有人总是和我说一些无聊的事情。每当他们跟我说这些事情，我就会告诉他们，你再也不要跟我说这些话了，我太累了。

那么，为什么我做事不累呢？因为训练。怎么训练？像我前面所说的那样，始终安住在一种境界里，无为而为。

你可以想象一下：你晚上十点上床睡觉，因为很累，你放下了一切，只想舒舒服服地睡一觉。正在你大脑一片空白，全身完全放松，迷迷糊糊就快睡着的时候，你的电话突然响了，于是你只好从床上爬起来，接完电话才继续睡觉，但这时你却怎么都睡不着了，头脑非常清醒，而且一点都不累。为什么会这样？因为在完全放松，没有任何杂念和牵挂的时候，你的身体所有的损耗都得到了补充，每一个细胞都变得非常饱满，已经不需要再通过睡觉去补充能量了。有兴趣的话你可以试试看。

苏联有一位科学家也认为人不用睡八个小时，而且他专门做过实验，发现真是这样，只要入睡的时候能够把心放空，完全放松，即使睡的时间很短，也会觉得精力充沛，而且很久都不会感到疲惫。但他每天还是会睡八个小时。为什么？因为时间太多，他觉得很无聊——当然，有梦想的人是不会觉得无聊的，他只会觉得还有很多事情没做，还有无数的未知等着他去探索，绝不会觉得时间很多，多到可以拿来虚度。如果谁觉得时间太多，自己很无聊，就说明他没有好好做事，也没有找到自己真正的梦想，在虚度生命。所以，我们可以透过自己的心情反省一下自己，看看自己的生活有没有什么需要调整的地方。

只要进入无我无执的境界，慢慢地放松自己，让生命与大自然形成共振，构成一种和谐的关系，你就可以真实地感受到能量的补充，感受到自己与万物之间的交流。这属于一种主动的、有意识的交流。还有一种交流是被动的、无意识的，但同样可以得到能量的补充，比如前面说到的睡觉。所以，如果修行质量很好，能够进入无我无执的境界，修行和睡觉的功能就是一样的。过去有些坐禅的人之所以能修“不倒单”，也就是不躺下睡觉，用修行打坐来代替睡眠，也是这个原因。

肆 《西游记》中的无死哲学

很有意思的是，《西游记》中也谈到了无死，那么多妖精之所以都想吃唐僧肉，为的就是无死，甚至包括保护唐僧去西天取经的孙悟空，最初也是追求长生不老的。那猴子拜菩提祖师为师时，菩提祖师教他修炼，猴子问，修这个法能不能长生不老？菩提祖师说不能，于是猴子就不想学了。后来，才学了长生不老之法。但是，当孙悟空遇到唐僧，听说吃了唐僧肉可以长生不老的时候，他却从来没想过要吃唐僧肉，反而一路保护唐僧，跟想吃唐僧肉的妖精们拼死奋战。你想一想，孙悟空多了不起！如果我们是他，能不能做到这一点？不好说。我开过一个玩笑：如果吃了雪漠的肉可以长生不老，可能很多人都想把我给吃掉。这虽是一个玩笑，却说出了某种真相：在对长生的渴望面前，很多人的良知和敬畏都会退到第二位。

另一个很有意思的地方是，菩提祖师就是佛陀十大弟子之一的须菩提，但他教给孙悟空的却明显是道家的功夫，不是佛家的禅定。所以，孙悟空头上顶着个"佛"字，却在修道，而且他一定修得很好，有很好的定力，因为他可以控制自己的欲望，连一个吃唐僧肉的念头都不动，这是寻常人做不到的。

下面，我讲一下须菩提当年是怎么教孙悟空的。

显密圆通真妙诀，惜修性命无他说。
都来总是精气神，谨固牢藏休漏泄。
休漏泄，体中藏，汝受吾传道自昌。
口诀记来多有益，屏除邪欲得清凉。
得清凉，光皎洁，好向丹台赏明月。
月藏玉兔日藏乌，自有龟蛇相盘结。
相盘结，性命坚，却能火里种金莲。
攒簇五行颠倒用，功完随作佛和仙。

上面的偈子摘自《西游记》第二回，是孙悟空求长生之道时须菩提的回答。你不要小看这首偈子，它虽然出现在小说里，但非常符合修道原理，甚至讲出了一些奥秘，不知道吴承恩是怎么知道的。也许这偈子在当时的民间流传已久，也许吴承恩自己也修道，且修有所成，但不管怎么说，这首偈子都代表了道家文化对无死智慧的一种理解和实践。所以我常说，《西游记》不仅仅是一部小说，如果只把它当成文学作品来读，就太可惜了。

下面，我先解读这首偈子。

1. 温养以修精，调和内分泌

显密圆通真妙诀，惜修性命无他说。
都来总是精气神，谨固牢藏休漏泄。

“显”，公开的，大家都知道的。

“密”，隐秘的，大家不知道的。

“圆通”，圆满通透的。

“显密圆通真妙诀，惜修性命无他说。”无论在公开教授中，还是在隐秘教授中，最圆满通透的窍诀都只有两个字：一是“性”，代表精神；二是“命”，代表肉体。注意，性和命的修法不一样，但都要重视，都不能偏废，因为它们同为长生、无死的秘诀，少修其中一项，都不可能实现长生和无死。

接下来，须菩提就告诉孙悟空性命该怎么修。首先，“都来总是精气神，谨固牢藏休漏泄”。精气神非常重要，修行中一定要守住精气神，不能泄精，不能泄气，也不能泄神，必须做到内收不外露。如果收不住，让它们漏掉了，修行就不会有长进。

注意，人的生命能量分为两种，一种是物质性能量，另一种是精神性能量。精是液化的物质性能量，老祖宗称之为“明点”。“精气神”中的气也属于物质性能量，相对于粗分的精，气更为精细。“精气神”中的神则属于精神性能量。

我们先讲“精”。精对人的影响很大，如果精气神没有修好，内分泌失调，人的身心就不可能健康。科学家对这方面内容也有验证，他们还发现，很多人之所以会自杀，就跟内分泌失调有关。

前段时间，我的一个朋友告诉我，他有个同学跳楼自杀了，在他看来，那个同学没有任何理由自杀，因为他一表人才、气概非凡，各方面都比很多人要优秀，事业生活也算如意，按理说，他应该活得很好才对，可他就是活不下去，非要走这条路。我告诉朋友，自杀有很多原因，其中一个原因是内分泌失调。一旦内分泌失调，人的生命中就会出现一种让他抑郁的分泌物，这种分泌物会抑制一种让他感到幸福的分泌物，他就会觉得非常低落，怎么都开心不起来，这时，他的血液是有“毒”的——当然，抑郁还有很多原因，但我们暂且不谈其他原因，只谈内分泌。对于一个不会修行、不会调节身心的人来说，一旦陷入这种处境，生命中的物质能量不能达到和谐，各种东西都在冲突，他的精神能量就很难发挥作用。即便他非常努力地想要开心起来，想要忘掉那些让自己痛苦的回忆，忘掉那些自己觉得不如意的事情，也很难做到，因为他控制不了自己。这时，他会觉得生不如死，与其勉强活着，还不如自杀。随着身体状态的每况愈下，这种念头会出现得越来越频繁，他可以控制自己一百次，但只要一百零一次出现这个念头时，他恰好觉得太累了，不想再挣扎了，就会选择放弃，自杀。就算他不想伤害亲人，所以每一次都能压制住自己，糟糕的心理状态也会摧毁他的健康，慢慢地让他生病，甚至得癌症，这时，就不是自不自杀的问题了。所以，想要身心健康，就必须调和身体的内在环境，最好能像须菩提教孙悟空的那样，长养精气神，让身心和谐。

我上次参加一个活动时，还听说了另一种治疗抑郁症的方法：从健康人的大便中提取微生物，将它们注入抑郁症患者的体内，这样后者就会慢慢地恢复健康。这种疗法有没有道理？有道理。科学家发现，人类的肠道中有无数的微生物。我们虽然看不到它们，但它们主宰着我们的生命，左右着我们的健康。所以，这些微生物一旦出问题，就有可能会生各种病，其中就包括抑郁症。

所谓的“夫妻脸”其实也是这样，两个本来不像的人，因为长期在一起生活和亲密接触，经常有无数的微生物从自己体内进入对方的体内。如果其中一方非常健康，微生物非常强大，那么他（或她）就会影响另一方，让对方变得跟自己越来越像。

这个方法的本质，就是老祖宗所说的“近朱者赤，近墨者黑”——两个生命一旦靠近，就会相互影响，较强的一方总会慢慢同化较弱的一方，让对方跟自己越来越像。换句话说，如果你经常跟一个健康阳光的人在一起，你就会变得健康阳光；如果你经常跟一个抑郁消极的人在一起，你也会变得抑郁消极。所以，在自己的磁场很强，强到足以同化另一个人之前，我们必须谨慎选择自己的朋友，以免受到不必要的污染。所谓的污染，就是被一些负面信息所熏染，自己也有了一些本来没有的负面信息，开始为一些过去不会烦恼的事情而烦恼。反过来说，我们也是一样，别人在影响着我们，我们可能也在影响着别人，所以，我们要阳光一些，积极一些，智慧一些，给别人带去好的影响，不要让自己成为别人想要远离的那个人。

以上是科学和哲学的一些思考，其实，老祖宗在如何调节内分泌，如何让身心恢复和谐方面，早就留下了很多有益的训练方法，比如上面所说的冥想和龟息法等。龟息法非常好，如果能按照这种方法慢慢地训练，将一切痛苦和不如意都融入自己的呼吸，融入天地一体的那种境界，人就会变得释然和淡然，觉得一切都过去了，一切都不像想象中那么严重，慢慢地，不但想法会改变，生命中的很多东西也会改变，包括内分泌之类的生理性功能，以及精神性功能，这时，患者的身心就会变得越来越和谐。这就是道家所说的温养。正如前面所说，在道家的修行之中，温养是一种非常重要的方法。但它不是特效药，不会马上就斩断病根，必须持之以恒地训练，不能偷懒，一旦偷懒，前面的努力就白费了，身体就会慢慢恢复之前的样子，自己又会陷入曾经的困扰之中。

须菩提在教育孙悟空的时候，首先就提出精气神的重要性，这是有道理的，因为这是修道的基础，如果这个基础打不牢，就根本谈不上后面的永生和无死。另外，须菩提还提醒孙悟空“谨固牢藏休漏泄”，也就是不能放纵欲望，不能让自己泄精，要内收不外露——佛家把欲望叫作“漏”，因为放纵欲望者的生命中就像永远有个漏洞那样，修出多少东西，都会从那个漏洞里流走，最后什么都留不下，什么都修不出来。

2. 呼吸中藏着无死的秘密

接下来我讲一讲气方面的修道。

道家认为人可以控制气，所以非常注重修气，在这方面着力很多，也有很多好方法，比如呼吸训练。

前面谈到的龟息法对身体很有好处，此外的气呼吸训练还有很多，我自己就接触过很多种，比如，我年轻的时候练过铁砂掌，练这种武功的时候，就要用气呼吸的方式来训练自己，练千斤掌的时候也是这样。不过，这种气呼吸的目的不是治病，而是借发声来增加力道——出掌的时候狠狠地把气呼出去，这一掌的力度就会格外大一些。

峨眉派僧岳门有位掌门，给我传过一种叫纯阳功的训练，也需要借助气呼吸法，但这练法又跟练铁砂掌和千斤掌不一样，它是冥想将气输送到相应的脏器，然后冥想气团在那个脏器里爆炸。这么说可能有点抽象，需要配合纯阳功的动作来训练，才比较容易理解。我系统地研究过峨眉派的修行，知道一些他们的窍诀。

道家还有一种张果老憋气法，也有益于长寿。为什么憋气有益于长寿？关于这一点，我和一位大师专门有过探讨，他说，因为人一辈子能呼吸多少次是一个定数，达到了这个数字，人的生命就会结束，所以，尽量减少呼吸的次数，人的寿命就能延长，就像锣被敲上若干次就会破掉，刹车片用上若干次也会坏掉一样。他是这样理解的。那么，他说的有没有道理？不知道，但佛家和道家都有这个说法。老祖宗在呼吸方式上下了很大的功夫：第一是屏息，比如张果老憋气法等；第二是训练绵长的呼吸，用延长每一次呼吸的时长来减少呼吸的次数。

这些都是老祖宗的理解，我觉得这些理解都很有道理，但又不仅仅是这样。注意，“不仅仅是这样”是我的发现。因为我跟很多传统的修道者不一样，我对各类知识都非常关注，包括现代科学。很多年前，我就看过一篇文章，上面提到了美国科学家的一个发现：人在面临极端情况的时候，体内的某个“休眠基因”就会被激活，它像太阳一样，主宰着人的快乐、健康、幸福和长寿等，它一旦被激活，人的生命就会被照亮。我看到这篇报道的时候，马上就想到它刚好解释了这样一个原理：人屏息的时间越长，体内的氧气就会越少，少到一定程度的时候，生命的预警系统随之启动，主管应急系统的那个“休眠基因”就会被激活，这时，它会改变人的内分泌等很多东西，让人重新焕发生命力，人的健康情况也会因此得到改善。所以，憋气法之所以起作用，不只是因为呼吸次数的问题。当然，这是我结合科学理论的一种推断，很可能是对的。注意，憋气法的训练有很高的要求，不要随便练习。

须菩提教给孙悟空长生法，他所说的精气神是个体性的精气神，个体在长养精气神的同时，也要与大自然的精气神建立联系，才会得到无生无死的智慧，实现长生。简言之，就是要学会向外界借力。我们经常吃人参、西洋参之类的东西，其实也是在向大自然借力，希望借大自然之精，来增长个体的精气神——注意，大自然确实有精气神，而且，如果我们能进入无执无我的境界，就能与大自然建立联系，大自然就会把它的精气神注入我们的身体，增长我们的生命能量。

3. 冲破欲网游长空，我命在我不在天

休漏泄，体中藏，汝受吾传道自昌。
口诀记来多有益，屏除邪欲得清凉。

“休漏泄，体中藏，汝受吾传道自昌。”不要漏精泄精，要把精气神好好藏在自己的体内，你如果听我的话就能得道。这明显是一句广告语，类似于“信耶稣得永生”，里面没有具体的修法，我们不用管它。

“口诀记来多有益，屏除邪欲得清凉。”这也是一句广告语，意思是：记住这些口诀的好处有很多，只要屏除邪欲就可以得到清凉。

佛家和道家都有自己的广告语，道家的广告语是这样的，佛家的广告语则是做某事有多大功德，都很了不起，都属于“先以欲勾牵，再令入佛智”的智慧。所以，广告语的内容不是最重要的，它们象征的智慧超越，才是打广告真正的目的。

当然，“屏除邪欲得清凉”也很重要，它本身就是一种修道的方法，和老子前面讲的很多内容也很相似。比如，老子的“虚其心”就是屏除邪欲，当你屏除了邪欲时，自然会“陆行不辟兕虎，入军不被甲兵”。在老子看来，私欲就是猛虎犀牛等猛兽，也是致人死命的刀兵。

吕洞宾写过一首诗，诗中说道：“二八佳人体似酥，腰间仗剑斩凡夫。”这句话是什么意思呢？就是十六岁的漂亮女孩身体就像酥油一样，白嫩光滑，对凡夫俗子有巨大的诱惑力，但她的腰间配着一把宝剑，专门斩杀凡夫。这也是一种象征，目的是告诉修道者情欲非常可怕，一旦纵欲，贪恋美色，就会早早地死掉。所以，修道讲究戒欲，以戒欲来达到长生。

不过，须菩提提醒孙悟空不要泄精，指的不仅仅是不要纵欲，要戒欲，也是不要多思多虑，因为杂念过多也会损耗精气神，这同样是一种泄精。杂念过多时人会觉得很累，就是这个原因。这时该怎么办呢？可以放下一切，闭目养神。只要能做到心无杂念地闭目养神，之前的疲惫很快就会消失。为什么？因为心光不外泄。

人体确实很有意思，哪个地方要是生了病，生命中就会出现一种相应的治疗性物质——这是道家的观点——在大脑的指挥下，它会被自动发送到生病的部位去，然后那个部位就会开始自我治疗。比如，我们如果划伤了手腕，伤口开始流血，疼痛的信号就会立刻传送到大脑，大脑就会马上发出指令，血液中的血小板就会开始工作，让伤口很快凝固止血。当然，有些人的血小板不够，划伤流血后伤口很难止血，也很难愈合，这另当别论，我们只谈一般情况。道家之所以说“人体有大药”，就有这个原因。

有一点非常有意思，就是很多修得很好的道人却死得很早，比如全真教的创始人王重阳，他五十七岁就死了，丘处机活得长一些，七十九岁才死，但也算不上多长寿。为什么会这样呢？因为他们不追求肉体的长寿，他们追求另一种意义上的长生。他们甚至把肉体上长生的人称为“守尸鬼”，也就是守着肉体不肯放下的愚夫，可见他们是多么看不起这种追求。他们追求的长生是成仙，也就是抛弃肉体，进入另一种超越肉体的生命境界，在那个境界中实现长生。后来，他们根据这个理念建立了道教流派，传承至今，有无数人因为实践他们的方法，得到了不同程度的益处。《列仙传》和《神仙传》里记载的神仙都属于这个类型，都是由凡人修行成仙的。有意思的是，范蠡也在《列仙传》之中，而《神仙传》更是收入了墨子和淮南王刘安，反倒是我们非常熟悉的铁拐李（李玄）没有被收录在内，吕洞宾因为年代较晚，也没有被收录在内。实际上他们也是修炼成仙的，孙悟空同样可以被视为这类人。

4. 明月清光中的安坐与凝望

得清凉，光皎洁，好向丹台赏明月。

“得清凉”是佛道两家的共同追求。所谓的“清凉”，就是一种没有执著、没有热恼的状态。

“光皎洁”，这里指的是自己的本有智慧。

“好向丹台赏明月”，这里赏的是什么月？是智慧之月，也就是佛家所说的真心、自性，道家所说的元神，儒家所说的良知。名称虽然不同，指的却都是一种人类本有的智慧，都是大道在个体生命中的呈现。那么“丹台”呢？孙悟空是修内丹的，所以“丹台”指的是丹田，“向丹台”就是意守丹田。那么完整的意思就是：安住在内丹的训练中观照真心，或者说安住在真心的境界中修炼内丹。

前面说过，孙悟空跟着唐僧去西天取经，看起来是修佛的，其实他修的是道家功夫，但佛道两家在最高阶段是相通的，所以，无论是安住在内丹训练中观照真心，还是安住在真心境界中修炼内丹，本质上都是一样的。而且，无论对佛家修行来说，还是对道家修行来说，这种状态都非常重要。

过去，老祖宗在讲到很多重要的东西时，都会把它们给隐晦化，也就是不直接说，用一种意象或比喻来间接地表达。比如，老子在《道德经》里讲到了玄关和观窍，什么叫玄关？所谓的“玄关”就是真心，从了义的角度上说，“点玄关”就是佛家所说的开示心性，而不是点出窍的位置在哪里。位置是技术，技术的目的是让你进入那种最了义的境界，认知那种最了义的智慧，这是修佛和修道的基础。满足了这个基础，你才能真正地往下修，否则你修来修去都只是修些皮毛，没有太大的意思，也无法实现你想要达成的那个目标。

就像我在《真心》中不断强调的，认知真心是一切修行的起点，而不是任何修行的终点。在这一点上，很多传统文化经典都犯了错误，它们把明心见性——也就是见到真心——当成了修行的目标，实际上，即便你真正地明心见性了，前面的路也还有很长，你必须让自己的觉悟变得越来越稳固，在遇事的时候，也不会丢掉明心见性的境界，像个凡人一样做事。这时，才叫修佛或修道。没有明心见性，你根本走不到这一步，因为你看不破也放不下，总是杂念纷飞，总是无比执著，总是进入不了无我无执的状态，那么后面的训练你就很难完成，也不可能真正地到达目的地。

雪漠创意写作班提倡的写作不是用思维去写作，更不是挖空心思地编造，而是安住在真心状态中训练自己，让自己的智慧能生起妙用，让笔下流出诸般景象。编造的文字和智慧流淌的文字是完全不同的，所以，你只要看一个人的文字，就会知道他到底修进去了没有。说话时也是这样，修进去的人说的话，跟没修进去的人说的话是不一样的。

那么孙悟空修进去了没有呢？我觉得他修进去了，因为“好向丹台赏明月”时，他是在守窍，也就是在真心的观照下安住于丹田。道家的修行一般都会意守下丹田，也就是肚脐往下一寸三分处。意守下丹田的主要作用是修命、修身，安住上丹田的主要作用则是修性、修慧。意守不同位置的丹田，作用是不一样的。

后来，有些人修道时也会修黄庭，也就是心口的位置，相当于密乘所说的心轮。这个位置也很重要，有人说这里是中丹田，也有人说这里不是中丹田，但无论叫什么都不要紧，不同的地方肯定有不同的说法，这不奇怪，只要意守那个位置时，人安住在明月之中，也就是安住于真心之中，训练就有意义。

5. 大药出自身，内求不靠人

月藏玉兔日藏乌，自有龟蛇相盘结。

相盘结，性命坚，却能火里种金莲。

攒簇五行颠倒用，功完随作佛和仙。

“月藏玉兔日藏乌”，月亮上面藏了玉兔，太阳上面藏了金乌。神话故事中也是这么说的，还说月亮上有嫦娥和吴刚，玉兔在捣药，吴刚在砍树。这些内容都属于隐喻，包括“金乌西坠，玉兔东升”也是隐喻。那么“月藏玉兔日藏乌”隐喻了什么呢？它们隐喻了智慧是生命本有的，本来就藏在生命之中，自己内修就可以得到，不要外求。

“自有龟蛇相盘结”，龟蛇也是隐喻，“龟蛇相盘结”隐喻的是性命双修。吕祖在《敲爻歌》中说：“只修性，不修命，此是修行第一病……达命宗，迷祖性，恰似鉴容无宝镜。寿同天地一愚夫，权物家财无主柄。”这里讲的就是性命双修的重要性——如果不修身体，心修得再好，智慧修得再好，也没有太大的意义，因为你没有足够的生命去用它。“权物家财无主柄”表达的也是这个意思，“主柄”就是主人，要是没有足够的生命去用它，那么就算得到再高的权势地位，拥有再多的财富，又有什么意义？不过像是刚装满一杯水，就把杯子给打碎了，水也洒了一地，这样装水就失去了意义。同样，要是你只修身体不修智慧，就会像想要照镜子却没有镜子那样，什么都不知道，就算寿同天地，也不过是愚蠢地活着。所以，道家讲究性命双修，不能偏废。

“性”是什么？是智慧，是真心，是空性，修性就是要让自己明心见性，能够破执。破除执著才有智慧，不破执著是不可能得到智慧的。当然，人们追求智慧就是为了破执，所以，按一般的逻辑来看，这里就像是一个悖论，但在修道的过程中，只要按照方法去做，就必然会破执，也必然会生起智慧，因为无念有祈请——或无念有观照——时自然在真心之中，真心状态中自然无执，这个过程是远离逻辑思维的。与此同时，还要注重命的修行，也就是身体的修行，要像前面所说的那样，用呼吸、冥想等方法去修炼身心。

“相盘结，性命坚，却能火里种金莲。”什么叫“火里种金莲”？就是水火既济，火代指心火、欲火，莲代指清凉的肾水，肾水上升，心火下降，就是水火既济。这是修道过程中的一种训练方法，进行这种训练的时候，修道者必须意守丹田，冥想肾水上升心火下降，阴阳调和。它的本质还是性命双修。记住，道家的一切训练，本质上都是性命双修。水一般指的是性，火一般指的是命，但有时也会倒过来，阴中有阳，阳中有阴。不管怎么样，训练的过程中都要二者兼顾，在真心境界中观照身体，依托身体来修本体智慧。

最后是“攒簇五行颠倒用，功完随作佛和仙”。

“攒簇五行颠倒用”，金木水火土五行颠倒用，顺则为凡，逆则为仙，这里面还有很多窍诀。未来如果有时间，我会专门讲一下这些窍诀，这次只做简单介绍。

“功完随作佛和仙”，大功告成之后，就可以随缘实现长生或无死。“缘”是什么？就是孙悟空的选择。如果他选择无死，就说明他偏重于智慧，那么他就能成佛；如果他选择长生，则说明他偏重于命，那么他就能成仙。

以上就是《西游记》中须菩提对孙悟空的教授，他侧重于无死智慧，而不是肉体上的长生，也许这跟孙悟空自己的追求有关系。但其中多是象征，没有谈到具体的修法。在这一点上，它不如《五更词》，《五更词》讲修道时讲得很清晰，我在《一个人的西部》中专门解读过《五更词》，也讲得很清楚，如果有兴趣，可以去看一看《一个人的西部》。

那么，为什么须菩提不像《五更词》的作者那样，把方法论也讲到偈子里去呢？因为这样写会泄露天机，如果所有人都知道天机，那么所有人都会变成孙悟空，都去大闹天宫，这样就会很麻烦——当然，这只是玩笑话，但也可能说出了一部分真相。

代跋｜在混沌中点亮一盏灯｜雪漠

最近，新冠肺炎疫情仍然在肆虐，虽然国内的情况维持在可控范围之内，并且经济也开始复苏，但海外的疫情仍然呈现出一种不可控的态势。有趣的是，《老子的心事：雪煮〈道德经〉》第三辑偏偏在这个时期面世，而其中重要的内容，恰好就是无死智慧。

这不是我的特意安排，却也颇为合乎我的心意。因为我总是根据读者的当下需求写书，想要帮助他们走出当下的心灵困境，同时也给他们提供一个入口，让他们更容易进入传统文化的世界，感受到其中的精髓。

我在书中多次强调，我讲的是文化，是思维，而不是宗教。在我看来，中国传统文化真正对人心起作用的，就是思维，思维构成了哲学，思维构成了方法，思维构成了窍诀，思维也构成了生活方式。掌握了传统文化最精华的思维，人们就有了改变自身思维习惯，从而改变自身生活方式的机会。那么，生活中出现的很多问题，也会因此变得不成问题，而生命最根本的问题——人对无常和死亡的恐惧，也会变得不成问题。

中国传统文化不管看起来多么深奥晦涩，其目的都很简单，就是让人们生活得更好、更幸福，老子智慧也是如此。为什么我在本书中用互相呼应的方式讲了优秀传统文化中的无死训练？原因也在于此。我想为读者展示中国传统文化最具代表性的一种思维，告诉大家中国人的老祖宗是如何应对死亡的。这种应对超越了科学，甚至超越了宗教，完全是一种心灵的觉醒和训练。而且，它虽然名为无死智慧，却集中体现了优秀传统文化的全息，一旦学好了这部分内容，甚至能亲身实践，体验它的独到之处，就会明白优秀传统文化到底在追求什么。

那么，优秀传统文化到底在追求什么？答案很简单，就是幸福。而且不是外在条件堆积出的幸福，而是内在所焕发的满足和幸福。

这一点，在我看来是中国传统文化最重要的地方，因为，它让很多物质条件不那么富足的人有了幸福的可能，也让很多自身条件不那么优秀的人有了幸福的可能。它告诉人们，社会上的竞争是必然存在的，客观条件上的优劣所导致的区别也是必然存在的，但我们仍然可以选择自己的命运——我所说的命运，指的不只是客观处境，更是内心的状态。很多时候，内心状态一旦改变，客观处境也会改变，比如别人是否接纳自己，是否愿意帮助自己，是否愿意与自己共事或合作，这些看起来是由很多客观条件所决定的，但事实上，它们真正的决定因素，是内心的状态。当一个人心中充满爱，并且有一定的良知、道德和底线，甚至能放下自己，无求于世，完完全全地为对方着想、为对方服务时，他的世界往往就是宽广的，每一个跟他合作或共事的人，都会愿意继续跟他交往，而不是把他驱逐到自己的生命之外。

所以，学习传统文化，按传统文化提供的方法去训练，看似是生活中可有可无的内容，其实是一件非常重要的事情，它代表了一种超越欲望、实现自主的可能，懂得抓住这个可能，一点点去实现它的人，无论是客观处境，还是内心状态，都跟不懂抓住这个可能的人是不一样的。

很多人都羡慕我，尤其是很多作家，因为他们总是看到有很多人愿意无条件地帮助我，但他们没有看到别人愿意帮助我的原因——我用二十年的时间战胜了自己，完善了人格，成为一个无求于世的人，我所做的一切，都不是在利益自己，而是在滋养文化事业、在贡献社会和他人，我牺牲了自己几乎所有的时间，无时无刻不在用自己的感悟来照亮别人，因此别人才愿意帮助我，愿意支持我的梦想。他们知道自己支持的不只是我个人，也是一种利众的事业，他们所付出的一切，不但能让自己升华，也能给社会带来好处，给他人带来幸福和清凉——至少是一个幸福和清凉的可能。

所以，我出了很多书，说了很多话，希望需要听到这些话的人能听到它们，并且有所反思，有所行动，有所改变，然后真正地点亮心灯，照亮自己的生命。除此之外，我也想保存一些宝贵的文化精髓，但保存文化精髓的目的，仍然是为世界留下一些光明的火种，让它们能在某个不期然的时刻，照亮一些有缘者的心灵。

但是，有多少人能听懂这些话，能照着去做呢？

大概不会太多。

不过，就像黑暗中总有人在呼唤光明一样，就算再多的人听不懂这些话，更不愿照着去做，甚至有一些非议，也一定会有一些人能听懂这些话，能照着去做，因为他们真的想要驱散内心的黑暗，想让自己的心灵变得纯净，想像老子所说的那样，“复归于婴儿”。他们知道，纯真的童年永远不会再来，但他们可以还原一颗纯真的心灵，并且让这颗心有智慧，既能看透红尘中诸多的蝇营狗苟，也能淡然处之，满怀智慧和悲悯。老子的无死智慧，看似为了长生无死，实际上也是为了达到这种境界。

所以，我愿意做一个在混沌中点灯的人。

那么，你愿不愿意走入这份光明，看一看光明中的世界是什么样子？

——2020 年 10 月 17 日定稿于雪漠文化网（www.xuemo.cn）